新时代万有文库

刘跃进　主编

[汉] 董仲舒·撰

郑晓峰·校点

春秋繁露

辽海出版社

图书在版编目（CIP）数据

春秋繁露 /（汉）董仲舒撰；郑晓峰校点. —沈阳：
辽海出版社，2025.1
（新时代万有文库 / 刘跃进主编）
ISBN 978-7-5451-6859-4

Ⅰ.①春… Ⅱ.①董… ②郑… Ⅲ.①《春秋繁露》
Ⅳ.①B234.5

中国国家版本馆CIP数据核字（2024）第003550号

出 版 者：辽海出版社
　　　　　　（地址：沈阳市和平区十一纬路25号　邮编：110003）
印 刷 者：辽宁新华印务有限公司
发 行 者：辽海出版社
幅面尺寸：160mm×230mm
印　　张：26.75
字　　数：260千字
出版时间：2025年1月第1版
印刷时间：2025年1月第1次印刷
责任编辑：范高强　海美丽
装帧设计：新思维设计　刘清霞
责任校对：张　越

书　　号：ISBN 978-7-5451-6859-4
定　　价：135.00元

购书电话：024-23285299
网址：http://www.lhph.com.cn
版权所有，翻印必究
法律顾问：辽宁普凯律师事务所　王　伟
如有质量问题，请与印刷厂联系调换
印刷厂电话：024-31255233
盗版举报电话：024-23284481
盗版举报信箱：liaohaichubanshe@163.com

春秋繁露卷弟三

王英弟四

謂一元者大始也知元年志者大人之所重小
人之所輕是故治國之端在正名名之正興五
世五傳之外美惡乃形可謂得_{一作冒}其真矣非
子路之所能見非其位而即之雖受之先君春
秋危之宋繆公是也非其位不受之先君而自
即之春秋禍之其王僚是也雖然苟能行善得
衆春秋弗危衛侯晋以正晋菲是也俱不宜立
而宋繆受之先君而危衛宣弗受先君而不危

漢　董仲舒著　明　王道焜閱

楚莊王第一

楚莊王殺陳夏徵舒春秋貶其文不予專討也靈王
殺齊慶封而直稱楚子何也曰莊王之行賢而徵舒
之罪重以賢君討重罪其於人心善若不貶知其
非正經春秋常於其嫌德者見其不得也是故齊桓
不予專地而封晉文不予致王而朝楚莊弗予專殺
而討三者不得則諸侯之得殆恐是不待不待此矣此楚靈之殺

◎明天启五年（1625）王道焜刻本

漢廣川董仲舒著　明東海孫　鑛月峰評

西湖　沈　鼎新自玉

朱養純元一　　纂評

朱養和元冲訂

楚莊王第一

楚莊王殺陳夏徵舒春秋貶其文不予專討也靈王
殺齊慶封而直稱楚子何也曰莊王之行賢而徵舒
之罪重以賢君討重罪其於人心善若不貶孰知其

◎明天启五年（1625）沈氏花斋刻本

春秋繁露卷一

史記上大夫董仲舒推春秋頤著文焉索
隱曰繁露之逸周書會解天子南面而立總索

春秋繁露注云繁露者冕之所垂也周書王會
無繁露以繁注云繁露何答曰下垂如牛亨問崔豹西京

司樂記賈公彥疏前漢董仲舒乃作春秋繁露詞
雜記董仲舒疏前漢董仲舒入懷玉仲舒作春秋繁露多禮大京

冕旒以繁注云繁露者夢蛟龍作春秋繁露繁露詞周也
無繁旒以繁露注云繁露之晃所垂也繁露繁露多露潤

春秋繁露以屬辭比事有連貫之象焉

漢　廣川董仲舒撰

江都凌曙注

楚莊王第一
楚莊王第一　他本皆無之然則為潘氏本楚
莊王篇為第一無疑曰楚

楚莊王殺陳夏徵舒春秋貶其文不予專討也
樓四明云潘氏本無之然則為潘氏附著徐廣曰楚

江縣括地志云帝舜後遏父之側為周武王陶正楚子
國也縣括地志云歸州巴東宛邱之側宣十一年經楚子
用徵封其子媯滿于陳都宛邱之側宣十一年經楚子
夏用封其子此楚子為人何也貶曷為不與外討也
不與外討者為其專討也諸侯之義不得專討也
諸侯不實與而文與之文曷為不與專討也曷為不與
伯天下諸侯有為無道者臣弒君子弒父力能討之則討之可也

◎清嘉庆二十年（1815）凌曙《蜚云阁丛书》本

总　序

刘慧晏

　　新时代、新征程、新伟业，更加迫切地需要"两个结合"提供支撑和滋养。辽宁出版集团贯彻落实习近平文化思想，着眼于服务"第一个结合"，集海内百余位专家之力，分国内传播、世界传播两辑，出版《马克思主义经典文献传播通考》。巨著皇皇，总二百卷，被誉为当代马克思主义基础研究扛鼎之作。着眼于服务"第二个结合"，辽宁出版集团博咨众意，精研覃思，决定出版《新时代万有文库》。

　　自古迄今，中华文化著述汗牛充栋。早在战国时，庄子就发"以有涯随无涯，殆已"的感慨。即使在知识获取手段高度发达的今天，我想，也绝对没有人敢夸海口：可尽一生精力遍读古今文化著述。清末好读书、真读书的曾国藩，在写给儿子的家书里，做过统计分析，有清一代善于读书且公认读书最多的王念孙、王引之父子，每人一生熟稔的书也不过十几种，而他本人于四书五经之外，最好的也不过《史记》、《汉书》、《庄子》、韩愈文四种。因此，给出结论："看书不可不知所择。"

　　高邮王氏父子也罢，湘乡曾国藩也罢，他们选择熟读的每一本书，当然都是经典。先秦以降，经典之书，积累亦多矣。虽然尽读为难，但每一本经典，一旦选择，都值得花精力去细读细研细悟。

　　中华文化经典，是中华优秀传统文化的物质载体和精神表达，凝聚着中华先贤的思想智慧，民族文化自信在焉。书海茫茫，典籍浩瀚，何为经典？何为经典之善本？何为经典之优秀注本？迷津得渡，知所择读，端赖方家指引。正缘于此，辽宁出版集团邀约海内古典文史专家，不惧艰辛，阅时积日，甄择不同历史时段文化经典，甄择每部文化经典的善本和优秀注本，拟分期分批予以整理出版，以助广大读者在创造性转化和创新性发展中赓续中华文脉。

　　《马克思主义经典文献传播通考》的美誉度，已实至名归。《新时代万有文库》耕耘功至，其叶蓁蓁、其华灼灼、下自成蹊，或非奢望！

出版说明

一、《新时代万有文库》（以下简称"《文库》"）拟收录中华传统文化典籍中具有根脉性的元典（即"最要之书"）500种，选择具有重要学术价值和版本价值的经典版本，给予其富有鲜明时代特征的整理与解读，致力于编纂一部兼具时代性、经典性、学术性、系统性、开放性的中华优秀传统文化经典丛书，深入挖掘和阐发中华优秀传统文化的精神内涵和时代价值，激活经典，熔古铸今，为"第二个结合"提供助力，满足新时代读者对中华文化经典的需求。

二、为满足不同读者的需求，《文库》收录的典籍拟采取"一典多版本"和"一版三形式"的方式出版。"一典多版本"是指每种典籍选择一最精善之版本予以重点整理，同时选择二至三种有代表性的经典版本直接刊印，以便读者比较阅读，参照研究。"一版三形式"是指每种典籍选择一最精善之版本，分白文本、古注本、今注本三种形式出版。各版本及出版形式，根据整理进度，分批出版。

三、典籍白文本仅保留经典原文，并对其进行严谨校勘，使其文句贯通、体量适宜，便于读者精析原文，独立思考，涵泳经典。考虑到不同典籍原文字数相差悬殊的实际情况，典籍白文本拟根据字数多少，或一种典籍单独出版，或几种典籍合为一册出版。合出者除考虑字数因素外，同时兼顾以类相从的原则，按照四部书目"部、类、属"三级分类体系，同一部、同一类或同一属的典籍合为一册出版。如子部中，同为"道家类"的《老子》与《庄子》合为一册出版。

四、典籍古注本选取带有前人注疏的经典善本整理出版。所选注本多有较精善的、学术界耳熟能详的汉、唐、宋、元人古注，如《老子》选三国魏王弼注，《论语》选三国魏何晏集解，《尔雅》选晋代郭璞注，等等。

五、典籍今注本在整理典籍善本基础上，对典籍进行重新注释，包括为生僻字、多音字注音；给难解的词语如古地名、职官、典制、典故等做注，为读者阅读、学习经典扫清障碍。

六、每部典籍卷首以彩色插页的形式放置若干面重要版本的书影，以直观展现典籍的历史样貌及版本源流。

七、每部典籍均撰写"导言"一篇，主要包括作者简介、创作背景、内容简介、时代价值、版本考释等方面内容。其中重点是时代价值，揭示每一种中华传统文化经典所蕴含的优秀基因和至今仍有借鉴意义的思想观念、人文精神、道德规范等，展示中华民族的独特精神标识，彰显中华传统文化经典的"魂"，满足读者借鉴、弘扬其积极内涵的需求，找准中华传统文化与社会主义核心价值观之间的深度契合点，指明每种经典在建设中华民族现代文明中能提供哪些宝贵资源。同时，对部分经典中存在的陈旧过时或已成为糟粕性的内容，予以明确揭示，提醒读者正确取舍，有鉴别地对待，有扬弃地继承，避免厚古薄今、以古非今。

八、校勘整理以对校为主，兼采他书引文、相关文献及前人成说，不做烦琐考证。选择一种或多种重要版本与底本对勘，以页下注的形式出校勘记，对讹、脱、衍、倒等重要异文进行说明，并适当指出旧注存在的明显问题。鉴于不同典籍在内容、体例、底本准确性等方面存在较大差异，《文库》对是否校改原文及具体校勘方式不作严格统一，每种典籍依具体情况灵活处理，并在书前列"整理说明"。

九、《文库》原则上采用简体横排的形式，施以现代新式标点，不使用古籍整理中的专名号。古注本的注文依底本排在正文字句间，改为单行，变更字体字号与正文相区别。

十、《文库》原则上使用规范简化字，依原文具体语境、语义酌情保留少量古体字、异体字、俗体字。《说文解字》《尔雅》等古代字书则全文使用繁体字排印。

《新时代万有文库》编辑委员会

2023年10月

目　录

导　言

　　《春秋繁露》是西汉思想家、今文经学大师董仲舒最为重要的一部政治哲学著作，可以视为其学术思想的主要载体。该书重在阐发《公羊》义理，推演阴阳五行之法，是一部基于天人感应的思维模式和言说方式来诠释儒家思想的文化巨著。此书现存十七卷八十二篇。有关董仲舒生平著述的资料散见于《汉书》本传及《五行志》《食货志》《匈奴传》《艺文志》中，另外各种辑佚类著作、类书、总集❶之中也有关于他的零星材料。这些内容与《春秋繁露》构成了文本间深度的互文关系，组接成了董仲舒为人为学的丰富面相。董仲舒的思想学说及"下帷讲诵"的学术活动为汉代"大一统"意识形态的建构奠定了基础，更对"罢黜百家，独尊儒术"的儒学正统化与"外儒内法"的政治运行模式起到了助推作用；以董仲舒公羊学为代表的今文经学"通于世务"的经世致用精神、"微言大义"的解经方法对宋明理学、清代公羊学的复兴产生了深远影响。还应看到，董仲舒提出的"《诗》无达诂，《易》无达

---

　　❶《汉书·艺文志》载有《公羊董仲舒治狱》十六篇，马国翰《玉函山房辑佚书》仅辑得八条，确凿者六条（沈家本：《历代刑法考·汉律摭遗·春秋断狱》，商务印书馆，2011，第748-750页）。《艺文类聚》《古文苑》皆收录他的《士不遇赋》，《古文苑》还录有他的《雨雹对》《诣丞相公孙弘记室书》等文章。

占，《春秋》无达辞"等阐释理论，主张对文学、史学等文本进行多元认知与多角度评价，在一与多、常与变间创设了一个新的美学原则，开拓了新的阐释空间。

一

董仲舒，西汉广川（治今河北衡水景县西南）人，西汉思想家、今文经学大师，《史记》《汉书》皆有传载。对董仲舒本人的研究聚讼的焦点主要是他的生卒年和对策之年问题。

检索《汉书》之《食货志上》《匈奴传下》可得两则材料，有助于对他生年问题的估算。《食货志上》云："仲舒死后，功费愈甚，天下虚耗，人复相食。武帝末年，悔征伐之事，乃封丞相为富民侯。"❶可知至武帝世，仲舒卒。《匈奴传下》赞云："仲舒亲见四世之事，犹复欲守旧文，颇增其约。"❷依据董仲舒卒于武帝世，则此"四世"当为惠帝、文帝、景帝、武帝。《汉书·叙传下》云："抑抑仲舒，再相诸侯，身修国治，致仕县车，下帷覃思，论道属书，谠言访对，为世纯儒。"❸这里提到"致仕县车"，但没有提到具体的退休时间。《汉书·韦贤传》载："悬车之义，以洎小臣。"应劭曰："古者七十县车致仕。"❹王永祥据"亲见四世之事"与"县车致仕"，加之董仲舒于元狩元年（前122）、二年（前121）间辞去胶西相，推断董仲舒约生于惠帝三年到四年

❶ 〔汉〕班固：《汉书·食货志上》，中华书局，1962，第1137-1138页。
❷ 〔汉〕班固：《汉书·匈奴传下》，中华书局，1962，第3831页。
❸ 〔汉〕班固：《汉书·叙传下》，中华书局，1962，第4255页。
❹ 〔汉〕班固：《汉书·韦贤传》，中华书局，1962，第3105页。

（前192—前191）。❶周桂钿则以孔子10岁，"见三世"61年，享寿73年的前例，推比董仲舒"亲见四世"，应加上少不更事的10年，估算董仲舒约生于公元前200至公元前196年之间，折中推算，约生于公元前198年，即高祖九年。❷这两说较有代表性，当然在未有新材料出现时，谨慎存疑，以待优解。至于苏舆《董子年表》"生于景帝前"，过于宽泛。苏舆大略推算董仲舒生活于文帝元年（前179）至武帝太初元年（前104），可备存览。❸

至于董子卒年，考证亦难。《汉书·眭两夏侯京翼李传》云："夏侯始昌，鲁人也。通'五经'，以《齐诗》《尚书》教授。自董仲舒、韩婴死后，武帝得始昌，甚重之。始昌明于阴阳，先言柏梁台灾日，至期日果灾。"❹"柏梁台灾"提供了一个重要的时间断限，武帝得始昌及其预言灾日事皆在董仲舒死后。《史记·孝武本纪》载："十一月乙酉，柏梁灾。"❺《汉书·五行志上》载："太初元年十一月乙酉，未央宫柏梁台灾。"❻可知，此火灾发生于武帝太初元年（前104）十一月。董仲舒的卒年据此可推知在太初元年之前。

景帝时，董仲舒因治《公羊春秋》闻名，召为博士。《汉

---

❶ 王永祥：《董仲舒评传》，南京大学出版社，2011，第56-57页。

❷ 周桂钿：《董学探微》，北京师范大学出版社，2008，第4-7页。

❸ ［清］苏舆撰，钟哲点校：《春秋繁露义证》附录《董子年表》，中华书局，1992，第491-492页。

❹ ［汉］班固：《汉书·眭两夏侯京翼李传》，中华书局，1962，第3154页。

❺ ［汉］司马迁：《史记·孝武本纪》，中华书局，2014，第603页。

❻ ［汉］班固：《汉书·五行志上》，中华书局，1962，第1334页。

书》本传开篇基本照录《史记·儒林列传》，董仲舒"下帷讲诵，弟子传以久次相授业，或莫见其面。盖三年不窥园，其精如此。进退容止，非礼不行，学士皆师尊之"❶。董仲舒专注研经，三年不窥园圃，弟子相沿授受，德隆望尊，"最为老师"。武帝即位，诏选贤良文学之士。而董仲舒对策之年，学界多有讨论，有建元元年、建元五年、元光元年、元光二至四年间、元朔五年等说。❷董仲舒对策之年的核心问题是，董仲舒与公孙弘能否同年（元光元年）参加对策。前贤的研究都预设了他们不能同时对策，潜在的理解是董仲舒"策既中实，文说美善"的"天人三策"绝对碾压公孙弘的对策。但是，《汉书·公孙弘卜式兒宽传》载："时对者百余人，太常奏弘第居下。策奏，天子擢弘对为第一。召入见，容貌甚丽，拜为博士。"❸公孙弘的对策"盛世无灾异论"，太常不满意，却得到了武帝的赏识。若从学术与行政能力视角思考二人的对策，或许能有所得。董仲舒的学术构想固然恢弘，通贯天人，但是，武帝想要的却是有执行能力的儒吏；至于武帝的问题"受命符瑞"如何出现，"求仙长寿"如何可能，董仲舒都没能做出回应，屈居弘下，也有可能。

---

❶ ［汉］班固：《汉书·董仲舒传》，中华书局，1962，第2495页。

❷ 刘国民：《董仲舒的经学诠释及天的哲学》，中国社会科学出版社，2007，第65-80页。还有日本平井正士等学者意见，认为第一策是元光元年，第二策是元光五年。福井重雅则认为第一、三策年次为建元五年与六年。详见［日］浅野裕一著，韩文译：《黄老道的形成与发展》，凤凰出版社，2021，第597-598页。

❸ ［汉］班固：《汉书·公孙弘卜式兒宽传》，中华书局，1962，第2617页。

董仲舒"天人三策"往来答问，最后喊出对策最强音："《春秋》大一统者，天地之常经，古今之通谊也。今师异道，人异论，百家殊方，指意不同，是以上亡以持一统；法制数变，下不知所守。臣愚以为诸不在六艺之科孔子之术者，皆绝其道，勿使并进。邪辟之说灭息，然后统纪可一而法度可明，民知所从矣。"❶在意识形态领域，针对各守家法、言论不一、百家殊方的局面，提出"大一统"学说，"罢黜百家，表章六经"；在具体的操作层面，提出稳定法制，不可变来变去，使民无可从、无可守。董仲舒欲凭《春秋》为汉立法，确实在理论层面上提供了思想武器，为武帝改弦更张、推崇儒术奠定了理论基础。董仲舒的学术构想也确实在后来落到实处。建元五年（前136），武帝置五经博士，从此儒士独掌了话语权。"自武帝初立，魏其、武安侯为相而隆儒矣。及仲舒对册，推明孔氏，抑黜百家。立学校之官，州郡举茂材孝廉，皆自仲舒发之。"❷董仲舒对策中提出的"兴太学"以"养天下之士"，"立学校之官"以"举茂材孝廉"，这些教育设想最终皆得以实现。元光元年（前134），初令郡国举孝廉各一人。元朔五年（前124）武帝采纳丞相公孙弘"请为博士置弟子员"的建议，招收博士弟子，博士身份发生了转换，成为学官，博习旧说，训导、教育学徒。儒家倡导的理想化的最高学府——太学正式设立。

对策后，武帝任命董仲舒为江都相，辅佐易王刘非。规劝

---

❶ ［汉］班固：《汉书·董仲舒传》，中华书局，1962，第2523页。

❷ ［汉］班固：《汉书·董仲舒传》，中华书局，1962，第2525页。

易王时，董仲舒曾说："夫仁人者，正其谊不谋其利，明其道不计其功。"他推崇王道，实行仁义，阐明了儒家的功利观，认为正义明道本身就是目的，而不是求取功利的手段、方式。董仲舒治国时以《春秋》灾异推阴阳变化，进而能通过闭阳纵阴之法求雨止雨。十年后，董仲舒被废为中大夫，居家推衍辽东高庙、长陵高园殿灾事，未及上奏，主父偃私见，窃草稿奏武帝，武帝召集诸儒讨论，仲舒弟子吕步舒不知为其师所写，认为言灾异者大愚。于是仲舒被投入狱中，后获赦免。公孙弘与仲舒同治《春秋》，学问不及仲舒，便嫉妒他；同时，仲舒为人廉直，认为公孙弘谄媚阿谀，又引起公孙弘的不满，公孙弘便陷害仲舒去做骄横的胶西王刘端的国相，胶西王因仲舒是大儒，善待礼遇他，而仲舒担心久则获罪，任职四年后便辞官回家。居家时，朝廷如有大事，常派使者及张汤登门求教，答复皆合明法。合明法即合于阴阳之说，善乎《公羊春秋》之道。

认识董仲舒，应该从学术视角解读，而不是政治视角。他是思想家，不是政治家。正如他在对策时一再强调："述所闻，诵所学，道师之言。""若乃论政事之得失，察天下之息耗，此大臣辅佐之职，三公九卿之任，非臣仲舒所能及也。"❶班固"赞"引刘歆的评价较为公允："仲舒遭汉承秦灭学之后，六经离析，下帷发愤，潜心大业，令后学者有所统壹，为群儒首，然考其师友渊源所渐，犹未及乎游、夏，而

---

❶ ［汉］班固：《汉书·董仲舒传》，中华书局，1962，第2519页。

曰管、晏弗及，伊、吕不加，过矣。"❶从学者角度定位董仲舒，是认识董仲舒的逻辑起点，不可因其思想独到且在后世影响深远而夸大其在武帝朝的实际政治作用。

二

《汉书·五行志上》载："汉兴，承秦灭学之后，景、武之世，董仲舒治《公羊春秋》，始推阴阳，为儒者宗。"❷秦火后，汉初黄老刑名之学风行一时，北方齐国稷下托名黄帝，南方楚地托名老子，合称黄老道家。一方面汉初奉行无为之治、与民休养生息的政策；另一方面儒家文人也在寻找机会，改弦更张，参与国家大政方针的制定。

从陆贾到贾谊，虽然他们的作品中都有涉"道"内容，如《新语·道基》"是以君子握道而治，据德而行，席仁而坐，杖义而强，虚无寂寞，通动无量"❸，可以看到，其学仍以儒学为主，行文使用的概念、术语，虽然标举"道德""虚无"，但道德只是陆贾为推行治国理政思想而高悬的鹄的，虚静无为也只是迎合黄老思想的说辞而已，其实仁义才是其学之基。贾谊以儒家礼治思想为主，兼通老庄与法家。其《新书》之《道术》《六术》《道德说》将儒、道、法三家思想熔于一炉，建构了新的儒学体系。但汉文帝好刑名之学，得贾谊而未尽用。汉景帝时，黄生与辕固生发起"汤武革命"之争，景帝

---

❶ ［汉］班固：《汉书·董仲舒传》，中华书局，1962，第2526页。
❷ ［汉］班固：《汉书·五行志上》，中华书局，1962，第1317页。
❸ 王利器：《新语校注》，中华书局，1986，第28页。

评之曰："食肉不食马肝，不为不知味；言学者无言汤武受命，不为愚。"❶辕固生主张汤武革命、汉革秦命的合理性，以此理推之，革汉命亦如此；黄生不赞同汤武革命，认为革命说不合理。景帝认为讨论汤武革命是愚蠢的，"不任儒生"的态度自明。加之窦太后好黄老术，"故诸博士具官待问，未有进者"❷。博士在官，未得重用。尽管情势如此，但儒学毕竟仍在潜滋暗长，正如辕固生刺豕时，景帝悄悄塞与匕首，留下儒学存活的一线生机。以《公羊春秋》传承谱系看，《公羊传序》徐彦疏引戴宏序提及，子夏传与公羊高，公羊高传与其子公羊平，公羊平传与其子公羊地，公羊地传与其子公羊敢，公羊敢传与其子公羊寿。至汉景帝时，公孙弘的业师——公羊寿的弟子齐人胡毋生为博士，董仲舒与之同业。司马迁又从董仲舒受学《春秋》。公羊谱系渊源有自，传承不绝。学术代雄，必得非常之人。

董仲舒应时而生，在子学时代向经学时代转捩点上起到了关键作用。仲舒"通五经，能持论，善属文。江公呐于口，上使与仲舒议，不如仲舒"❸。"仲舒所著，皆明经术之意，及上疏条教，凡百二十三篇。而说《春秋》事得失，《闻举》《玉杯》《蕃露》《清明》《竹林》之属，复数十篇，十余万言，皆传于后世"❹。董仲舒晚年居家著述《春秋繁露》，系统阐释了《公羊春秋》的意旨，对《春秋》进行了深入的研

---

❶ 〔汉〕司马迁：《史记·儒林列传》，中华书局，2014，第3767页。

❷ 〔汉〕班固：《汉书·儒林传》，中华书局，1962，第3592页。

❸ 〔汉〕班固：《汉书·儒林传》，中华书局，1962，第3617页。

❹ 〔汉〕班固：《汉书·董仲舒传》，中华书局，1962，第2525-2526页。

究。这里需要说明的是《春秋繁露》真伪之争的问题。

《四库全书总目》曰："考仲舒本传，《蕃露》《玉杯》《竹林》，皆所著书名。而今本《玉杯》《竹林》，乃在此书之中。故《崇文总目》颇疑之，而程大昌攻之尤力。今观其文，虽未必全出仲舒，然中多根极理要之言，非后人所能依托也。"❶馆臣认为书不全真，个别篇章似系混入，存在杂伪。程大昌改书名为《演繁露》，归入小说家言，主要理由为《汉书》未著录是书，书中仅六卷十七篇涉论《春秋》，多掺杂阴阳灾异之说。《通典》《太平御览》《太平寰宇记》所引之言，今书皆无，以为非董氏本书。❷徐复观考辨后，得出"只有残缺，并无杂伪"❸的结论。姚际恒认为"书非伪而书名伪"，黄云眉在此基础上提出"不仅书名伪而书亦伪矣"的观点，理由为董氏"纯儒"之说。❹真伪之争，聚讼纷纭，莫衷一是。程苏东以《春秋繁露》"五行"诸篇为个案开展研究，对抄本时代文本形成的复杂性进行探讨，看到早期文本间的互文性，揭示这种公共性知识资源的群体传抄关系，以及对异文个性化的知识处理方式。❺其研究跳出刻本时代传统的文献辨伪方法，具有方法论的意义，值得继续推衍实践。可以肯定的

❶ ［清］永瑢等：《四库全书总目》，中华书局，1965，第244页。

❷ ［清］苏舆撰，钟哲点校：《春秋繁露义证》，中华书局，1992，第502页。

❸ 徐复观：《两汉思想史》（第二册），九州出版社，2014，第290页。

❹ 黄云眉：《古今伪书考补证》，商务印书馆，2019，第201页。

❺ 刘跃进、程苏东主编：《早期文本的生成与传播》，中华书局，2017，第162页。

是，《春秋繁露》是董仲舒的作品，因作品传达的思想与"天人三策"具有较大的思想共通性，至于细小的差异，可能是由流传过程中的错乱、增删造成的。

董仲舒博通五经，为何选择《公羊春秋》为研究重点？《孟子·滕文公下》曰："《春秋》，天子之事也。""孔子成《春秋》，而乱臣贼子惧。"《庄子·齐物论》曰："《春秋》经世，先王之志。"《春秋》是王道、天子之事；是道义准绳，褒贬善恶的思想武器；也是先王治国理政智慧的结晶。最为重要的是《公羊春秋》创设了"大一统"理论。隐公元年《经》："元年，春，王正月。"《传》："元年者何？君之始年也。春者何？岁之始也。王者孰谓？谓文王也。曷为先言王而后言正月？王正月也。何言乎王正月？大一统也。"❶汉初六十余年，政治的大一统，呼唤思想领域的大一统。在政体上，汉承秦制，实现了王权专制大一统的延续；在指导思想层面，由汉初的"过秦"、批秦法暴政，转到黄老道家的"无为而治"、与民休养生息政策。而儒生群体的思想理论建构并没有得到实质性的推进，多是停留在形而下的层面，关注具体措施的研究。叔孙通之制朝仪之礼，陆贾之"术事"，贾谊之制诸侯、匈奴、铸钱、保傅、礼容、胎教等，皆是其类。但是，"贾生以为汉兴至孝文二十余年，天下和洽，而固当改正朔，易服色，法制度，定官名，兴礼乐，乃悉草具其事仪法，色尚黄，数用五，为官名，悉更秦之法。孝文帝初即位，谦让未遑

---

❶［清］阮元校刻：《十三经注疏·春秋公羊传注疏》，中华书局，2009，第4765-4766页。

也"❶。儒家知识分子关切刘汉政权合法性的思考一直未曾停止，充满政治热情的贾谊，血气方刚，上书改制，结果未行。尽管儒家内部贾谊、申生体系与董仲舒、公孙弘体系理念不尽相同，但我们看到《春秋繁露·三代改制质文》再次回应了受命改制的政治议题，最终武帝推行"太初改制"，完成了儒生们这一心心念念的共同的历史使命。

董仲舒《公羊春秋》研究的政治意义可以概括为"《春秋》为汉制法"。《论衡·程材》："《春秋》，汉之经，孔子制作，垂遗于汉。"《须颂》又曰："《春秋》为汉制法。"❷ "《春秋》尊王而重民，上下相顾，不似法家无限制之尊君，董仲舒、公孙弘皆以明《春秋》显于汉武之世，经学在汉代《春秋》独重，汉人以《春秋》为汉制作，以《春秋》决狱，夫岂偶然之事乎？"❸董仲舒基于《春秋》公羊学说，以阐释《春秋》之道、之义为手段，接轨战国子学，吸纳阴阳五行、黄老、法家等思想优长，融为一体，依照天人感应的原理探究自然与人事的关系，实现了儒学理论的创新、思想的创新，为政治大一统的刘汉政权提供了理论更生的思想武器，改变了世易时移下黄老不作为、求安稳、不奋进的思想之弊，迎合了汉武帝意气风发、开疆拓土、建功立业的事功之心，更使得拨乱反正的《公羊春秋》之道、之义重新发扬光大。

---

❶ ［汉］司马迁：《史记·屈原贾生列传》，中华书局，2014，第3005页。
❷ 黄晖：《论衡校释》，中华书局，2017，第633、999页。
❸ 李源澄：《秦汉史》，巴蜀书社，2019，第68页。

《春秋繁露》有《春秋》学、政术治体、阴阳五行三大内容。任继愈认为："董仲舒的全部理论活动和他毕生从事的工作，都是天人关系的问题的探讨。"❶徐复观将董氏《春秋》学二分为天学与人学❷；熊十力认为《繁露》名为《春秋》学，实则为天学❸；周桂钿认为董仲舒是借用《春秋》与阴阳五行理论，阐发自己的政治哲学❹。黄铭则跳出二分法的传统研究模式，认为《春秋》学的基础是天学，并认为阴阳五行也可以看作是董仲舒眼中《春秋》天学的一部分。❺无论怎样划分，从战国子学的发展脉络上把握董仲舒的天人之学，还是较为客观些，毕竟董学是秦汉历史语境下的产物，天学是其《春秋》学的基础。若沿波讨源，推何演董，确能够客观认识董氏《春秋》学的书法义例。从这个角度看，《春秋》辞例是董学的研究基点，具有经法、史法、文法的意义。

《春秋繁露》重在阐释《春秋》《公羊传》的义理，从《春秋》之辞入手，或直接阐述或推原本事，进而阐发《春秋》大义，皆不离天道。在常辞与变辞之间、笔削之间，深察名号，察终原始。董仲舒《春秋》学通过对笔法与义理的诠

❶ 任继愈主编：《中国哲学发展史·秦汉卷》，人民出版社，1985，第323页。

❷ 徐复观：《两汉思想史》（第二册），九州出版社，2014，第326页。

❸ 熊十力：《原儒·原学统》，岳麓书社，2013，第87页。

❹ 周桂钿：《董仲舒研究·自序》，人民出版社，2012，第6页。

❺ 刘禹彤：《坐标内外的董仲舒——评黄铭〈推何演董：董仲舒《春秋》学研究〉》，《国际儒学（中英文）》，2024年第1期，第177页。

释，实现了治世与尊天的华丽转身，使披着神秘外衣的经学政治化，进而完成治世理论体系的构建。

司马迁说："《春秋》，上记隐，下至哀之获麟，约其辞文，去其烦重，以制义法，王道备，人事浃。"[1]实则指出了研究《春秋》学的思想进路。辨章学术，考镜源流，方可全面、准确地归纳董氏《春秋繁露》的思想学说。

（一）"《春秋》无达辞"与董仲舒的阐释方法

《春秋繁露》是对《春秋》《公羊传》义理的系统阐释，对"辞"的理解是其中的关键。

> 辞不能及，皆在于指。（《竹林》）
>
> 《春秋》慎辞，谨于名伦等物者也。……然而其辞体天之微，故难知也。弗能察，寂若无；能察之，无物不在。（《精华》）

董仲舒认为"辞"包含上天的奥妙，若能"察"则知其"指"，属词比事，博贯连通，深察推论，则体"微言"而明"大义"。李洲良先生概括董仲舒的辞指论主要包含三个层面：有常辞，无通辞；有正辞，有诡辞；见其指，不任其辞。三个方面又贯穿一个总的指导思想："《春秋》无达辞，从变从义，一以奉人（天）。"[2]"常辞"即常规之辞，"通辞"

---

[1] ［汉］司马迁：《史记·十二诸侯年表序》，中华书局，2014，第642页。

[2] 李洲良：《春秋笔法论》，中国社会科学出版社，2012，第117页。黄铭：《推何演董——董仲舒〈春秋〉学研究》，生活·读书·新知三联书店，2023，第41页。该书专设"董仲舒论辞"一节，对二十二种辞进行了比较详细的归类。可参看。

即套辞。郏之战后，礼仪之邦的中原大国晋因无礼而成为夷狄，南方的楚因合礼而成君子，受到表彰。《春秋》讲求变移，不用套语，褒贬自现。"正辞"即如实叙写之辞，易于理解，无需多言。"诡辞"即隐晦表达之辞，属于"避讳"的类型，通过改变事实或人名达到"避讳"的意图。如董仲舒于《春秋繁露·玉英》篇中对纪季"以酅入于齐"的解释，属于此类。"见其指，不任其辞"，则指不拘泥于"辞"，要突破"其辞"的字面意义，"不以文害辞，不以辞害志"，力求把握《春秋》深层含义。这也是董仲舒在《公羊春秋》释经体系上的新发展，"董仲舒是将《公羊传》形下归纳作为他形上演绎的逻辑前提，并运用连锁推理层层推演，最后得出一个言外之'指'"❶。这样董仲舒的《春秋》学阐释方法不是聚焦，而是发散，于是自然阴阳五行思想、天人感应观念、灾异谴告说纷纷登场，成为董仲舒《春秋》诠释学的知识背景与思维模式。

（二）"《春秋》为汉制法"与董仲舒的政治哲学

董仲舒"《春秋》为汉制法"的学术预设，沿着《春秋》《公羊传》的方向，努力构建其体系化的政治哲学。在研究《春秋》《公羊传》的基础上，董仲舒集中阐释了大一统、张三世、通三统等核心问题。

1. 大一统的政治观

《公羊传·隐公元年》解释"元年，春，王正月"时说："元年者何？君之始年也。春者何？岁之始也。王者孰谓？谓文王也。曷为先言王而后言正月？王正月也。何言乎王正月？

---

❶ 李洲良：《春秋笔法论》，中国社会科学出版社，2012，第121页。

大一统也。"《春秋》开篇用周正，尊奉周文王，表明周天子一统的无上地位。董仲舒高度重视这一命题，甚至在"天人三策"中直接表达"《春秋》大一统者，天地之常经，古今之通谊也"。他认为大一统是天经地义的事，一方面表现为尊王道，在《王道》篇中直言"王者，人之始也"。尊王道是立国之本，施行仁政、保民节用才能长治久安，永保太平。天子独尊，臣子不得僭越、专地、专封。专地即擅自交换土地，专封指擅自号令、率师征伐。另一方面，他还强调："是以《春秋》变一谓之元，元犹原也，其义以随天地终始也。"（《重政》）董仲舒的"大一统"理论是以天为规范为参照，以天道规范人事，进而通过屈君而伸天，达到规范国君行为的目的。

2. 张三世的变化观

《公羊传》有"三世异辞"的说法，在隐公元年、桓公二年、哀公十四年皆有"所见异辞，所闻异辞，所传闻异辞"，意指《春秋》十二公分属不同的历史发展阶段。董仲舒在《楚庄王》中将其细化，"《春秋》分十二世以为三等：有见，有闻，有传闻。有见三世，有闻四世，有传闻五世。故哀、定、昭，君子之所见也；襄、成、宣、文，君子之所闻也；僖、闵、庄、桓、隐，君子之所传闻也。所见六十一年，所闻八十五年，所传闻九十六年。于所见，微其辞；于所闻，痛其祸；于传闻，杀其恩，与情俱也"。孔子见到的哀、定、昭三世，写作微言大义，用词隐晦；听闻的襄、成、宣、文四世，对事情真切感受其祸患之烈，故详细记录；传闻的僖、闵、庄、桓、隐五世，因恩惠与情感俱弱，故略记。《奉本》中对此阐发更加深入："远夷之君，内而不外……于稷之会，言成宋乱，以远外也；黄池之会，以两伯之辞，言不以为外，以近内也。"所见世，华夷由严格区分到渐入浑融。《竹林》说的更为具体："今晋变而为夷狄，楚变而为君子。"稷地之会，因为时代较远故疏远；黄池之会，时代较近，表明亲近吴国国君。华夷转化不因地域远近，而因道义有无。

3. 通三统的改制观

通三统是对五帝、三王的历史做出总结，进而提出改制的政治主张。《三代改制质文》对此做了详细的解释。汤受命而王，改国号为殷，正白统，封二王后，亲夏、故虞、绌唐；文王受命而亡，改国号为周，正赤统，封二王后，亲殷、故夏、绌虞；《春秋》应天作新王，王鲁，正黑统，封二王后，亲周、故宋、绌夏。这里需要说明的是"封二王后"的制度，是从周朝建立时的做法演生而来的。武王克殷后，封赐黄帝、尧舜、夏后氏、殷商之后，各得蓟、祝、陈、杞、宋之地。董仲舒宣扬天命观，由于三统循环往复，需阐发改正朔、易服色、迁都、作乐等改制内容。"承周文而反之质"（《十指》）。"天人三策"言："今汉继大乱之后，若宜少损周之文致，用夏之忠者。"❶汉继周，反夏之忠，则汉与夏同是正黑统。那么到底是《春秋》继周还是汉继周？孔子作《春秋》，是受天命，作新王的，西狩获麟，受命之符，即是孔子受天命的征兆。可惜，麟死，说明孔子是素王，有德而无实。秦虽是一个朝代，但不合法，没有得到天授神权。《春秋》是一部书，却代表一王之法，象征一个朝代，孔子为素王，托为正黑统。而

---

❶　[汉] 班固：《汉书·董仲舒传》，中华书局，1962，第2519页。

汉是实际继周的朝代，为正黑统。所以，汉道应法《春秋》之道，即《春秋》为汉制法。显然，这是董仲舒的创新之处，指出汉不是直接继承秦的水德黑统。武帝太初改制采用夏正，不用周正，说明"三统说"对改制产生了一定影响。当然，太初改制主要还是用五德终始说，与此不同。

"孔子改制""张三世""存三统""夷夏观"等学说，成为清季康有为等学者进行政治制度变革的思想武器，影响深远。

（三）"任德教而不任刑"与董仲舒的人道观

董仲舒的人道观是以天道为根据的，天道之阴阳、四时、五行、灾异皆与人道对应，形成天人感应的思想体系。其目的是以神圣的天道来规范伦理、政治等人事。"君臣、父子、夫妇之义，皆与诸阴阳之道。君为阳，臣为阴；父为阳，子为阴；夫为阳，妻为阴。……此见天之亲阳而疏阴，任德而不任刑也。"（《基义》）《深察名号》明确提出"三纲五纪"，即君臣、父子、夫妇之义谓三纲，诸父、兄弟、族人、诸舅、师长为五纪。"王道之三纲，可求于天"（《基义》），"天道之大者在阴阳"❶，阴阳天道与人伦三纲有对应关系，推崇"贵阳而贱阴"（《阳尊阴卑》），标举尊君卑臣的君臣观、父为子纲的父子观、夫为妻纲的夫妻观，以天道阴阳为出发点，类比论证其合理性。"天人三策"言："仁义礼智信五常之道，王者所当修饬也。"根据天人相感、同类相应的原则，"以类合之，天人一也"（《阴阳义》），天道之五行又与人伦之"五常"相匹配，把五行的运行伦理化。《五行五事》《五行对》《四

---

❶ ［汉］班固《汉书·董仲舒传》，中华书局，1962，第2502页。

时之副》《人副天数》都对这一体系做了具体的阐发，从四时结构、人的身体结构、人的情感意识等方面讲天人同类。

董仲舒在此基础上提出"性三品说"："性虽出善，而性未可谓善也。米与善，人之继天而成于外也，非在天所为之内也。天所为，有所至而止，止之内谓之天，止之外谓之王教。……圣人之性，不可以名性；斗筲之性，又不可以名性；名性者，中民之性。中民之性如茧如卵，卵待复二十日，而后能为雏；茧待缲以涫汤，而后能为丝；性待渐于教训，而后能为善。"（《实性》）天命之谓性，天生善性需要"王教"才能显现。既重先天，又重后天的人为教化。圣人之性无需教化，自然天成。中民之性即万民之性，需要后天道德教化与礼义制约。而斗筲之性，天生性恶，则需要刑法改造。可以看到，董仲舒的"性三品说"是对孟子性善与荀子性恶说的整合。《潜夫论》也承继其说："上智与下愚之民少，而中庸之民多。中民之生世也，犹铄金之在炉也，从笃变化，唯冶所为，方圆薄厚，随镕制尔。"❶秦以刑罚为治，汉承秦制，强调在法律制度上的因袭，但"任德教而不任刑"应是董仲舒改制的基本诉求。以德治教化、礼义规训万民的正谊明道，是君主统治万民的合法性所在；作为君主应追求内在德性与外在德行的统一，上合天道，下符民望。否则会灾异"谴告"，天威示警。董仲舒的"天人感应"理论，神化君权的同时，也以天意来制约君权，"王者承天意以从事，故任德教而不任刑"（"天人三策"）。

当然，还应看到，董仲舒思想存在时代局限性，不可全盘

---

❶ 张觉：《潜夫论汇校集注》，岳麓书社，2023，第478页。

肯定，比如《春秋》决狱、天人沟通的郊祭仪式、灾异谴告等问题。但是我们也应看到其思想设计的精巧性，特别是"天人感应"等理论的完整性、自洽性。比如："人有三百六十节，偶天之数。……天以终岁之数成人之身，故小节三百六十六，副日数也；大节十二分，副月数也；内有五藏，副五行数也；外有四肢，副四时数也。"（《人副天数》）《官制象天》亦云"求天数之微，莫若于人。人之身有四肢，每肢有三节，三四十二，十二节相持，而形体立矣；天有四时，每一时有三月，三四十二，十二月相受，而岁数终矣"。人骨之数三百六十节，与天数相配；四肢与四时相配；四肢十二节，与十二月相配。从理论设计上看，天人相类，类比附会，天人相感，同类相召，若合符契。但是，考之现代解剖学，人骨二百零六块，与三百六十节绝难匹配，理论设计也绝不等于解剖实际。当然，也应看到，这种理论设计有共通的知识背景，《淮南子·天文训》《黄帝内经·灵枢》也有这方面的论述。[1]还应看到，董仲舒思想观念与民间信仰的纠缠也是同他所处时代的认知局限性有关。《求雨》云："暴巫，聚尪……择巫之清

---

[1] 如《淮南子·天文训》："蚑行喙息，莫贵于人，孔窍肢体，皆通于天。天有九重，人亦有九窍。天有四时，以制十二月，人亦有四肢，以使十二节。天有十二月，以制三百六十日，人亦有十二肢，以使三百六十节。"见刘文典撰，冯逸、乔华点校：《淮南鸿烈集解》，中华书局，1989，第126页。《黄帝内经·灵枢》："天有日月，人有两目。地有九州，人有九窍。天有风雨，人有喜怒。天有雷电，人有音声。天有四时，人有四肢。天有五音，人有五脏。天有六律，人有六腑。……天有阴阳，人有夫妻。岁有三百六十五日，人有三百六十五节。"见郝易整理：《黄帝内经》，中华书局，2011，第327页。

洁辩言利辞者以为祝。……以甲乙日，为大苍龙一……为小龙七……皆烧豭猪尾，取死人骨埋之。"这些求雨行为显然带有民间方术的色彩，这与董仲舒阴阳五行、天人感应的思想也有相通之处。从这个角度看，应劭《风俗通义》中的记载应是在此基础上的浮夸："武帝时迷于鬼神，尤信越巫，董仲舒数以为言。武帝欲验其道，令巫诅仲舒，仲舒朝服南面，诵咏经论，不能伤害，而巫者忽死。"❶在东汉的接受世界中，董仲舒显然已被神化，他咏诵经典，具有巫师诅咒不可加害的神效。这些都可以看作是董仲舒思想中与"小传统"相通的内容被放大的结果。章太炎则直斥董仲舒为"教皇也"❷。再如："古之造文者，三画而连其中，谓之王。三画者，天、地与人也，而连其中者，通其道也。取天地与人之中以为贯而参通之，非王者孰能当是？"（《王道通三》）他对"王"字的释读，得到许慎的认同，许氏将此观点引入《说文解字》中，理论解释极其工巧。但是，随着古文字学的深入研究，经过罗振玉、吴其昌的努力，释读出甲骨文"王"字，并得出"王字之本义，斧也"❸的结论。"王"的本义"斧"与董仲舒"王"字的阐释风马牛不相及，但是，二者不宜以对错论，董仲舒只是提供了一种学术假说，一种学术思想可能，从这个意义上看，许慎的《说文解字》也是其文字学思想的表征，而并非文字本义的确证。

---

❶ ［汉］应劭撰，吴树平校释：《风俗通义校释》，天津人民出版社，1980，第350页。

❷ 章炳麟著，徐复注：《訄书详注·学变》，上海古籍出版社，2000，第88页。

❸ 罗琨：《甲骨文解谜》，长江文艺出版社，2002，第137页。

四

董仲舒的思想丰富而多元，关于德治、调均贫富、宽民力等治国方略，志与功、义与利、经与权等儒家伦理思想，至今仍有借鉴意义，尤其他阐释《春秋》《公羊传》的方法，"六经注我"，发挥主观能动性，极具创造力，在形而上的理论思辨中层层推演，富有缜密性。对经典的诠释追求常与变的统一，既遵照传统，又有解释的灵活变通性，呈现出发散的思维结构样态。这种对经典诠释的创造性转化力、创新性发展，对今天具有重要的借鉴意义。当历史发展到一个新节点的时候，尤其是传统学问面临瓶颈的时候，回归经典，向经典要智慧，这无疑是学术更生的力量之源。

《春秋繁露》提出"大一统"思想，董仲舒概括的"大一统"之义为"《春秋》大一统者，天地之常经，古今之通谊也"。大一统具有空间与时间两个维度。《春秋》"五始"，元年一，春二，王三，正月四，公即位五。❶时间、空间、君王即位在此整合起来，"是故《春秋》之道，以元之深正天之端，以天之端正王之政，以王之政正诸侯之即位，以诸侯之即位正竟内之治"（《二端》）。五者相须为用，天人大本，符合天意，可使风调雨顺，五风十雨，万民所系，端正王政，境内大治，天下太平。这里隐喻着君王规定时间起始，统领自然疆域，统治万民社会的政权合法性的深层意义。"大一统"观突破华夷之变，据乱世"内其国而外诸夏"、升平世"内诸夏

---

❶ ［清］苏舆撰，钟哲点校：《春秋繁露义证》，中华书局，1992，第71页。

而外夷狄"、太平世"夷狄进至于爵",实现太平盛世的理想境界。真正的太平图景、大同世界,依照梁启超所言:"必越千数百年后地球五洲皆合为一,然后'大一统'局乃成,此谓之'大三世'。"❶要区分"王道"与"霸道",真正的大一统是王道,绝非想象虚构,而是现实目标。反思这一经典理论,有资于今人治世。

五

《汉书·董仲舒传》中载有《蕃露》,未见《春秋繁露》之名。董仲舒明经术及上疏条教"凡百二十三篇。而说《春秋》事得失,《闻举》《玉杯》《蕃露》《清明》《竹林》之属,复数十篇,十余万言,皆传于后世"❷。《汉书·艺文志》"六艺略"之"《春秋》类"仅载有"《公羊董仲舒治狱》十六篇"。"诸子略"之"儒家类"仅载有"《董仲舒》百二十三篇"。梁启超怀疑"今本《繁露》之八十三篇即在此百二十三篇中也"❸。晋葛洪的《西京杂记》卷第二云:"董仲舒梦蛟龙入怀,乃作《春秋繁露》词。"❹典籍中始见《春秋繁露》名。《隋书·经籍志》将其载入经部《春秋》类。此后,历代史籍《艺文志》、目录书等多有载录。俞樾、魏

❶ 梁启超著,汤志钧、汤仁泽编:《梁启超全集·第一集·论著一·湖南时务学堂答问》,中国人民大学出版社,2018,第340页。

❷ 〔汉〕班固:《汉书·董仲舒传》,中华书局,1962,第2525-2526页。

❸ 陈国庆编:《汉书艺文志注释汇编》,中华书局,1983,第111页。

❹ 〔晋〕葛洪:《西京杂记》,中华书局,1985,第13页。

源皆以《繁露》为首篇之名而代指全书。俞樾说："董子原书，当以'《春秋》分十二世以为三等'节为首篇，其篇名即曰《繁露》。今书称《春秋繁露》者，以首篇之名，目其全书也。传写者误取'楚庄王'及'晋伐鲜虞'二节，列于其前，遂以《楚庄王》题篇，并《繁露》之名而失之矣。"❶魏源言："《繁露》者，首篇之名，以其兼撮三科、九旨为全书之冠冕，故以《繁露》名首篇。"❷至于"繁露"之名，多无确解。多洛肯、张俊娅系统梳理了三种说法：第一种说法认为"繁露"是"缀绪""引申"的意思；第二种说法认为"繁露"是帝王的象征；第三种说法认为"繁露"就是滋润繁多的意思。❸笔者比较倾向于第三种说法，《周礼·春官·大司乐》疏："董仲舒作《春秋繁露》。繁，多；露，润。为《春秋》作义，润益处多。"❹《中兴馆阁书目辑考》载："《繁露》之名，先儒未有释者。案，《逸周书·王会解》：'天子南面立，絻，无繁露。'注云：'繁露，冕之所垂也。有联贯之象。'《春秋》属辞比事，仲舒立名，或取诸此。"❺经义如雨露，义理繁茂，润泽万物；亦如连贯之垂冕，连缀文辞，

---

❶ ［清］俞樾：《诸子平议》，中华书局，1954，第506页。

❷ 中华书局编辑部编：《魏源集·董子春秋发微序》，中华书局，2018，第133页。

❸ 多洛肯、张俊娅《董子"繁露"探微》，《光明日报》，2020年7月11日。

❹ ［清］阮元校刻：《十三经注疏·周礼注疏》，中华书局，2009，第1700页。

❺ 许逸民、常振国编：《中国历代书目丛刊》（第一辑上），现代出版社，1987，第374页。

有连贯之象，故名之。

《春秋繁露》现存最早的刻本是南宋嘉定四年（1211）江右计台刻本，十七卷七十九篇，阙文三篇。❶结合楼钥《跋春秋繁露》和胡仲方《跋》可知，此宋本是楼钥参校写本、萍乡本、潘叔度本等，校得八十二篇全本。宋嘉定本今仍存，藏于中国国家图书馆（简称"国图"）。清修《四库全书》时，四库馆臣未见宋本，从《永乐大典》中辑出，重辑的"大典本"后由武英殿活字排印，编入武英殿聚珍本。清初又有毛氏汲古阁影宋抄本《春秋繁露》，存八卷，二册，现藏于国图。明刻有四种重要的本子：明正德十一年（1516）锡山华坚兰雪堂铜活字印本，藏于国图；明嘉靖三十三年（1554）周采刻本，国图、台北故宫博物院、美国国会图书馆皆藏；明天启五年（1625）王道焜刻本；明天启五年西湖沈氏花斋刻本，此本藏地很多，国图、天津图书馆等地皆有藏。需要特别说明的是，台北故宫博物院藏有八种明刻本：明正统间刊本、明嘉靖甲寅（三十三年，1554）刊本、影抄明嘉靖甲寅刊本、明嘉靖间宋楼郁序刻本、明万历间胡维新刊本配补旧抄本、明天启乙丑（五年，1625）西湖沈氏花斋刊本、明末何允中刊《汉魏丛书》本、明末武林何氏刊本配补清刊本。

清代的《春秋繁露》校注本主要有卢文弨《抱经堂丛书》本〔北京直隶书局民国十二年（1923）影印〕，嘉庆二十年（1815）凌曙《蜚云阁丛书》本。卢本与凌本皆以武英殿聚珍

---

❶ 具体情况参阅李致忠：《北京图书馆宋版书叙录（二）》，《文献》，1991年第1期，第195-202页。

本为底本，不同之处在于卢本以明嘉靖蜀中本及明程荣、何允中两家本等参校，凌本则以明天启王道焜刊本及清张惠言读本等参校并作注。

凌曙（1775—1829），字晓楼，一字子昇，江苏江都（今扬州）人，清代经学家。撰有《春秋公羊礼疏》《公羊问答》《春秋繁露注》等，由于受到公羊学大师刘逢禄、庄存与等影响，其治学体现出清代汉学家以礼学汇通《公羊》的特色。凌本《春秋繁露》主要版本有：上海图书馆藏凌曙稿本；嘉庆二十年（1815）《蜚云阁丛书》本；同治十二年（1873）粤东书局刻《古经解汇函》本；光绪间南菁书院《皇清经解续编》本，此本相较诸本，随文略有校改；光绪五年（1879）《畿辅丛书》本，每卷卷尾有"凌注校正"；民国潮州郑氏《龙溪精舍丛书》本；日本内阁文库本，该本多出四通书信，分别是吴嵩、秦恩复、阮元、邓立诚致凌曙信，另有包世臣撰《清故国子监生凌君墓表》，其文字与《艺舟双楫》所录多有不同，可互鉴，据书信内容推断，此版系后出汇印本；1975年中华书局大字影印本；1976年台湾商务印书馆王云五主编《人人文库》本。

历来学者对凌本《春秋繁露》褒贬不一。苏舆《自序》说："惜其称引繁博，义蕴未究。"❶《例言》又说："大体平实，绝无牵傅。惟于董义，少所发挥，疏漏繁碎，时所不

---

❶ ［清］苏舆撰，钟哲点校：《春秋繁露义证》，中华书局，1992，第1页。

免。"❶凌曙首注此书，对理解传播董氏学产生了重大影响，功不可没。苏舆指出的问题也可以看作是凌本的优点，称引繁博，意在以经解经，反复寻源；义蕴未究，则是实事求是，严守《公羊》家法，注重经、传、注的相互推论阐发，疏解董义。阅读凌本对于《春秋繁露》的深入研究可起到奠基的作用。故梁启超评说："原书向无专注，嘉庆间（二十年）凌晓楼（曙）创为《春秋繁露注》十七卷。晓楼传庄、刘之学，谙熟《公羊》家法，故所注独出冠时，与段氏《说文》同功矣。"❷

本书以清嘉庆二十年《蜚云阁丛书》本为底本，兼参诸本。需要说明的是，万仕国辑校的《凌曙集》，张世亮、钟肇鹏、周桂钿译注的《春秋繁露》，曾振宇、傅永聚注的《春秋繁露新注》，朱永嘉、王知常注译的《新译春秋繁露》等，笔者在点校中多有参阅、借鉴，在此表达诚挚的谢意。

行文至此，点校工作行将结束。基于探寻、传承传统文化根脉的理解，笔者不揣浅陋，在董氏学园里，再添一束园中葵，希冀同道有窥。行文中，谬误脱漏处在所难免，祈请读者指正。

---

❶ ［清］苏舆撰，钟哲点校：《春秋繁露义证》，中华书局，1992，第3页。

❷ 梁启超：《中国近三百年学术史》，商务印书馆，2016，第289页。

整理说明

一、本次整理选用清嘉庆二十年（1815）凌曙《蜚云阁丛书》本作为底本。凌本以武英殿聚珍本（简称"聚珍本"）为底本，以明天启王道焜刊本及清张惠言读本等参校并作注。本书对校本兼采《古经解汇函》本（简称"汇函本"）、《皇清经解续编》本（简称"续经解本"）、《畿辅丛书》本（简称"畿辅本"）、《龙溪精舍丛书》本（简称"龙溪本"）、日本内阁文库本等。

二、本次整理尽量保持原版本的形态，文字尽量使用其原字。明显的版刻或摆印错字，据上下文可定是非者，径改而不出校记。凡形近易混淆者，径改本字，如己、已、巳，闲、间，沈、沉等。凡异体字、古今字，径改今字。避讳字，随文径改。

三、本次整理使用规范简化字，但在涉及某些字的字形变化与释音时，为便于阅读和理解，保留个别繁体字、异体字。

四、底本中，脱字、衍字、错简处，随文列出校记，以便读者阅读比对。缺字者，用□表示。对于不能读解处，不敢妄生穿凿，多引证方家，校记中简略说明。

洪梧序[1]

赐进士出身、诰授朝议大夫、前翰林院编修、
山东沂州府知府，新安洪梧撰

　　余初主梅花讲席之年，则以《公羊通礼》《诗经通礼》课业诸子。时，凌子晓楼以所著《四书典故核》进。见其好学穷经，精心求古，与言曰："子，广陵人也。广陵之学，有曹宪、李善之《文选》注，唐人以为词章之学，然训诂特详博通记，此词章而兼训诂之学也；有杜佑之《通典》，裒辑八门，包罗前代，此政书之学也；有潘徽之《江都集礼》，道备五常，用兼八代，此五礼之学也；有董仲舒之《春秋繁露》，传授《公羊》，该通经礼，此《春秋》公羊之学也。《繁露》一书，未有笺释。不熟《公羊》者，则不能读《繁露》，而妄臆为赝作，业几废矣。子其有心于是乎？"凌子由是卒业《公羊》，并读《繁露》。

　　由明经赴举京兆，从游阮侍郎之门，佐集经籍，亦尝诲之曰："圣经贤传，论修齐治平者备矣，大都不外河

---

❶ 题目原作"春秋繁露注序"。

间献王一语，'实事求是'而已。而事之是非，孰有大于《春秋》者乎？《公羊》孤经，久成绝学。以子精力强盛，曷不尽心？先师有言：'朝闻道，夕死可矣。'况来日未有艾乎？武进刘君申受，于学无所不窥，尤精《公羊》。与之讲习，庶几得其体要矣。"于是所见益广，所业益进。

三载归，《繁露》诸篇，皆能通究本末。复肆力于先秦、两汉诸儒之书及诸经义疏，凡《繁露》篇义字句，皆栉梳而理解之，不但贯彻何、徐，而董氏三年下帷根柢之蕴，正谊明道天人之本原，靡不洞于心而抉于手。盖江都、广川之所未行，汉武之所未用者，皆悉数其家珍，觌缕其渊蓄，而后知仲舒以《公羊》之学，为王佐之才，信不虚也。

卢抱经先生仅以《公羊》释《繁露》，已令读者稍见眉目。凌子乃能以诸书疏证，俾无疑义，故于注《繁露》时，并为《公羊五礼补疏》十有一卷。是凌子有功于董子，而又有功于何、徐也。由此日博于文，则曹、李训诂之《选》学在是；而约之以礼，以施于用，即潘氏《五礼》之学、杜氏政书之学亦在是。广陵之学，皆在凌子矣。凌子勉乎哉！

嘉庆二十年五月初十日书于梅花书院之群玉堂

凌曙自序[1]

国子学生江都凌曙撰

　　昔仲尼志在《春秋》，行在《孝经》。《春秋》为拨乱反正之书，圣德在庶，修素王之文焉。周室既衰，秦并天下，焚书坑儒，先王之道，荡焉泯焉。

　　炎汉肇兴，鸿儒蔚起，各执遗经，抱残守阙。《公羊》至汉，始著竹帛，书纪散，孔不绝，此中盖有天焉。广川董生，下帷讲诵，实治《公羊》。维时古学未出，左氏不传《春秋》，《公羊》为全孔经，而仲舒独得其精义，说《春秋》之得失颇详。盖自西狩获麟，为汉制法，知刘季之将兴，识仲舒之能乱，受授之义，岂偶然哉？

　　据百国之宝书，乃九月而经立。于是以《春秋》属商，商乃传与公羊高，高传与其子平，平传与其子地，地传与其子敢，敢传与其子寿。自高至寿，五叶相承，师法不坠。寿乃一传而为胡母生，再传而为董仲舒。太史公谓："汉兴，五世之间，唯仲舒名[2]明于《春秋》，其传公羊氏也。"观诸

───────────

❶ 题目原作"自序"。

❷ "名"，《史记·儒林列传》作"名为"。

《艺文》所载，著述甚夥，今不概见，所存者唯《春秋繁露》十有七卷。原书亦皆失次，然就其完善者读之，识礼义之宗，达经权之用；行仁为本，正名为先；测阴阳五行之变，明制礼作乐之原。体大思精，推见至隐，可谓善发微言大义者已。

汉武即位，以文学为公卿，欲议古立明堂城南，以朝诸侯，草巡狩、封禅、改历、服色，事未就。及仲舒对册，推明孔氏，抑黜百家；立学校之官，州郡举茂才、孝廉，皆自仲舒发之，然终未尽其用。当武帝时，公卿以下，争于奢侈，僭上亡度，民皆背本趋末。仲舒乃从容说上，切中当世之弊。及仲舒死后，功费愈甚，天下虚耗，武帝乃悔征伐之事无益也。刘向谓："仲舒有王佐之才，虽伊、吕无以加；管、晏之属，殆不及也。"

今其书流传既久，鱼鲁杂揉，篇第褫落，致难卒读。浅尝之夫，横生訾议。经心圣符，不绝如线，心窃伤之。遂乃构❶求善本，重加厘正；又复采列代之旧闻，集先儒之成说，为之注释。及随❷唐以后诸书之引《繁露》者，莫不考其异同，校其详略。书目、姓氏，咸胪列于下方。

夫圣情幽远，末学难窥。赖彼先贤，以启梼昧。事迹既明，义例斯得。辅翼经传，舍此何从？曙也不敏，耽慕其书，传习有年，弗忍弃置。至于是书之善，正谊明道，贯通天人，非予肤浅之识所能推见。登堂食蔎，愿以俟诸好学深思之士。

嘉庆二十年四月既望，书于蜚云阁

---

❶ "构"，宜作"购"。

❷ "随"，汇函本作"隋"，应据改。

春秋繁露序

《六经》道大而难知，《韩诗外传》："千举万变，其道不穷，《六经》是也。"惟《春秋》，圣人之志在焉。《孝经钩命决》云："孔子在庶，德无所施，功无所就，志在《春秋》，行在《孝经》。"自孔子没，莫不有传。名于传者五家，用于世，才三而止耳。《汉书·艺文志》："昔仲尼没而微言绝，七十子丧而大义乖，故《春秋》分为五。"韦昭曰："谓左氏、公羊、穀梁、邹氏、夹氏也。"案，邹氏无师，夹氏无书，惟三家立于学官。其后，传世学散，原迷❶而流分。

盖公羊之学，后有胡母子都。《广韵》："《风俗通》云：'胡母姓，本胡公之后也。公子完奔齐，遂有齐国，而宣王母弟别封母乡。远本胡公，近取母邑，故曰胡母氏也。'"《汉书》曰："字子都，齐人也。齐之言《春秋》者，多受胡母生。"董仲舒治其说，《公羊》疏："胡母生以《公羊》经、传，传授董氏。"信勤矣。尝为武帝置对于篇，又自著书，以传于后。其微言至要，盖深于《春秋》者也。然圣人之旨在经，经之失传，传之失学，故汉诸

---

❶ "原迷"，龙溪本作"源远"。

儒《韩诗外传》："儒者，儒也。'儒'之为言'无'也，不易之术也。"《意林·风俗通》："儒者，区也。言其区别古今，居则玩圣哲之词，动则行典籍之道。"多病专门之见，各务高师之言，至穷智毕学，或不出圣人大中之道，使周公、孔子之志既晦而隐焉。董生之书，师古曰："生，犹言先生。"视诸儒，尤博极闳深也。本传称《玉杯》《繁露》《清明》《竹林》之属，今其书十卷，又总名《繁露》，其是非，请俟贤者辨之。

太原王君，家藏此书，常谓："仲舒之学，久郁不发，将以广之天下。"就予求序，因书其本末云。

庆历七年二月，大理评事、四明楼郁书。案，郁，字子文。

董仲舒传

董仲舒，广川人也。《广韵》："飂叔安裔子董父，实甚好龙。帝舜嘉焉，赐姓曰董。"广川，故赵国。案，《地志》，广川属信都国，景帝二年为广川国。《诸侯王表》："文帝采贾生之议分齐、赵，景帝用晁错之计削吴、楚。武帝施主父之册，下推恩之令，使诸侯王得分户邑，封子弟。不行黜陟，而藩国自析。自此以来，齐分为七，赵分为六。"颜师古注："谓赵、平原、真定、中山、广川、河间也。"《史记·儒林传》称"于赵自董仲舒"，仍其故也。后汉安帝延光元年，改信都为安平国，分广川属清河国，故又为清河广川人。《水经注》："县有长河为流，故曰广川也。"**以治《春秋》，孝景时为博士。**《百官表》："博士，秦官，掌通古今，秩比六百石。"**下帷讲诵，**《广舆记》："董家里，景州广川镇。仲舒下帷于此。"班固曰："仲舒遭秦灭学之后，六经离析，下帷发愤，潜心大业，令学者有所统壹，为群儒首。"**弟子传以久次相受业，或莫见其面。盖三年，董仲舒不观于舍园，其精如此。**颜师古曰："言新学者，但就其旧弟子受业，不必亲见。仲舒虽有园圃，不窥视之，言专学也。"王充曰："董仲舒读《春秋》，专精一思，志不在他，三年不窥园菜。"**进退容止，非礼不行，学士皆师**

尊之。今上即位，为江都相。《索隐》曰："案，仲舒事易王。王，武帝兄。"以《春秋》灾异之变，推阴阳所以错行。故求雨，闭诸阳，纵诸阴；其止雨反是。行之一国，未尝不得所欲。《汉旧仪》："儒术奏施行董仲舒请雨事，始令丞相以下求雨雪。"中废为中大夫。《汉书·母❶丘寿王传》："诏使从中大夫董仲舒受《春秋》，高材通明，迁侍中。"居舍，著《灾异之记》。是时，辽东高庙灾，主父偃疾之，取其书，奏之天子。《索隐》曰："案，《汉书》以为辽东高庙及长陵园殿灾也。仲舒《灾异记》，草而未奏，主父偃窃而奏之。"天子诏诸生，示其书，有刺讥。董仲舒弟子吕步舒徐广曰："一作'荼'，亦音舒。"《史记》："仲舒弟子遂者，兰陵褚❷大、广川殷忠、温吕步舒。"不知其师书，以为下愚。于是下董仲舒吏，当死，诏赦之。于是董仲舒遂不敢复言灾异。董仲舒为人廉直。是时方外攘四夷，公孙宏❸治《春秋》不如董仲舒，而宏希世用事，位至公卿。《史记》："丞相公孙宏者，齐菑川国薛县人也，字季。家贫，牧豕海上。年四十余，乃学《春秋》杂说。"《儒林传》："公孙宏以《春秋》，白衣为天子三公，封以平津侯，天下之学士靡然乡风矣。"董仲舒以宏为从谀。宏疾之，乃言上曰："独董仲舒可使相胶西

---

❶ "母"，宜作"吾"。《汉书·吾丘寿王传》作"吾"。
❷ "褚"，宜作"褚"。《史记·儒林列传》作"褚"。
❸ "宏"，宜作"弘"。《史记·儒林列传》作"弘"。

王。"《史记》："宏为人意忌，外宽内深。诸尝与宏有郤❶者，虽阳与善，阴报其祸。杀主父偃，徙董仲舒于胶西，皆宏之力也。"《汉书》："胶西于王端，孝景前三年立。"《方舆纪要》："胶西，治今莱州府胶州高蜜❷县，亦曰高蜜国。"胶西王素闻董仲舒有行，亦善待之。董仲舒恐久获罪，疾免《汉书》："凡相两国，辄事骄王。"居家。至卒，终不置产业，以修学著书为事。故汉兴至于五世之间，唯董仲舒名为明于《春秋》。其传，公羊氏也。师古曰："凡言'传'者，谓为之解说。"公羊高，齐人，名高。戴宏《序》云："子夏传与公羊高，高传与其子平，平传与其子地，地传与其子敢，敢传与其子寿。至汉景帝时，齐人胡母子都著于竹帛，与董仲舒皆见于图谶是也。"

---

❶ "郤"，诸校本及《史记·平津侯主父列传》皆同。"郤"宜作"郄"，即"隙"。

❷ "蜜"，宜作"密"。汇函本、龙溪本作"密"。下同。

卷
一

《史记》："上大夫董仲舒推《春秋》，颇著文焉。"《索隐》曰："《繁露》。"《逸周书·王会解》："天子南面立，絻，无繁露。"注云："繁露，冕之所垂也。"《博物志》："牛亨问崔豹：'冕旒以繁露者，何？'答曰：'缀玉而下垂，如繁露也。'"《西京杂记》："董仲舒梦蛟龙入怀，乃作《春秋繁露》词。"《周礼·大司乐》贾公彦疏："前汉董仲舒作《春秋繁露》。繁，多；露，润。为《春秋》作义，润益处多。"《玉海》云："董仲舒《春秋繁露》以属辞比事，有连贯之象焉。"

楚庄王第一

楼四明云："潘氏本《楚庄王》篇为第一，他本皆无之，然则为潘氏附著无疑。"

"楚庄王杀陈夏征舒，《春秋》贬其文，不予专讨也；徐广曰："楚在南郡枝江县。"《括地志》云："归州巴东县东南，归故城，楚子熊绎之始国也。"《周本纪》注："帝舜后遏父，为周武王陶正，武王赖其器用，封其子妫满于陈，都宛丘之侧。"宣十一年《经》："楚人杀陈夏征舒。"《传》："此楚子也，其称人，何？贬。曷为贬？不与外讨也。不与外讨者，因其讨乎外而不与也。虽内讨，亦不与也。

曷为不与？实与而文不与。文曷为不与？诸侯之义，不得专讨也。诸侯之义，不得专讨，则其曰'实与之'，何？上无天子，下无方伯。天下诸侯有为无道者，臣弑君，子弑父，力能讨之，则讨之可也。"注："辟天子，故贬见之。"**灵王杀齐庆封，而直称楚子，**《史记》："封尚父于营丘，曰齐。"《正义》曰："今临菑县，吕望所封齐之都也。营丘，在县北百步外。"昭四年《经》："楚子以下伐吴，执齐庆封，杀之。"**何也？"**据称子为褒，与伯讨辞。灵王非贤，庆封罪隐，故执不知问。**曰："庄王之行贤，而征舒之罪重，**宣十年《经》："陈夏征舒弑其君平国。"**以贤君讨重罪，其于人心善。若不贬，孰知其非正经？《春秋》常于其嫌得者，**原注：宋本作"德"。**见其不得也。**《春秋》见其不得，所以别嫌明疑。**是故齐桓不予专地而封，**僖二年《经》："城楚丘。"《传》："然则孰城之？桓公城之。曷为不言桓公城之？不与桓公专封也。"**晋文不予致王而朝，**《诗谱》云："叔虞子燮父，以尧墟南有晋水，改曰晋侯。"僖二十八《经》："公会晋侯、齐侯、宋公、蔡侯、郑伯、卫子、莒子，盟于践土，陈侯如会。公朝于王所。"《传》："曷为不言'公如京师'？天子在是也。天子在是，则曷为不言'天子在是'？不与致天子也。"《孔子世家》："践土之会，实召周天子，而《春秋》讳之，曰：'天王狩于河阳。'推此类，以绳当世贬损之义。后有王者举而开之，《春秋》之义行，则天下乱臣贼子惧焉。"**楚庄弗予专杀而讨。三者不得，则诸侯之得殆**原注："恐是'不待'。"**贬矣。**官本案："贬，他本作'此'。"**此楚灵之所以称子而讨也。**

《春秋》之辞，多所况是，《说文》："况，譬也。"文约而法明也。"《孔子世家》："约其文辞而旨博。"

问者曰："不予诸侯之专封，复见于陈、蔡之灭；《括地志》云："豫州北上蔡县，古蔡国。县东有蔡冈，因名也。"昭十三年《经》："蔡侯庐归于蔡，陈侯吴归于陈。"《传》："此皆灭国也。其言归，何？不予诸侯专封也。"不予诸侯之专讨，独不复见庆封之杀，卢注："'庆'上当有'于'字。"何也？""不予诸侯专讨"之文，不复见于杀庆封之经、传。曰："《春秋》之用辞，已明者去之，未明者著之。武进侍郎庄公存与曰："《春秋》之辞，文有不再袭，事有不再见，明之至也。事若可类，以类索其别；文若可贯，以贯异其条。圣法已毕，则人事虽博，所不存也。"今诸侯之不得专讨，固已明矣，而庆封之罪未有所见也，故称楚子以伯讨之，著其罪之宜死，昭四年《传》："庆封之罪何？胁齐君而乱齐国也。"以为天下大禁。"曰："人臣之行，贬主之位，乱国之臣，虽不篡杀，其罪皆宜死，比于此，其云尔也。"《广韵》："臣，伏也，男子贱称。"《春秋说》曰："正气为帝，间气为臣。"《一切经音义》："篡，又患反。《说文》：'逆而夺取曰篡。'字从'厶'，音私，算声。算，桑管反。《苍颉篇》：'自营为厶。'弑君之法，理无外声，故字从'厶'也。"案，杀，当作"弑"。《白虎通》引《春秋谶》曰："弑者，试也。欲言臣子杀其君父，不敢卒，候间司事，可稍稍弑之。"《释文》云："'弑'从'式'，'杀'从'殳'，不同。君父言'弑'，积渐之名；臣子云'杀'，卑贱之意。字多乱，故时复音之。"《盐铁论》："威厉而不杀。"杀，音弑。《石经》"弑"作"试"，盖古通用也。今则昉《释文》之例，"弑""杀"二字，每别白言之。

"《春秋》曰：'晋伐鲜虞。'奚恶乎晋而同夷狄也？"《方舆纪要》："北直真定府城东北四十里新市故城，鲜虞国都也。"昭十二年《经》："晋伐鲜虞。"注："谓之晋者，中国以无义，故为夷狄所强。今楚行诈，灭陈、蔡，诸夏惧，然后去而与晋会于屈银。不因以大绥诸侯，先之以博爱，而先伐同姓，从亲亲起，欲以立威行霸，故狄之。"曰："《春秋》尊礼而重信，信重于地，礼尊于身。何以知其然也？宋伯姬恐不原注："'恐不'一作'疑'。"礼而死于火，《史记》："乃命微子开代殷后，国于宋。"《世本》曰："宋更曰睢阳。"杜预注："宋，今梁国睢阳县。"襄三十年《传》："宋灾，伯姬卒焉。其称谥，何？贤也。何贤尔？宋灾，伯姬存焉。有司复曰：'火至矣！请出。'伯姬曰：'不可。吾闻之也：妇人夜出，不见傅、母，不下堂。傅至矣，母未至也。'逮乎火而死。"齐桓公疑信而亏其地，庄三十年❶《传》："庄公升坛，曹子手剑而从之。管子进曰：'君何求乎？'曹子曰：'城坏压竟，君不图与？'管子曰：'然则君将何求？'曹子曰：'愿请汶阳之田。'管子顾曰：'君许诺。'桓公曰：'诺。'曹子请盟，桓公下，与之盟。已盟，曹子摽剑而去之。要盟可犯，而桓公不欺；曹

---

❶ "三十年"，宜作"十三年"。《春秋公羊传注疏》卷七作"十三年"。

子可仇，而桓公不怨。桓公之信著乎天下，自柯之盟始焉。"《春秋》贤而举之，以为天下法，曰礼而信。礼无不答，施无不报，天之数也。今我君臣同姓适女，昭十二年疏："言先伐同姓者，正以鲜虞姬姓故也。"《索隐》曰："中山，古鲜虞国，姬姓也。"《说文》："适，之也。宋、鲁语。"女无良心，女、汝同。礼以不答，有卢注："有，古与'又'同。书内多如此。"恐畏我，何其不夷狄也？公子庆父之乱，鲁危殆亡，而齐桓安之。官本案："安，他本作'公'。"于彼无亲，尚来忧我，闵二年《传》："庄公死，子般弑，比三君死，旷年无君。设以齐取鲁，曾不兴师，徙❶以言而已矣。桓公使高子将南阳之甲，立僖公而城鲁。"如何与同姓而残贼遇我。《诗》云：'宛彼鸣鸠，翰飞戾天。《传》："宛，小貌。鸣鸠，鹘雕。翰，高；戾，至也。行小人之道，责高明之功，终不可得。"我心忧伤，念彼先人。《毛诗》"彼"作"昔"。《毛传》曰："先人，文、武也。"明发不寐，《毛传》："明发，发夕至明。"有怀二人。'人皆有此心也。今晋不以同姓忧我，卢注："旧本作'今晋文不以其同姓忧我'，讹。"而强大厌我，厌，读如《檀弓》"死而不吊者三：畏、厌、溺"之"厌"。我心望焉。《索隐》曰："望，犹责望，谓恨之也。"故言之不好，谓之晋而已，师古曰："已，语终辞。"是婉辞也。"

问者曰："晋恶而不可亲，公往而不敢至，隐元年

---

❶ "徙"，宜作"徒"。续经解本、畿辅本、《春秋公羊传注疏》卷九作"徒"。

注：“公者，五等之爵最尊。王者探臣子心，欲尊其君父，使得称公。故《春秋》以臣子书葬者，皆称‘公’。”昭二年《经》：“冬，公如晋，至河乃复。”《传》：“其言‘至河乃复’，何？不敢进也。”**乃人情耳。君子何耻而称公有疾也？**”昭二十三年《经》：“冬，公如晋，至河，公有疾。”《传》：“何言乎‘公有疾乃复’？杀耻也。”注：“因有疾，以杀畏晋之耻。”**曰：“恶无故自来，君子不耻，内省不疚，何忧何惧？**官本案：“何惧，他本作‘于志’。”**是已矣。今《春秋》耻之者，昭公有以取之也。臣陵其君，始于文而甚于昭。公受乱陵夷，**师古曰：“陵，丘陵也；夷，平也。言其颓替，若丘陵之渐平也。”**而无惧惕之心，嚣嚣然轻诈妄讨，犯大礼而取同姓，**昭十年注：“去‘冬’者，盖昭公取吴孟子之年，故贬之。”师古曰：“取，读曰娶。”**接不义而重自轻也。人之言曰：‘国家治，则四邻贺，**师古曰：“以礼物相庆曰贺。”**国家乱，则四邻散。’是故季孙专其位，而大国莫之正。**谓齐、晋不能救正。**出走八年，**自二十五年九月孙于齐，至三十二年薨于乾侯，始终出走凡八年。**死乃得归。**定元年《经》：“公之丧至自乾侯。”**身亡子危，**定元年《传》：“即位何以后？昭公在外，得入、不得入，未可知也。曷为未可知？在季氏也。”**困之至也。**《释文》：“困，穷也。”**君子不耻其困，而耻其所以穷。昭公虽逢此时，苟不取同姓，讵至于是；虽取同姓，能用孔子自辅，亦不至如是。时难而治简，**师古曰：“简，谓简于仁义也。”**行枉而无救，是其所以穷也。”

《春秋》分十二世以为三等：有见，有闻，有传闻。有见三世，有闻四世，有传闻五世。故哀、定、昭，君子之所见也；颜安乐从襄二十一年以后，孔子生讫，即为所见之世。襄、成、宣、文，君子之所闻也；僖、闵、庄、桓、隐，君子之所传闻也。隐元年注："所见者，谓昭、定、哀，己与父时事也；所闻者，谓文、宣、成、襄，王父时事也；所传闻者，谓隐、桓、庄、闵、僖，高祖、曾祖时事也。"所见六十一年，所闻八十五年，所传闻九十六年。于所见，微其辞；于所闻，痛其祸；于传闻，杀其恩，《汉书·韦玄成传》："亲疏之杀。"杀，渐降也。与情俱也。隐元年《传》："所见异辞，所闻异辞，所传闻又异辞。"是故逐季氏而言又雩，微其辞也。昭二十五年《经》："上辛大雩，季辛又雩。"《传》："又雩者，何？又雩者，非雩也，聚众以逐季氏也。"子赤杀，案，杀，当作"弑"。弗忍言日，痛其祸也。文十八年《经》："冬十月，子卒。"《传》："子卒者，孰谓？子赤也。何以不日？隐之也。何隐尔？弑也。弑则何以不日？不忍言也。"注："所传闻世，臣子恩痛王父深厚，故不忍言其日，与子般异。"子般杀，而书乙未，杀其恩也。庄二十二年《经》："十月乙未，子般卒。"屈伸之志，详略之文，皆应之。《运斗枢》曰："《春秋》设七等之文，以贬绝录行，应斗屈伸。"是也。吾见其近近而远远、亲亲而疏疏也，亦知其贵贵而贱贱、重重而轻轻也。《释名》："贵，归也，物所归仰也；贱，践也，卑不见践履也。"有"又"同。知其厚厚而薄薄、善善而恶恶也，

《司马迁传》："善善恶恶，《春秋》采善贬恶，推三代之德，非独讥刺而已也。"师古曰："善善者，谓褒袭❶善人也。"有"又"同。知其阳阳而阴阴、白白而黑黑也。《后汉·冯衍传》注："白黑，犹贤愚也。"《淮南子》曰："圣人见是非，若黑白之别于目。"百物皆有合偶，偶之、合之，仇之、匹之，善矣。《尔雅》："仇，合也。"《毛诗》疏、犍为文学注《尔雅》："仇，相求之匹。"《诗》云："威仪抑抑，德音秩秩，无怨无恶，率由仇匹。"此之谓也。然则，《春秋》义之大者也。

《司马迁传》："孔子之时，上无明君，下不得任用，故作《春秋》，垂空文以断礼义，当一王之法。"得一端而博达之；观其是非，可以得其正法；视其温辞，可以知其塞怨。是故于外，道而不显；于内，讳而不隐。于尊亦然，于贤亦然。隐元年《传》："《春秋》为尊者讳，为亲者讳，为贤者讳。"此其别内外、差贤不肖而等尊卑也。义不讪上，智不危身，故远者以义讳，近者以智畏。畏与义兼，则世逾近而言逾谨矣。原注："逾，一作'愈'。"此定、哀之所以微其辞。以故用则天下平，不用则安其身，《春秋》之道也。定元年《传》："定、哀多微辞，主人习其读而问其传，则未知己之有罪焉尔。"注："此假设而言之。主人，谓定、哀也。设使定、哀习其经而读之，问其传、解诂，则不知己之有罪于是。此孔子畏时君，上为讳尊隆恩，下以辟害容身，慎之至也。"卢注：

---

❶ "袭"，续经解本作"宠"。

"钱云：此《春秋说》开端大旨，当为首篇，如冕旒然。繁露之名，或取于此。今次于前三节后，而以楚庄王题篇，疑出后人掇拾缀缉所致。"

《春秋》之道，奉天而法古。是故虽有巧手，弗修规矩，不能正方圆；《广韵》："规，圆也。《字统》云：'丈夫识用，必合规矩，故规从夫也。'"《淮南子》："规者，所以员万物也；矩者，所以方万物也。" 虽有察耳，不吹六律，不能定五音；《淮南子》："一律而生五音，十二律而为六十音。因而六之，六六三十六，故三百六十音，以当一岁之日。"又，"黄钟为宫，太簇为商，姑洗为角，林钟为徵，南吕为羽。物以三成，音以五立"。虽有知心，《释文》："知，音智。"不览先王，不能平天下。官本案："览，他本作'觉'。"然则先王之遗道，遗留之道。亦天下之规矩、六律已。故圣者法天，贤者法圣，此其大数也。得大数而治，失大数而乱：此治乱之分也。所闻天下无二道，故圣人异治同理也。古今通达，故先贤传其法于后世也。《春秋》之于世事也，善复古，昭五年《传》："舍中军者，何？复古也。"讥易常，僖二十年《经》："新作南门。"《传》："何以书？讥。何讥尔？门有古常也。"注："恶奢泰，不奉古制常法。"疏："奢泰，不依古法。"欲其法先王也。然而介以一言曰：《左传》注："介，因也。""王者必改制。"自僻者得此以为辞，曰："古苟可循，先王之道，何莫相因。"世迷是闻，以疑正道而信邪言，甚可患也。答之曰："人有闻诸侯之君射'狸首'之乐者，《大射仪》曰："乐正反位，奏《狸首》以射。"《乐记》疏："旧解：狸之取物，则伏下其头，然后必得。射亦必中，如狸之取物矣。"郑注云："《狸首》，逸诗《曾孙》也。'狸'之言'不来'也。"《封禅书》云："设射《狸首》。"徐广曰："狸，一名'不来'。"**于是自断狸首，县而射之，**郑玄曰："县，音玄。"师古曰："此本古之'县'字耳。后人转用为'州县'字，乃更加'心'以别之，非当借音。"**曰：'安在于乐也？'此闻其名，而不知其实者也。今所谓新王必改制者，非改其道，非变其理，受命于天，易姓更王，非继前王而王也，**《白虎通》："王者受命必改朔，何？易姓，示不相袭也。明受之于天，不受之于人，所以变易民心，革其耳目，以助化也。"**若一因前制，修故业而无有所改，是与继前王而王者无以别。受命之君，天之所大显也。事父者承意，**郑玄曰："承，奉承，不失队也。"**事君者仪志，事天亦然；今天大显已，物袭所代，而率与同，则不显不明，非天志，故必徙居处，更称号，**《白虎通》："所以有夏、殷、周号，何？以为王者受命，必立天下之美号，以表功自克，明易姓，为子孙制也。夏、殷、周者，有天下之大号也。百王同天下，无以相别。改制天下之大礼号，以自别于前，所以表著己之功业也。必改号者，所以明天命己者，欲显扬己于天下也。己复袭先王之号，与继体守文之君无以异也，不显不明，非天意也。"**改正朔，**《白虎通》："《三正记》曰：'正朔三而改。'"隐元年疏："凡正朔之法，不得相因，满三反本，礼则然矣。但见其受命将王者，应以十一月为正，则命之以赤瑞；应以十二月为正，则命之以白瑞；应以十三月为正，即命之以黑瑞。"**易服色者❶**，服色，车马也。**无他焉，不敢不顺天志，而明自显也。若夫大纲、人伦、道理、政治、教化、习俗、文义**《潜夫论❷》："风者，气也；俗者，习也。土地、水泉，气有缓急，声有高下，谓之风焉；人居此地，习以成性，谓之俗焉。风有薄厚，俗有淳浇。明王之化，尚移风使之雅，易俗使之正。是以上之化下，亦为之风焉；民习而行，亦为之俗焉。"**尽如故，亦何改哉？故王者有改制之名，无易道之实。**《白虎通》："王者有改道之文，无改道之质。如君南面、臣北面，皮弁素积，声味不可变，哀戚不可改，百王不易之道也。"**孔子曰：'无为而治者，其舜乎！'**官本案："治，他本误作'制'。"**言其主尧之道而已，此非不易之效与！"问者曰："物改而天授，显矣，其必更作乐，何也？"曰："乐异乎是，制为应天改之，乐为应人作之，彼之所受命者，必民之所同乐也。**《史记》："乐，乐其所自生。"孙炎曰："作乐者，缘民所乐于己之德，若舜之民乐其绍尧也，周之民乐其伐纣而作《韶》《武》也。"**是故大改制于初，所以明天命也；更作乐于终，所以见天功也；缘天下之所新乐而为之文曲，且以和政，且以兴德。天下未偏**

---

❶ 笔者按，《礼记·大传》孔颖达疏："谓夏尚黑，殷尚白，周尚赤，车之与马，各用从所尚之正色也。"孙希旦《礼记集解》："服，如服牛乘马之服，谓戎事所乘。若夏乘骊，殷乘翰，周乘骃是也。色，谓祭牲所用之牲色。若夏玄牡，殷白牡，周骍犅是也。"后也指改易衣服的颜色。

❷ "潜夫论"，诸校本同，宜为"刘子新论"，引文见《刘子新论·风俗》。

合和，《释文》："徧，古'遍'字。"王者不虚作乐。乐者，盈于内《史记》："乐自内出。"而动发于外者也，应其治时，制礼作乐以成之。《乐记》："王者功成作乐，治定制礼。"《白虎通》："乐言作，礼言制。乐者，阳也，乐倡始，故言作；礼者，阴也，阴制度于阳，故言制。"成者，本末质文皆以具矣。是故作乐者，必反天下之所始乐于己以为本。舜时，民乐其昭尧之业也，故《韶》，韶者，昭也。吴县沈孝廉钦韩曰："此与《大司乐》注义略同，然彼'昭'作'绍'，他处亦多'绍'字。"禹之时，民乐其三圣相继，故《夏》，夏者，大也；汤之时，民乐其救之于患害也，故《護》，護者，救也；文王之时，民乐其兴师征伐也，故《武》，武者，伐也。四者天下同乐之，一也，其所同乐之端，不可一也。官本案："同乐之，他本作'之乐同'。"案，自"王者不虚作乐"至"不可一也"，见《元命包》。作乐之法，必反本之所乐，所乐不同事，乐安得不世异！《乐记》："五帝殊时，不相沿乐。"是故舜作《韶》而禹作《夏》，汤作《護》而文王作《武》，四乐殊名，官本案："乐，他本作'代'。"则各顺其民始乐于己也，吾见其效矣。《史记》："名与功偕。"《正义》曰："名，谓乐名也；功者，揖让、干戈之功也。圣王制乐之名，与所建之功俱作也。若尧、舜乐名《咸池》《大韶》，汤、武乐名《大護❶》《大武》也。"《诗》

---

❶ "護"，汇函本、续经解本、畿辅本、龙溪本作"護"。《史记·乐书》作"濩"。

云：'文王受命，有此武功；既伐于崇，作邑于丰。'乐之风也。《释文》："风是诸侯政教。'所以风天下'，《论语》云'君子之德风'，并是此义。"又曰：'王赫斯怒，爰整其旅。'笺云："赫，怒意；斯，尽也。五百人为旅。"《传》："旅，师也。"当是时，纣为无道，诸侯大乱，民乐文王之怒，而咏歌之也。周人德已洽天下，反本以为乐，谓之《大武》，言民所始乐者，武也云尔。故凡乐者，作之于终，而名之以始，重本之义也。由此观之，正朔服色之改，受命应天，制礼作乐之异，人心之动也。《乐记》："凡音之起，由人心生也。人心之动，物使之然也。"二者离而复合，所为一也。"《汉书·礼乐志》："乐以治内而为同，礼以修外而为异。同则和亲，异则畏敬。和亲则无怨，敬畏则不争。揖让而天下治者，礼、乐之谓也。二者并行，合为一体。"❶

玉杯第二

《汉书》："说《春秋》事得失，《闻举》《玉杯》《蕃露》《清明》《竹林》之属，复数十篇，十余万言。"师古曰："皆其所著书名也。"

---

❶ 笔者按，卢文弨校本在此引钱唐云："何氏三科九指之说，实本仲舒。此已得二科六指，尚有一科三指。见《王道》篇或宜在此。"

《春秋》讥文公以丧取。文二年《传》："纳币不书，此何以书？讥。何讥尔？讥丧取也。娶在三年之外，则何讥乎丧娶？三年之内不图婚。吉禘于庄公，讥。然则曷为不于祭焉讥？三年之恩，疾矣，非虚加之也，以人心为皆有之。则曷为独于娶焉讥？娶者，大吉也，非常吉也。其为吉者，主于己。以为有人心焉者，则宜于此焉变矣。"**难者曰："丧之法，**官本案："之法，他本误作'此月'。"**不过三年，三年之丧，二十五月。**闵二年《传》："三年之丧，实以二十五月。"《白虎通·丧服》："以为古民质，痛于死者，不封不树，丧服无数，亡之则除。后代圣人因天地万物有终始而为之制，以期断之。父，至尊；母，至亲，故为加隆，以尽孝子恩。恩爱至深，加之则倍，故再期，二十五月也。礼有取于三，故谓之三年，缘其渐三年之气。"**今案《经》：文公乃四十一月乃取，取时无丧，出其法也久矣，何以谓之丧取？"曰："《春秋》之论事，莫重乎志。今取必纳币，纳币之月在丧分，故谓之丧取也。且文公以秋袷祭，**文二年《经》："八月丁卯，大事于太庙，跻僖公。"**以冬纳币，**文二年《经》："公子遂如齐纳币。"**皆失于太蚤，**师古曰："蚤，古'早'字。"**《春秋》不讥其前，而顾讥其后，**闵二年注："礼：禘、袷从先君数，朝、聘从今君数。三年丧毕，遭袷即袷，遭禘即禘。"**今不讥前之袷祭大蚤，而独讥后之纳币大蚤也。必以三年之丧，肌肤之情也。虽从俗而不能终，**文二年《传》："欲久丧而后不能也。"**注："礼：作练主，当以十三月。文公乱圣人制，欲服丧三十六月，十九月作练主，又不能卒竟，故以二十五月也。"**犹宜未**

平于心，今全无悼远之志，反思念取事，是《春秋》之所甚疾也。故讥不出三年于首而已，讥以丧取也。不别先后，贱其无人心也。缘此以论礼，礼之所重者，在其志。志敬而节具，则君子予之知礼；志和而音雅，则君子予之知乐；志哀而居约，则君子予之知丧。故曰'非虚加之'，文二年注："'非虚加之也'者，非虚加责之，以人心为皆有疾痛，不忍娶者尔。"重志之谓也。志为质，物为文，文著于质，质不居文，文安施质；质文两备，然后其礼成。文质偏行，不得有我尔之名。俱不能备，而偏行之，宁有质而无文，虽弗予能礼，尚少善之，'介葛卢来'是也。僖二十九年《传》："介葛庐者，何？夷狄之君也。何以不言朝？不能乎朝也。"注："不能升降、揖让也。介者，国也；葛庐者，名也。进称名者，能慕中国，朝贤君，明当扶勉以礼义。"杜预注："介，东夷国也，在城阳黔陬县。"有文无质，非直不予，乃少恶之，谓州公寔❶来是也。《方舆纪要》："又山东莱州府高蜜县东北有废淳于县，亦古州国。"《世本》："州国，姜姓。"桓六年《传》："寔来者，何？犹曰'是人来'也。孰谓？谓州公也。曷为谓之'寔来'？慢之也。曷为慢之？化我也。"注："行过

---

❶ "寔"，畿辅本作"实"，其注释部分同。考之《春秋公羊传注疏》卷四，畿辅本显字形致误。

无礼谓之化，齐人语也。"❶然则《春秋》之序道也，先质而后文，右志而左物，师古曰："右，尊也；左，卑也。"故曰：官本案："他本脱'故曰'二字。"'礼云礼云，玉帛云乎哉！'《荀子》引《聘礼志》曰："币厚则伤德，财侈则殄礼。礼云礼云，玉帛云乎哉？"推而前之，亦宜曰：'朝云朝云，辞令云乎哉！乐云乐云，钟鼓云乎哉！'引而后之，亦宜曰：'丧云丧云，衣服云乎哉！'是故孔子立新王之道，隐元年注："《春秋》托新王受命于鲁。"明其贵志以反和，见其好诚以灭伪，其有继周之弊，故若此也。"《表记》："殷、周之道，不胜其弊。"注："殷、周极文，民无耻而巧利，后世之政难复也。"

《春秋》之法：以人随君，以君随天。曰："缘臣民之心，不可一日无君。"一日不可无君，而犹三年称子者，为君心之未当立也，此非"以人随君"耶？孝子之心，三年不当。三年不当，而逾年即位者，与天数俱终始也，文九年《传》："逾年称公矣，则曷为于其封内三年称子？缘臣民之心，不可一日无君；缘终始之义，一年不二君；缘孝子之心，则三年不忍当也。"此非"以君随天"耶？故屈民而伸君，屈君而伸天，《春秋》之大义也。

《春秋》论十二世之事，人道浃而王道备。哀十四年《传》："《春秋》何以始乎隐？祖之所逮闻也。所见异

---

❶ 笔者按，《读史方舆纪要》"淳于城"："县东北三十里。古淳于国也。郦道元曰：'本夏时斟灌国，周武王以封淳于公，遂号淳于。'《春秋》桓六年：'州公如曹。'《传》曰：'淳于公如曹，度其国危，遂不复。'州，盖国名也。……后齐废入高密县。"

辞，所闻异辞，所传闻又异辞。何以终乎哀十四年？曰：备矣。”注：“人道浃，王道备。”《论衡》：“孔子作《春秋》，周民弊也，故采求毫毛之善，贬纤介之恶，拨乱世，反之正，人道浃，王道备，所以检押靡薄之俗者，悉其密致。夫防决不备，有水溢之害；网解不结，有兽失之患。是故周道不弊，则民不文薄；民不文薄，《春秋》不作。”**法布二百四十二年之中，**师古曰：“谓从隐公元年至哀公十四年获麟也。”隐公十一年、桓公十八年、庄公三十二年、闵公三年、僖公三十三年、文公十八年、宣公十八年、成公十八年、襄公三十一年、昭公三十二年、定公十五年、哀公十四年，凡二百四十二年也。《史记·自序》：“是非二百四十二年之中，以为天下仪表，贬天子，退诸侯，封❶大夫，以达王事而已矣。”**相为左右，以成文采。**《释名》：“文者，会集众采，以成锦绣。会集众字，以成辞义，如文绣然也。”**其居参错，非袭古也。**晋灼曰：“引名责实，参错交互，明知事情也。”**是故论《春秋》者，合而通之，缘而求之，五其比，**《经解》：“属辞比事，《春秋》之教也。”《桓谭传》注：“比，谓类例。”**偶其类，览其绪，**文颖曰：“绪，寻也。谓本其统绪而正之。”**屠其赘，**《老子》曰：“余食赘行。”河上公注曰：“无之无当为赘。❷”**是以人道浃而王法立。**官本案：“道，他本作‘心’。”**以为不**

---

❶ “封”，畿辅本、《史记·太史公自序》作“讨”，宜作“讨”。

❷ “无之无当为赘”，续经解本作“赘，贪也，见《释文》”。《经典释文·老子道经音义》“余食赘”下注：“专税反，疣赘也。简文云：之睿反。河上云：赘，贪也。”

然，今夫天子逾年即位，文九年《传》："以诸侯之逾年即位，亦知天子之逾年即位也。"诸侯于封内三年称子，文九年《传》："亦知诸侯于其封内三年称子也。"皆不在经也，而操之与在经无以异，非无其辨也，有所见而经安受其赘也，原注："安，训不。"故能以比贯类，以辨付赘者，大得之矣。《庙殿火灾对》："《春秋》之道，举往以明来。是故天下有物，视《春秋》所举与同比者，精微眇以存其意，通伦类以贯其理，天地之变，国家之事，粲然皆见，亡所疑矣。"人受命于天，有善善恶恶之性，可养而不可改，可豫而不可去，若形体之可肥臞《尔雅》："臞，瘠也。"而不可得革也。是故虽有至贤，能为君亲含容其恶，不能为君亲令无恶。《书》曰："厥辟不辟，去厥祇。"官本案："他本无'不辟'二字。"《尚书》作"厥辟不辟，忝厥祖"。郑康成曰："厥，其也。辟，君也。"事亲亦然，皆忠孝之极也，非至贤，安能如是？父不父，则子不子，君不君，则臣不臣耳。文公不能服丧，不时奉祭，倒序以不三年；官本案："他本无'倒序'二字，作'不以三年'。"又以丧取，取于大夫，以卑宗庙，文四年《传》："其谓之'逆妇姜于齐'，何？略之也。高子曰：'娶乎大夫者，略之也。'"注："贱，非所以奉宗庙，故略之。"乱其群祖，以逆先公，文二年《传》："跻者何？升也。何言乎升僖公？讥。何讥尔？逆祀也。其逆祀奈何？先祢而后祖也。"注："文公缘僖公于闵公为庶兄，置僖公于闵公上，失先后之义，故讥之。《传》曰'后祖'者，僖公以臣继闵公，犹子继父，故闵公于文公，亦犹祖也。自先君言之，隐、桓及闵、僖各当为兄弟，顾有贵贱耳。自继代言之，有父子、君臣之道。此恩义逆顺各有所施也。"**小善无一，而大恶四五；故诸侯弗予盟，**文七年《经》："公会诸侯、晋大夫，盟于扈。"《传》："诸侯何以不序？大夫何以不名？公失序也。公失序奈何？诸侯不可使与公盟。眣晋大夫，使与公盟也。"**命大夫弗为使，**文八年《经》："公孙敖如京师，不至，复。丙戌，奔莒。"**是恶恶之征，不臣之效也。出侮于外，入夺于内，无位之君也。孔子曰："政逮于大夫，四世矣。"**师古曰："逮，及也。"**盖自文公以来之谓也。**是时禄去公室，政在公子遂。**君子知在位者之不能以恶服人也，**官本案："以，他本误作'在'。"**是故简六艺以赡养之。《诗》《书》序其志，《礼》《乐》纯其养❶，《易》《春秋》明其知，六学皆大，而各有所长。**《儒林传》："古之儒者，博学乎六艺之文。六学者，王教之典籍，先圣所以明天道、正人伦、致至治之成法也。"**《诗》道志，故长于质；《礼》制节，故长于文；《乐》咏德，故长于风；《书》著功，故长于事；《易》本天地，故长于数；《春秋》正是非，故长于治人。能兼得其所长，而不能遍举其详也。故人主大节则知暗，大博则业厌，**卢注："大，并音泰。"**二者异失同贬，其伤必至，不可不察也。是故善为师者，既美其道，有慎其行，齐时早晚，**卢注："齐，酌齐也，与'剂'同。"**任多少，适疾徐，造而勿趋，稽而勿苦，**《淮南子》："太疾则苦而不入，太徐

---

❶ "养"，宜为"美"。聚珍本为"美"。

则甘而不固。"注："苦，疾意也。甘，缓意也。"师古曰："趋，读曰促。促，速也。稽，考也，考法于前人也。"省其所为，而成其所湛，故力不劳而身大成，此之谓圣化，吾取之。

《春秋》之好微与？其贵志也。《春秋》修本末之义，达变故之应，通生死之志，遂人道之极者也。是故君杀当作"弑"。贼讨，则善而书其诛；若莫之讨，则君不书葬，而贼不复见矣。不书葬，以为无臣子也；贼不复见，以其宜灭绝也。隐十一年《传》："《春秋》君弑，贼不讨，不书葬，以为无臣子也。"宣六年注："据宋督、郑归生、齐崔舒❶弑其君，后不复见。"**今赵盾弑君，四年之后，别牍复见，**官本案："牍字，原本、他本俱误作'独'。今据《黄氏日钞》所引改正。"《说文》云："牍，书板也。"盖长一尺，因取名焉。宣二年《经》："晋赵盾弑其君夷獳。"宣六年《经》："春，晋赵盾、卫孙免侵陈。"《传》："赵盾弑君，此其复见何？弑君者，赵穿也。亲弑君者赵穿，则曷为加之赵盾？不讨贼也。"**非《春秋》之常辞也。古今之学者异而问之曰："是弑君，何以复见？"**犹曰："贼未讨，何以书葬？"何以书葬者，不宜书葬也而书葬；何以复见者，亦不宜复见也而复见。二者同贯，不得不相若也。盾之复见，直以赴问而辨不亲弑，非不当诛也。《广韵》："诛，责也。"《释名》曰："罪及

---

❶ "崔舒"，宜为"崔杼"。《春秋公羊传注疏》卷一五为"崔杼"。

曰诛。如诛大树，枝叶尽落。"则亦不得不谓悼公之书葬，直以赴问而辨不故弑，官本案："故，他本作'诔'。"非不当罪也。昭十九年《经》："冬，葬许悼公。"若是，则《春秋》之说乱矣，岂可法哉？故贯比而论，是非虽难悉得，其义一也。今诛盾无传，弗诛无传，不交无传，以比言之，法论也；无比而处之，诬辞也。诬，罔也。以无为有也。今视其比，皆不当死，何以诛之？《春秋》赴问数百，应问数千，同留经中，幡援比类，官本案："幡，他本作'繙'。"《荀子》"伦类不通"，注："通伦类，谓虽礼法所未该，以其等伦，比类而通之。谓一以贯之，触类而长之。"以发其端，卒无妄言，而得应于传者。今使外贼不可诛，故皆复见，而问曰："此复见，何也？言莫妄于是，何以得应乎？"故吾以其得应，知其问之不妄，以其问之不妄，知盾之狱不可不察也。夫名为弑父而实免罪者，已有之矣；亦有名为弑君，而罪不诛者，逆而罪之，官本案："罪，他本作'距'。"不若徐而味之。且吾语盾有本，《诗》云："他人有心，予忖度之。"《汉书》："夫度者，别于分，忖于寸。"《小雅·巧言》之诗："他人有心，予忖度之。"此言物莫无邻，察视其外，可以见其内也。今按盾事而观其心，愿而不刑，合而信之，非篡弑之邻也。案盾辞号乎天，宣六年《传》："晋史书贼曰：'晋赵盾弑其君夷�。'赵盾曰：'天乎！无辜。吾不弑君！谁谓吾弑君者乎？'"苟内不诚，安能如是，官本案："他本下衍一'是'字。"故训其终始，无弑之志，卢注："训，顺也。"挂恶谋者，过在不遂去，罪在不讨贼而已。臣之宜为君官本案："他本此下有'之'字。"讨贼也，犹子之宜为父尝药也。《曲礼》："亲有疾，饮药，子先尝之。"郑注："尝，度其所堪。"子不尝药，故加之弑父；昭十九年《传》："贼未讨，何以书葬？不成于弑也。曷为不成于弑？止进药而药杀也。止进药而药杀，则曷为加弑焉尔？讥子道之不尽也。"臣不讨贼，故加之弑君，其义一也。所以示天下废臣子之节，其恶之大若此也！故盾之不讨贼为弑君也，与止之不尝药为弑父，无以异。《太史公自序》："守经事而不知其宜，遭变事而不知其权。为人君父而不通于《春秋》之义者，必蒙首恶之名；为人臣子而不通于《春秋》之义者，必陷篡弑之诛，死罪之名。其实皆以为善，为之不知其义，被之空言而不敢辞。"盾不宜诛，以此参之。问者曰："夫谓之弑，而有不诛，其论难知，非众之所能见也。官本案："众，他本作'董'。"故赦止之罪，以传明之。昭十九年《传》："葬许悼公，是君子之赦止也。赦止者，免止之罪辞也。"盾不诛，无传，何也？"曰：官本案："他本脱'曰'字。""世乱义废，背上不臣，篡弑覆君者多，而有明大恶之诛，谁言其诛？故晋赵盾、楚公子比昭十三年《传》："此弑其君，其言归，何？归，无恶于弑立也。归，无恶于弑立者，何？灵王为无道，作乾溪之台，三年不成。楚公子弃疾胁比而立之，然后令于乾溪之役曰：'比已立矣。后归者，不得复其田里。'众罢而去之，灵王经而死。"皆不诛之文，昭十三年《经》："楚公子弃疾弑公子比。"比又称"公子"，是不诛之文也。而弗为传，弗欲明之心也。"问者曰："人弑其君，重卿在而不能讨者，非一国也。灵公弑，赵盾不在。不在之与在，恶有薄厚。《春秋》责在而不讨贼者，弗系臣子尔也；责不在而不讨贼者，乃加弑焉，何其责厚恶之薄、薄恶之厚也？"赵盾不在国，君弑，不讨贼，遂加以弑君，是责薄恶之厚。曰："《春秋》之道，视人所惑，为立说以大明之。今赵盾贤而不遂于理，皆见其善，莫知其罪，莫知其君弑贼不讨之罪。故因其所贤，而加之大恶，系之重责，使人湛思，而自省悟以反道，师古曰："湛，读曰沈。沈，深也。"曰：'吁！君臣之大义，父子之道，乃至乎此。此所由恶薄而责之厚也；他国不讨贼者，诸斗筲之民，何足数哉！《群经音辨》："斗，升十之也。"郑注："筲，竹器，容斗二升。算，数也。"弗系人数而已，此所由恶厚而责薄也。'《传》曰：'轻为重，重为轻。'非是之谓乎？故公子比嫌可以立，赵盾嫌无臣责，许止嫌无子罪，《春秋》为人不知恶，而恬行不备也，师古曰："恬，安也。"音大兼反。是故重累责之，《鬼谷子》："钩钳之语，其说辞也，乍同乍异。其不可善者，或先征之而后重累，或先重以累而后毁之，或以重累为毁，或以毁为重累。"逸诗（《吕氏春秋》）："将欲毁之，必重累之，将欲踣之，必高举之。"以矫枉世而直之，矫者不过其正，弗能直，知此而义毕矣。"《后汉·马武传》注："矫，正也。枉，曲也。《孟子》曰：'矫枉者过其正。'"师古曰："正曲曰矫。"

《春秋繁露》卷一终　　　　　金陵洪万盈锓

卷二

竹林第三

《春秋》之常辞也，不予夷狄，而予中国为礼，至邲之战，偏然反之，何也？宣十二年《经》："晋荀林父帅师及楚子战于邲。"《传》："大夫不敌君。此其称名氏以敌楚子，何？不与晋而与楚子为礼也。"注："不与晋而反与楚子为君臣之礼者，以恶晋也。"《春秋土地名》京相璠曰："邲在敖北。"曰："《春秋》无通辞，从变而移，今晋变而为夷狄，楚变而为君子，故移其辞以从其事。夫庄王之舍郑，宣十二年《传》："庄王亲自手旌，左右挥军退舍七里。"有可贵之美，晋人不知善，而欲击之，所救已解，如挑与之战，官本案："如，他本作'而'。"卢注："古而、如通用。"宣十二年《传》："既则晋师之救郑者至，曰：'请战。'庄王许诺。将军子重谏曰：'晋，大国也。王师淹病矣，君请勿许也。'庄王曰：'弱者吾威之，强者吾辟之，是以使寡人无以立乎天下。'令之还师而逆晋寇。"此无善善之心，而轻救❶民之意也，是以贱之，而不使得与贤者为礼。秦穆侮蹇叔而大败，《释文》："秦者，陇西谷名也，在雍州鸟鼠山之东北。昔皋陶之子伯翳，佐禹治水

---

❶ "救"，龙溪本作"杀"。

有功，舜命作虞，赐姓曰嬴。其末孙非子，为周孝王养马于汧、渭之间，封为附庸，邑于秦谷。"僖三十三年《传》："秦伯将袭郑，百里子与蹇子谏曰：'千里而袭人，未有不亡者也。'秦伯怒曰：'若尔之年者，冢❶上之木拱矣！尔曷知！'师出，百里子与蹇叔子送其子而戒之曰：'尔即死，必于殽之嶔岩。是文王之所避风雨者也，吾将尸尔焉。'子揖师而行，百里子与蹇叔子从其子而哭之。秦伯怒曰：'尔曷为哭吾师？'对曰：'臣非敢哭君师，哭臣之子也。'弦高者，郑商也，遇之殽，矫以郑伯之命而犒师焉。或曰：'往矣！'或曰：'反矣！'然而晋人与姜戎要之殽而击之，匹马只轮无反者。"**郑文轻众而丧师，**《释文》："郑者，国名，周宣王母弟、桓公其❷所封也。"《诗谱》云："宋国❸圻内咸林之地，今京兆郑县是其都也。"闵二年《经》："郑弃其师。"《传》："郑弃其师者，恶其将也。郑伯恶高克，使之将，逐而不纳，弃师之道也。"《说苑》："夫天之生人也，盖非以为君也；天之立君也，盖非以为位也。夫为人君，行其私欲而不顾其人，是不承天意，忘其位之所以宜事也。如此者，《春秋》不予能君而夷狄之。郑伯恶一人而兼弃其师，故有夷狄不君之辞。人主不以此自省，惟既以失实，心奚因知之？故曰'有国者不可以不学《春秋》'，此之谓也。"《春秋》之**敬贤重民如是。是故战攻侵伐，虽数百起，必一二书，**

---

❶ "冢"，宜为"冢"，后文依改，不出注。畿辅本作"冢"。

❷ "其"，续经解本作"友"。

❸ "宋国"，续经解本作"宗周"。

庄十年《传》："觕者曰侵，精者曰伐。"注："觕，粗也。将兵至竟，以过侵责之，服则引兵而去，用意尚粗。精，犹精密也。侵责之，不服，推兵入竟，伐击之益深，用意稍精密。"卢注："一二，言次第不遗也。"**伤其害所重也。**"

隐二年注："凡书兵者，正不得也。内外深浅皆举之者，因重兵害众，兵动则怨结祸，更相报偿，伏尸流血无已时。"**问者曰："其书战伐甚谨，其恶战伐无辞，何也？"曰："会同之事，大者主小，战伐之事，后者主先，苟不恶，何为使起之者居下？是其恶战伐之辞已！且《春秋》之法，凶年不修旧，意在无苦民尔；苦民尚恶之，况伤民乎？伤民尚痛之，况杀民乎？故曰：凶年修旧则讥，**庄二十九年《经》："新延厩。"《传》："新延厩者何？修旧也。修旧不书，此何以书？讥。何讥尔？凶年不修。"注："缮故曰新。"**造邑则讳，**庄二十八年《经》："冬，筑微。大无麦禾。"《传》："冬，既见无麦禾矣，曷为先言'筑微'而后言'无麦禾'？讳以凶年造邑也。"**是害民之小者，恶之小也；害民之大者，恶之大也。今战伐之于民，其为害几何！考意而观指，则《春秋》之所恶者，不任德而任力，驱民而残贼之；其所好者，**设官本案："好，他本作'恶'。"**而勿用，仁义以服之也。《诗》云：'弛其文德，洽此四国。'**郑注："弛，施也。洽，和也。"**弛，今《诗》作"矢"。此《春秋》之所善也。夫德不足以亲近，而文不足以来远，而断断以战伐为之者，**原注："一作'斲斲'。"**此固《春秋》之所甚疾已，皆非义也。"**

难者曰："《春秋》之书战伐也，有恶有善也。恶诈击隐六年注："战例时，偏战日，诈战月。"**而善偏战，**僖元年《传》："季子待之以偏战。"注："莒人可忿而能结日偏战，是其不加暴之义。"案，诈则出其不意，伤害尤多。**耻伐丧**襄二年《传》："虎牢者何？郑之邑也。其言城之何？取之也。取之则曷为不言取之？为中国讳，讳伐丧也。"**而荣复仇，**庄四年《经》："纪侯大去其国。"《传》："大去者何？灭也。孰灭之？齐灭之。曷为不言齐灭之？为襄公讳也。《春秋》为贤者讳。何贤乎襄公？复仇也。"**奈何以《春秋》为无义战而尽恶之也？"曰："凡《春秋》之记灾异也，**《春秋潜潭巴》："灾之为言伤也，随事而诛；异之为言怪也，谓先发感动之也。"**虽苗有数茎，**音恒❶，草木干也。**犹谓之无麦苗也；**庄七年《经》："无麦苗。"**今天下之大，三百年之久，战攻侵伐，不可胜数，而复仇者有二焉，**庄四年《传》："何贤乎襄公？复仇也。"庄九年《经》："及齐师战于乾时，我师败绩。"《传》："内不言败。此其言败何？伐败也。曷为伐败？复仇也。"**是何以异于无麦苗之有数茎哉！不足以难之，故谓之无义战也。以无义战为不可，**王本脱"战"字。**则无麦苗亦不可也；以无麦苗为可，则无义战亦可矣。若《春秋》之于偏战也，**王本"战"，误作"义"。**善其偏，不善其战，有以效其然也。**卢注："效，验也。"**《春秋》爱人，而战者杀人，君子奚说善杀其所爱哉？故《春秋》之于偏战也，犹其于诸夏也，引之鲁，则谓之外，引之夷狄，则谓**

---

❶ "恒"，续经解本作"牼"。

之内；成十五年《传》："《春秋》内其国而外诸夏，内诸夏而外夷狄。"《说苑》："内治未得，不可以正外；本惠未袭，不可以制末。是以《春秋》先京师而后诸夏，先诸夏而后夷狄。"**比之诈战，则谓之义，比之不战，则谓之不义。故盟不如不盟，然而有所谓善盟；**桓三年《经》："夏，齐侯、卫侯胥命于蒲。"《传》："胥命者何？相命也。何言乎相命？近正也。此其为近正奈何？古者不盟，结言而退。"**战不如不战，然而有所谓善战。不义之中有义，义之中有不义。辞不能及，皆在于指，**《孟子》曰："《春秋》无义战。彼善于此，则有之矣。"注："《春秋》所载战伐之事，无应王义者也。彼此相觉，有善恶耳。孔子举毫毛之善，贬纤介之恶，故皆录之于《春秋》也。"**非精心达思者，其孰能知之？《诗》云：'棠棣之华，偏其反而；岂不尔思，室是远而。'子曰：'未之思也！夫何远之有？'由是观之，见其指者，不任其辞；不任其辞，然后可与适道矣。"**何晏曰："棠棣之华，反而后合。《诗》言权反而后至于大顺也。"《新论》："古之权者，审其轻重，必当必理而后行焉。《易》称'巽以行权'，《语》称'可与适道，未可与权'。权者，反于经而合于道，反于义而后有善，若棠棣之华，反而后合也。"《法言》："或问道。曰：'道也者，通也，无不通也。'或曰：'可以适他欤？'曰：'适尧、舜、文王者为正道，非尧、舜、文王者为他道。'"庄侍郎曰："《春秋》以辞成象，以象垂法，示天下后世以圣心之极。观其辞，必以圣人之心存之，史不能究，游、夏不能主，是故善说《春秋》者，止诸至圣之法而已。公羊子曰：'王者孰谓？

谓文王也。'‘其诸君子乐道尧、舜之道与？’无或执一辞以为见圣，无或放一辞而不至于圣。推见至隐，怀之为难，违之斯已难。得其起问，又得其应问，则几无难。应而不本其所起，见为附也；起而不达其所以应，见为惑也。《诗》曰：‘棠棣之华，偏其反而。’《春秋》之辞，其起人之问有如此也。执一者不知问，无权者不能应。子曰：‘未之思也，夫何远之有。’其亦可以求所应问而得之矣。"

"**司马子反为其君使，废君命，与敌情，从其所请，与宋平，**宣十五年《经》："宋人及楚人平。"《传》："庄王围宋，军有七日之粮尔。尽此不胜，将去而归尔。于是使司马子反乘堙而窥宋城，宋华元亦乘堙而出见之。司马子反曰：‘子之国何如？’华元曰：‘惫矣。’曰：‘何如？’曰：‘易子而食之，析骸而炊之。’司马子反曰：‘嘻！甚矣惫。虽然吾闻之也，围子相马而秣之，使肥者应客。是何子之情也？’华元曰：‘吾闻之，君子见人之厄则矜之，小人见人之厄则幸之。吾见子之君子也，是以告情于子也。’司马子反曰：‘诺。勉之矣。吾军亦有七日之粮尔。尽此不胜，将去而归尔。’揖而去之，反于庄王。庄王曰：‘何如？’司马子反曰：‘惫矣！’曰：‘何如？’曰：‘易子而食之，析骸而炊之。’庄王曰：‘嘻！甚矣惫。虽然吾今取此，然后而归尔。’司马子反曰：‘不可。臣已告之矣。军有七日之粮尔。’庄王怒曰：‘吾使子往视之，子曷为告之？’司马子反曰：‘以区区之宋犹有不欺人之臣，可以楚而无乎？是以告之也。’庄王曰：‘诺。舍而止。虽然吾犹取此，然后归尔。’司马子反曰：‘然则君请处于此，臣请归尔。’庄王曰：‘子去我而归，吾孰与处于此？吾亦从子而归尔。’引师而去之，故君子大其平乎已也。”**是内专政而外擅名也。**《释文》："擅，善战反，专也。"**专政则轻君，擅名则不臣，而《春秋》大之，奚由哉？”曰："为其有惨怛之恩，不忍饿一国之民，使之相食。推恩者远之而大，为仁者自然而美。**《乐稽耀嘉》："仁者有恻隐之心，本生于木，仁生于木，故恻隐出于自然也。"**今子反出己之心，矜宋之民，无计其间，故大之也。”难者曰："《春秋》之法，卿不忧诸侯，**襄三十三年❶《传》："此大事也，曷为使微者？卿也。卿则其称人何？贬。曷为贬？卿不得忧诸侯也。"**政不在大夫。子反为楚臣而恤宋民，是忧诸侯也；不复其君而与敌平，是政在大夫也。**官本案："他本无'政'字。"**溴❷梁之盟，**原注："右阒❸反。"《尔雅》："梁莫大于溴梁。"《音义》："溴水出河内轵县东南，至温入河。"孙注："梁，小桥也。"**信在大夫，**官本案："他本无'信'字。"**而《春秋》刺❹之，**襄十六年《传》："诸侯皆在是，其言大夫盟何？信在大夫也。何言乎信在大夫？遍刺天下之大夫也。曷为遍刺天下之大夫？君若赘旒然。"**为其夺君尊也；平在大夫，亦夺君尊，而《春秋》大之，**

---

❶ "襄三十三年"，宜作"襄三十年"。《春秋公羊传注疏》卷二一作"三十年"。

❷ "溴"，宜作"溴"。汇函本、畿辅本作"溴"。下注释同。

❸ "右阒"，宜作"古阒"。聚珍本、汇函本、续经解本、畿辅本并作"古阒"。

❹ "刺"，宜作"刺"，后文依改，不出注。汇函本、续经解本、畿辅本作"刺"。

此所间也。且《春秋》之义，臣有恶君名美。官本案："君，他本作'擅'。"故忠臣不显谏，欲其由君出也。《书》曰：'尔有嘉谋嘉猷，入告尔君于内，尔乃顺之于外，曰：此谋此猷，惟我君之德。'此为人臣之法也。古之良大夫，其事君皆若是。《坊记》："子云：'善则称君，过则称己。'《君陈》曰：'尔有嘉谋嘉猷，入告尔君于内，女乃顺之于外，曰：此谋此猷，惟我君之德。于是乎❶惟良显哉！'"今子反去君近而不复，庄王可见而不告，皆以其解二国之难为不得已也，奈其夺君名美何？此所惑也。"曰："《春秋》之道，固有常有变，变用于变，常用于常，各止其科，官本案："止，他本作'正'。"非相妨也。今诸子所称，皆天下之常，雷同之义也；官本案："义，他本作'意'。"《曲礼》注："雷之发声，物无不同时应者。人之言当各由己，不当然也。"子反之行，一曲之变，《荀子》："蔽于一曲。"注："一曲，一端之曲说。"《淮南子》："察一曲者，不可与言化。"术修之义也。原注："术，疑作'独'。"夫目惊而体失其容，心惊而事有所忘，人之情也；通于惊之情者，取其一美，不尽其失。《诗》云：'采葑采菲，无以下体。'此之谓也。今子反往视宋，闻人相食，大惊而哀之，不意之至于此也，是以心骇目动而违常礼。礼者，庶于仁，文质而成体者也。今使人相食，大失其仁，安著其礼？方救其质，奚恤其文？《荀子》："人主仁心设焉，知其役也，礼其尽也。故王

---

❶ "于是乎"，续经解本、畿辅本作"于乎是"。

者先仁而后礼，天施然也。”故曰：‘当仁不让。’**此之谓也。**孔安国曰："当行仁之事，不复让于师，行仁急也。"

《春秋》之辞，有所谓贱者，有贱乎贱者。夫有贱乎贱者，则亦有贵乎贵者矣。今让者，《春秋》之所贵，虽然见人相食，惊人相爨，《字鉴》："取乱切。"《说文》："齐谓之炊爨。"宣十五年《传》："易子而食之，析骸而炊之。"救之忘其让。君子之道，有贵于让者也。故说《春秋》者，无以平定之常义，疑变故之大义，则几可谕矣。"

《春秋》记天下之得失，而见所以然之故，甚幽而明，无传而著，不可不察也。夫泰山之为大，《五帝本纪》注："泰山，东岳也。在兖州博城县西北。"**弗察弗见，而况微渺者乎？故案《春秋》而适往事，穷其端而视其故，得志之君子、有喜之人，不可不慎也。齐顷公亲齐桓公之孙，国固广大，而地势便利矣，又得霸主之余尊，而志加于诸侯，以此之故，难使会同，而易使骄奢，即位九年，未尝肯一与会同之事，**师古曰："与，读曰预。"**有怒鲁、卫之志，而不从诸侯于清丘、断道，**王本无"不"字，非。**春往伐鲁，入其北郊，顾返伐卫，败之新筑。**《释文》："鲁者，周公之子伯禽所封之国也。周公有大勋劳于天下，成王留之辅相，而封伯禽焉。"《史记》："封周公旦于太昊之墟曲阜。"《正义》曰："《括地志》曰：兖州曲阜县外城，即鲁公伯禽所筑也。封康叔为卫君，居河、淇间，故商墟。"宋忠曰："康叔从康徙封卫，卫即殷墟定昌之地。"《春秋土地名》京相璠曰："清丘，在今东郡濮阳县东南三十里，魏都尉治。"杜预注："断道，晋地。新筑，卫地。”宣十二年《经》：“晋人、宋人、卫人、曹人同盟于清丘。”十七年《经》：“公会晋侯、卫侯、曹伯、邾娄子同盟于断道。”成二年《经》：“齐侯伐我北鄙。夏四月丙戌，卫孙良夫帅师及齐师战于新筑，卫师败绩。”**当是时也，方乘胜而志广，大国往聘，慢而弗敬其使者。晋鲁俱怒，内悉其众，外得党与卫、曹，四国相辅，**《释文》：“曹者，武王之弟叔振铎所封之国也，爵为伯。其封域在兖州陶丘之北，菏泽之野，今济阴定陶是也。”**大困之窜，**原注：“音安。”服虔曰：“窜，齐地。”《穀梁》曰：“窜去齐五百里。”成二年《传》：“前此者，晋郤克与臧孙许同时而聘于齐。萧同侄子者，齐君之母也，踊于棓而窥客，则客或跛或眇。于是使跛者迓跛者，使眇者迓眇者。二大夫出，相与倚❶闻而语，移日然后相去。齐人皆曰：‘患之起，必自此始。’二大夫归，相与率师，为窜之战，齐师大败。”**获齐顷公，斩逢丑父。**成二年《传》：“逢丑父，顷公之车右也，面目与顷公相似。代顷公当左，使顷公取饮，操饮而至，曰：‘革取清者。’顷公用是佚而不反。逢丑父曰：‘吾赖社稷之神灵，吾君已免矣。’郤克曰：‘欺三军者其法奈何？’曰：‘法斩。’于是斩逢丑父。”《佩觿辨正》曰：“案，颜师古《刊谬正俗》：‘逢姓者，盖出于逢蒙之后，读当如其本字，更无别音。今之为此姓者，自称乃与庞同。案，德公、士元所祖自别，殊非伯陵、丑父之裔，不得弃其本姓，混兹音读。’今案，《左传》有逢伯陵、逢丑父，《孟子》有

---

❶ “倚”，宜作“踦”。续经解本作“踦”。

逢蒙。《左传》无音，《孟子》音云，丁张并薄江切。案，逢伯陵，商诸侯，姜姓。逢丑父，齐人，后汉有逢萌，北海人，其字皆从夆。《广韵》云：'逢，皮江反，姓也，出北海。《左传》有逢丑父。'其字从夆，予疑师古以《左传》《孟子》诸书皆写为逢遇之逢，故以为更无别音。不思古今字书，或借用，或传写舛讹，岂可以臆断，便谓姓无皮江切耶？《孟子音义》又云：'逢从夆。夆，下江切。'以此见正文误从夆尔。"《玉篇》："斫，斩也，侧略切一❶。"**深本顷公之所以大辱身，几亡国，为天下笑，其端乃从慑鲁胜卫起。伐鲁，鲁不敢出；击卫，大败之；因得**官本案："得，他本作'其'。"**气而无敌国以兴患也。故曰："得志有喜，不可不戒。"此其效也。自是后，顷公恐惧，不听声乐，不饮酒食肉，内爱百姓，问疾吊丧，外敬诸侯，从会与盟，卒终其身，家国安宁。**成八年《传》："鞌之战，齐师大败。齐侯归，吊死视疾，七年不饮酒，不食肉。晋侯闻之，曰：'嘻！奈何使人之君七年不饮酒，不食肉？'请皆反其所取侵地。"案，成五年会虫牢，七年盟马陵，九年盟蒲，齐侯皆与。**是福之本生于忧，而祸起于喜也。**《刘向集》："董生有云：'吊者在门，贺者在闾。'言有忧则恐惧敬事，敬事则必有善功，而福至也。又云：'贺者在门，吊者在闾。'言受福则骄奢，骄奢则祸至，故吊随而来。齐顷公之始，藉霸者之余威，轻侮诸侯，窥塞跂之容，故被鞌之祸，遁服而亡，所谓贺者在门，吊者在闾也。兵败师破，人皆吊之；

---

❶ "一"，衍文，宜删。续经解本无。

恐惧自新，百姓爱之。诸侯皆归其所夺邑，所谓吊者在门，贺者在闾也。"**呜呼！**师古曰："于戏，叹声也。'于'读曰'乌'，'戏'读曰'呼'。古字或作乌虖，今字或作乌呼，音义皆同耳。而俗之读者，随字而别，又曲为解释云：'有吉凶、美恶之殊，是不同其大指也。'义例具在《诗》及《尚书》，不可一二遍举之。"《说文》："孔子曰：'乌，盱呼也。'取其助气，故以为乌呼。"**物之所由然，其于人切近，可不省耶！**

"逢丑父杀其身以生其君，何以不得为知权？丑父欺晋，祭仲许宋，桓十一年《传》："祭仲者何？郑相也。何以不名？贤也。何贤乎祭仲？以为知权也。其为知权，奈何？古者郑国处于留，先郑伯有善于鄜❶公者，通乎夫人，以取其国而迁郑焉，而野留。庄公死，已葬。祭仲将往省于留，途出于宋。宋人执之，谓之曰：'为我出忽而立突。'祭仲不从其言，则君必死，国必亡；从其言，则君可以生易死，国可以存易亡。少辽缓之，则突可故出，而忽可故反。是不可得，然后有郑国。古人之有权者，祭仲之权是也。权者何？权者反于经，然后有善者也。权之所设，舍死亡，无所设。行权有道，自贬损以行权，不害人以行权。杀人以自生，亡人以自存，君子不为也。"**俱枉正以存其君，然而丑父之所为，**官本案："所，他本作'难'。"**难于祭仲，祭仲见贤，而丑父犹见非，何也？"曰："是非难别者在此，此其嫌**

---

❶ "鄜"，宜作"邬"。《春秋公羊传注疏》卷五作"邬"。鄜、邬形近致误。

疑相似，而不同理者，不可不察。夫去位而避兄弟者，郑忽奔卫，弟突归于郑，是避兄弟也。君子之所甚贵；获虏逃遁者，君子之所甚贱。祭仲措其君于人所甚贵，以生其君，故《春秋》以为知权而贤之；丑父措其君于人所甚贱，以生其君，《春秋》以为不知权而简之。简，略也。其俱枉正以存君，相似也；其使君荣之，与使君辱，不同理。故凡人之有为也，前枉而后义者，谓之中权，虽不能成，《春秋》善之，鲁隐公、隐贱而桓贵。隐之立，为桓立，故隐之立为行权。郑祭仲是也；前正而后有枉者，谓之邪道，虽能成之，《春秋》不爱，齐顷公、逢丑父是也。夫冒大辱以生，其情无乐，故贤人不为也，而众人疑焉，《春秋》以为人之不知义而疑也，故示之以义，曰：'国灭，君死之，正也。'襄六年《经》："齐侯灭莱。"《传》："曷为不言莱君出奔？国灭，君死之，正也。"正也者，正于天之为人性命也。天之为人性命，使行仁义而羞可耻，非若鸟兽然，苟为生，苟为利而已。是故《春秋》推天施而顺人理，官本案："人，他本作'天'。"以至尊为不可以生于至辱大羞，故获者绝之；桓❶六年注："嫌来输平独恶郑，擅获诸侯，鲁不能死难，皆当绝之。"以至辱为不可以加于至尊大位，故虽失位，弗君也。已反国，复在位矣，官本案："他本无'复'字。"而《春秋》犹有不君之辞，况其溷然方获而虏耶！《国策》注："恩、溷同，浊貌。"《玉篇》："虏，获也，战获俘虏也。"其于义

---

❶ "桓"，宜作"隐"。《春秋公羊传注疏》卷三作"隐"。

也，非君定矣。若非君，则丑父何权矣！故欺三军，为大辱于晋，其免顷公，为辱宗庙于齐，是以虽难，而《春秋》不爱。丑父大义，宜言于顷公曰：‘君慢侮而怒诸侯，是失礼大矣；今被大辱而弗能死，是无耻也；而获重罪，请俱死，无辱宗庙，无羞社稷。’如此，虽陷其身，尚有廉名。当此之时，死贤于生，故君子生以辱，不如死以荣，正是之谓也。《尸子》曰："众以亏形为辱，君子以亏义为辱。"由法论之，则丑父欺而不中权，忠而不中义，以为不然，复察《春秋》，《春秋》之序辞也，置‘王’于‘春’‘正’之间，隐元年《经》："春，王正月。"是置"王"于"春""正"之间。非曰：原注："犹言岂非。"上奉天施，而下正人，然后可以为王也云尔！隐元年注："王者不承天以置号令，则无法，故先言春而后言王；天不深正其元，则不能成其化，故先言元而后言春。"今善善恶恶，好荣憎辱，非人能自生，此天施之在人者也，君子以天施之在人者听之，则丑父弗忠也，天施之在人者，使人有廉耻者，不生于大辱，卢注："‘有廉耻’三字、‘于’字，据《大典》本补。"大辱莫甚于去南面之位，而束获为虏也。曾子曰：‘辱若可避，避之而已；及其不可避，君子视死如归。’谓如顷公者也。"《大戴礼》作"视死若归"。

　　"《春秋》曰：‘郑伐许。’奚恶于郑，而夷狄之也？"杜预注："许，颍川许昌县。"《方舆纪要》："都许，今开封府许州是。灵公迁叶，今南阳府裕川叶县。悼公迁奚，今凤阳府亳州东南七十里废城是。旋还叶，又迁于白羽，今南阳府邓州析川县是。许男斯又迁于容城，今荆州府东废华容县是。盖皆为楚所迁也。"成三年《经》："郑伐许。"注："谓之郑者，恶郑襄公与楚同心，数侵伐诸夏。自此之后，中国盟会无已，兵革数起，夷狄比周为党，故夷狄之。"曰："**卫侯速卒，郑师侵之，是伐丧也**；成二年《经》："庚寅，卫侯遫卒。冬，楚师、郑师侵卫。"**郑与诸侯盟于蜀，以盟而归诸侯，于是伐许，是叛盟也**。成二年《经》："公及楚人以下盟于蜀。"卢注："以盟，即已盟。伐许，旧本作'伐郑'，讹。"**伐丧无义，叛盟无信，无信无义，故大恶之。**"问者曰："**是君死，其子未逾年，有称伯不子，法辞其罪何？**"成四年《经》："郑伯伐许。"注："未逾年君称伯者，时乐成君位。亲自伐许，故如其意，以著其恶。"曰："**先王之制，有大丧者，三年不呼其门**，宣元年《传》："古者臣有大丧，则君三年不呼其门。"**顺其志之不在事也。《诗》云：**《诗》，当作《书》。**'高宗谅闇，**高宗，商王武丁也。郑注《论语》："谅闇，丧庐也。"《礼记》注："谅，古作'梁'，楣谓之梁。闇，读如鹑鹌之鹌。闇谓庐也。"**三年不言。'居丧之义也。今纵不能如是，奈何其父卒未逾年，即以丧举兵也。《春秋》以薄恩，且施失其子心，故不复得称子，谓之郑伯，以辱之也。**既葬称子。今称伯，使不得在子行，故云"以辱之也"。**且其先君襄公伐丧叛盟，得罪诸侯，怒之未解，恶之未已。继其业者，宜务善以覆之，今又重以无故居丧以伐人。父伐人丧，子以丧伐人；父加不义于人，子施失恩于亲以犯中国，是父负故恶于前，己起**

大恶于后。诸侯果怒而憎之，卒而俱至，官本案："卒，他本作'率'。"谋共击之。郑乃恐惧去楚，而成蛊牢之盟是也。蛊，当作"虫"。成五年《经》："公会晋侯、齐侯、宋公、卫侯、郑伯、曹伯、邾娄子、杞伯同盟于虫牢。"杜预注："蛊牢，郑地。陈留封丘县北有桐牢。"楚与中国侠而击之，官本案："侠，他本作'挟'。"郑罢敝危亡，师古曰："罢，读曰疲。"终身愁辜。卢注："辜，当读为苦。"吾本其端，无义而败，由轻心然。孔子曰：'道千乘之国，师古曰："道，读曰导。"敬事而信。'知其为得失之大也，故敬而慎之。今郑伯既无子恩，官本案："他本无'既'字。"又不熟计，一举兵不当，被患不穷，自取之也。是以生不得称子，去其义也；死不得书葬，官本案："他本衍一'不'字。"见其罪也。成六年《经》："郑伯费卒。"注："不书葬者，为中国讳。虫牢之盟，约备强楚。楚伐郑丧，不能救；晋又侵之，故去葬，使若非伐丧。"曰：'有国者视此，行身不放义，官本案："他本'行'作'得'。"孔安国注《论语》："放，依也。"兴事不审时，其何字误。如此尔。'"

《春秋繁露》卷二终　　　　　　金陵洪万盈锓

卷三

玉英第四

《尸子》："龙渊生玉英。"《尚书帝命验》："有人雄起，戴玉英。"郑注："玉英，宝物之名。"

谓一元者，大始也。王弼曰："一者，数之始也，物之极也。"《尔雅》："元，始也。"《春秋元命包》曰："孔子曰：'某作《春秋》，始于元，终于麟，王道成也。'"知元年志者，官本案："他本无'者'字。"大人之所重，小人之所轻。是故治国之端在正名。《论语》："子路曰：'卫君待子而为政，子将奚先？'孔子曰：'必也正名乎？'"名之正，兴五世。五传之外，美恶乃形，可谓得原注："一作'冒'。"其真矣，非子路之所能见。非其位而即之，虽受之先君，《春秋》危之，宋缪公是也；隐三年《传》："当时而日危，不得葬也。此当时何危尔？宣公谓缪公曰：'以吾爱与夷，则不若爱女。盍终为君矣？'宣公死，缪公立，逐其二子庄公冯与左师勃，曰：'尔为吾子，生毋相见，死毋相哭。'与夷复曰：'先君之所为，不与臣国而纳国乎君者，以君可以为社稷宗庙主也。今君逐君之二子，而将致国乎与夷，此非先君之意也。且使子可逐，则先君其逐臣矣。'缪公曰：'先君之不尔逐，可知矣。吾立乎此，摄也。’终致国乎与夷。庄公冯弑与夷。”**非其位不受之先君，**官本案："他本复‘不受’二字。"**而自即之，《春秋》危之，吴王僚是也；**《史记正义》曰："吴，国号也。太伯居梅里，在常州无锡东南，至十九世孙寿梦居之。寿梦卒，诸樊南徙吴。至二十一代孙光，使子齐❶筑阖闾间城都之，今苏州也。"襄十九年❷《传》："阖庐曰：‘先君之所以不与子国而与弟者，凡为季子故也。将从先君之命与？则国宜之季子者也；如不从先君之命与？则我宜立者也。僚恶乎得君乎？’于是使专诸刺僚，而致国乎季子。"**虽然，苟能行善得众，《春秋》弗危，卫侯晋以正书葬是也。**隐四年《经》："卫人立晋。"《传》："晋者何？公子晋也。立者何？立者不宜立也。其称人何？众立之之辞也。"桓十三年《经》："三月，葬卫宣公。"注："背殡用兵而月不危之者，卫弱于齐、宋，不从亦有危，故量力不责也。"**俱不宜立，而宋缪公受之先君而危，**此言缪公虽受之先君，而不能得众，故危。**卫宣弗受先君而不危，以此见得众心之为大安也。故齐桓非直弗受之先君也，乃率弗宜为君者而立，罪亦重矣。**庄九年《经》："齐小白入于齐。"《传》："其言入何？篡辞也。"**然而知恐惧，故举贤人而以自覆盖，**官本案："故，他本作‘敬’。"**知不背要盟以自湔浣也，**庄十三年《传》："要盟可犯，而桓公不欺。"

---

❶ "子齐"，续经解本作"子胥"。

❷ "十九年"，宜改"二十九年"。事见《春秋公羊传注疏》卷二一"襄公二十九年"。

《一切经音义》："湔，洗也。浣，濯也。"**遂为贤君，**官本案："他本脱'为'字。"**而霸诸侯。**《说苑》："桓公于是用管仲、鲍叔、隰朋、宾胥无、甯戚，三存亡国，一继绝世，救中国，攘戎狄，卒胁荆蛮，以尊周室，霸诸侯。"**使齐桓被恶而无此美，**官本案："被，他本误作'背'。"**得免杀灭乃幸已，何霸之有？鲁桓忘其忧而祸逮其身，**桓十八年《经》："公薨于齐。"注："不书齐诱杀公者，深讳耻也。"师古曰："逮，及也。"**齐桓忧其忧而立功名。推而散之，凡人有忧而不知忧者凶，有忧而深忧之者吉。**《易》曰："复自道，何其咎？"**此之谓也。匹夫之反道以除咎尚难，人主之反道以除咎甚易。**《诗》云："德輶如毛。"**言其易也。**郑注："輶，轻也。言化民当以德。德之易举而用，其轻如毛耳。"

公观鱼于棠，隐五年《经》："公观鱼于棠。"《传》："公曷为远而观鱼？登来之也。百金之鱼，公张之。"杜预注："今高平方与县北，有武唐亭、鲁侯观鱼台。"**何恶也？凡人之性，莫不善义，然而不能义者，利败之也。故君子终日言不及利，欲以勿言愧之而已，愧之以塞其源也。**官本案："以，他本作'则'。"《荀子》："君者，民之源也。源清则流清，源浊则流浊也。"太史公曰："余读《孟子》书，至梁惠王问'何以利吾国'，未尝不废书而叹也。曰：'嗟乎，利诚乱之始也！'夫子罕言利者，防其原也。故曰：'放于利而行，多怨。'"自天子至于庶人好利之弊，何以异哉？**夫处位动风化者，**师古曰："以德化被于下，故云风也。《诗序》曰：'上以风化下。'"**徒**

言利之名尔，犹恶之，况求利乎？故天王使人求赙隐三年《经》："武氏子来求赙。"求金，文九年《经》："毛伯来求金。"皆为大恶而书。今官本案："他本无'今'字，误衍一'非'字。"案，"非"字不当衍。直使人也，亲自求之，是为甚恶，《说苑》："周天子使家父、毛伯求金于诸侯，《春秋》讥之。故天子好利，则诸贪❶，诸侯贪，则大夫鄙，大夫鄙则庶人盗。上之变下，犹风之靡草也。故为人君者，明贵德而贱利以道下，下之为恶，尚不可止。今隐公贪利而身自至济上，而行八佾，以此化于国人，国人安得不解于义？解于义而纵其欲，则灾害起而臣下僻矣。"讥。何故言观鱼？犹言观社也，皆讳大恶之辞也。官本案："讳，他本误作'为'。"庄二十三年《经》："夏公如齐观社。"注："观社者，观祭法，讳淫。"❷

《春秋》有经礼，有变礼。为如而通。安性平心者，经礼也；至有于性虽不安，于心虽不平，于道无以易之，此变礼也。是故昏礼不称主人，经礼也；隐二年《传》："昏礼不称主人。"注："养廉远耻也。"《释文》："郑云：'士娶妻之礼，以昏为期，因而名焉。必以昏者，取其阳往而阴来。'"辞穷无称，称主人，变礼也。隐二年《传》："宋公使公孙寿来纳币，则其称主人何？辞穷也。辞穷者何？无母也。"天子三年然后称王，经礼也；文九

---

❶ "诸贪"，汇函本、续经解本、畿辅本作"诸侯贪"。
❷ 此处续经解本、《春秋公羊传注疏》卷八为"观社者，观祭社。讳淫，言观社者与亲纳币同义"。

年《传》："以天子三年，然后称王。"**有物故，**卢注："'物'字当衍。"**则未三年而称王，变礼也。**昭二十三年《经》："天王居于狄泉。"《传》："此未三年，其称天王何？著有天子也。"注："时庶孽并篡，天王失位徙居，微弱甚，故急著正其号，明天下当救其难而事之。"**妇人无出境之事，经礼也；**隐二年注："妇人无外事。"**母为子娶妇，**官本案："他本脱'妇'字。"僖三十一年《经》："冬，杞伯姬来求妇。"**奔丧父母，变礼也。**文九年《经》："夫人姜氏如齐。"注："奔父母之丧也。不言奔丧者，尊内，犹不言朝聘。"**明乎经变之事，然后知轻重之分，可与适权矣。**难者曰："《春秋》事同者辞同，此四者俱为变礼，而或达于经，或不达于经，何也？"曰："《春秋》理百物，**官本案："理，他本作'礼'。"**辨品类，别嫌微，修本末者也。是故星坠谓之陨，**庄七年《经》："夏四月辛卯夜，恒星不见。夜中星霣如雨。"**螽坠谓之雨，**文三年《经》："雨螽于宋。"《传》："雨螽者何？坠也。"**其所发之处不同，或降于天，或发于地，其辞不可同也。今四者俱为变礼也同，**句。**而其所发亦不同，或发于男，或发于女，其辞不可同也。是或达于常，或达于变也。"**庄侍郎曰："《春秋》辞异则指异。事异而辞同，则以事见之；事不见，则以文起之。嫌者使异，不嫌使同。"

桓之志无王，故不书王；桓三年《经》："三年春，正月，公会齐侯于嬴。"注："无王者，以见桓公无王而行也。"**其志欲立，故书即位。**桓元年《经》："公即位。"《传》："继弑君不言即位。此其言即位何？如其意也。"**书**

即位者，言其弑君兄也。不书王者，以言其背天子。是故隐不言正，隐十一年《传》。桓不言王者，皆从其志，以见其事也。从贤之志，以达其义；从不肖之志，以著其恶。由此观之，《春秋》之所善，善也；所不善，亦不善也，不可不两省也。

《经》曰："宋督弑其君与夷。"官本案："他本脱'宋督'二字。"桓二年《经》："宋督弑其君与夷及其大夫孔父。"《传》言庄公冯杀之。隐三年《传》："庄公冯弑与夷。"不可及于《经》，何也？曰："非不可及于《经》，其及之端眇，师古曰："眇，微也。"《释文》："眇，妙十❶反。莽眇、轻虚之状也。崔云：'猛眇之鸟首也，取其行而无迹。'"不足以类钩之，官本案："钩，他本作'钧'❷。"《周易》："钩深致远。"故难知也。《传》曰：'臧孙许与晋郤克同时而聘乎齐。'成二年《传》："晋郤克与臧孙许同时而聘于齐。"案，《经》无有，岂不微哉？不书其往而有避也。今此《传》言庄公冯，而于《经》不书，亦以有避也。是以不书聘乎齐，官本案："他本无'乎'字。"避所羞也；不书庄公冯杀，避所善也。是故让者《春秋》之所善。宣公不与其子而与其弟，其弟亦不与子而反之兄子，虽不中法，皆有让高，不可弃也。故君子为之讳，不居正之谓避。隐三年《传》："故君子大居正。宋之祸，宣公为之也。"其后也乱，移之

---

❶ "十"，汇函本、续经解本、畿辅本作"小"。

❷ "钩"，聚珍本、续经解本、畿辅本、龙溪本作"钧"。

宋督，以存善志，此亦《春秋》之义，善无遗也，官本案："遗，他本误作'道'。"若直书其篡，则宣、穆之高灭，而善之无所见矣。"难者曰："为贤者讳，皆言之，为宣、穆讳，独弗言，何也？"曰："不成于贤也。其为善不法，不足法也。不可取，亦不可弃。弃之则弃善志也，取之则害王法。非王法所当贵也。故不弃亦不载，以意见之而已。苟志于仁，无恶，此之谓也。"

器从名、地从主人之谓制。官本案："谓，他本误作'位'。"桓二年《传》："器从名，地从主人。"注："从本主名名之，从后所属主人。"权之端焉，不可不察也。夫权虽反经，亦必在可以然之域。不在可以然之域，故虽死亡，终弗为也，公子目夷是也。僖二十一年《传》："宋子❶与楚子期以乘车之会，公子目夷谏曰：'楚，夷国也，强而无义。请君以兵车之会往。'宋公曰：'不可。吾与之约，以乘车之会。自我为之，自我堕之，曰不可。'终以乘车之会往。楚人果伏兵车，执宋公以伐宋。宋公谓公子目夷曰：'子归守国矣。国，子之国也。吾不从子之言，以至乎此！'公子目夷复曰：'君虽不言，国固臣之国也。'于是归，设守械而守国。楚人谓宋人曰：'子不与我国，吾将杀子君矣。'宋人应之曰：'吾赖社稷之神灵，吾国已有君矣。'楚人知虽杀宋公，犹不得宋国，于是释宋公。宋公释乎执，走之卫。公子目夷复曰：'国为君守之，曷为不入？'然后逆襄公归。"故诸侯父子兄弟不宜立而立者，官本案："者，他

---

❶ "宋子"，《春秋公羊传注疏》卷一一作"宋公"。

本作'也'。"《春秋》视其国，与宜立之君无以异也，此皆在可以然之域也。至于鄅取乎莒，以之为同居，目曰"莒人灭鄅"，此不在可以然之域也。《水经注》："《地里志❶》曰：'莒子之国，盈姓也，少昊后。'"杜预注："莒国，今域❷阳莒县也。鄅国，今琅邪鄅县。"《世本》："鄅，姒姓，子爵。夏大❸康封其子曲烈于鄅。襄公六年，莒灭之。鄅太子巫仕鲁，去邑，为曾氏。"官本案："他本无'在'字。"襄六年《经》："莒人灭鄅。"注："莒称人者，莒公子、鄅外孙。称人者，从莒无大夫也。言灭者，以异姓为后，莒人当坐灭也。不月者，取后于莒，非兵灭。"**故诸侯在不可以然之域者，谓之大德，大德无逾闲者，谓正经。诸侯在可以然之域者，谓之小德，小德出入可也。**《论语》："子夏曰：'大德不逾闲，小德出入，可也。'"马融《易注》："闲，阑也，防也。"**权谲也，尚归之以奉钜经耳。故《春秋》之道，博而要，详而反一也。公子目夷复其君，终不与国，祭仲已与，后改之，晋荀息死而不听，**僖十年《传》："献公病，将死，谓荀息曰：'士何如，则可谓之信矣？'荀息对曰：'使死者反生，生者不愧乎其言，则可谓信矣。'献公死，奚齐立，里克谓荀息曰：'君杀正而立不正，废长而立幼，如之何？愿与子虑之。'荀息曰：'君尝讯臣矣，臣对曰：使死者反生，生者不愧乎其言，则可

---

❶ "地里志"，续经解本作"地理志"。
❷ "域"，续经解本、畿辅本、龙溪本作"城"。
❸ "大"，宜作"太"。

谓信矣。'里克知其不可与谋，退杀奚齐。荀息立卓子，里克弑卓子，荀息死之。荀息可谓不食其言矣。"**卫曼姑拒而弗内，**哀三年《传》："曼姑受命乎灵公而立辄，以曼姑之义，为固可以拒之也。辄者，曷为者也？蒯聩❶之子也。然则曷为不立蒯聩而立辄？蒯聩为无道，灵公逐蒯聩而立辄。然则辄之义，可以立乎？曰：可。其可奈何？不以父命辞王父命，以王父命辞父命，是父之行乎子也；不以家事辞王事，以王事辞家事，是上之行乎下也。"**此四臣事异而同心，其义一也。目夷之弗与，重宗庙；祭仲与之，亦重宗庙。荀息死之，贵先君之命；曼姑拒之，亦贵先君之命也。事虽相反，所为同，俱为重宗庙，贵先君之命耳。难者曰："公子目夷、祭仲之所为之者，**官本案："他本无下'之'字。"**皆存之事君，善之可矣。荀息、曼姑非有此事也，官本案："他本无'也'字。"**而所欲恃者，皆不宜立者，何以得载乎义？"曰："《春秋》之法，君立不宜立，不书；诸侯立所不宜立，例所不书。大夫立则书。**隐四年《经》："卫人立晋。"《传》："晋者何？公子晋也。立者何？立者不宜立也。其称人何？众立之之辞也。然则孰立之？石碏立之。"**书之者，弗予大夫之得立不宜立者也；不书，予君之得立之也。**庄侍郎曰："《春秋》非记事之史，不书多于书，以所不书知所书，以所书知所不书。治乱必表其微，所谓'礼禁未然之前'也。凡所书者，有所表也，是故《春秋》之中无空文。"❷**君**

---

❶ "聩"，续经解本、畿辅本作"瞆"。后文同。

❷ 笔者按，考庄存与《春秋要指》，"之中"二字为衍文。

之立不宜立者，非也；既立之，大夫奉之，是也。荀息、曼姑之所得为义也。"难纪季曰：杜预注："纪国，在东莞剧县。"《水经注》曰："剧县故城西，古纪国也。《春秋·庄公四年》：'纪侯不能下齐，以与季弟，大去其国，违齐难也。'后改曰剧。""《春秋》之法，大夫不得用地。"定十三年《传》："此叛也。其言归何？以地正国也。其以地正国奈何？晋赵鞅取晋阳之甲，以逐荀寅与士吉射。荀寅与士吉射曷为者也？君侧之恶人也。此逐君侧之恶人，曷为以叛言之？无君命也。"又曰："公子无去国之义。"官本案："公，他本作'君'。"昭元年《经》："夏，秦伯之弟针出奔晋。"《传》："仕诸晋也。曷为仕诸晋？有千乘之国而不能容其母弟，故君子谓之出奔也。"又曰："君子不避外难。庄二十七年《传》："君子避内难而不避外难。"纪季犯此三者，何以为贤！贤臣故盗地以下敌，卢注："故，一作'固'，古通用。"弃君以避患乎！"曰："贤者不为是。是故托贤于纪季，以见季之弗为也。纪季弗为，而纪侯使之，可知矣。《春秋》之书事，时诡其实，以有避也；其书人，时易其名，以有讳也。庄侍郎曰："《春秋》之义，不可书则避之，不忍书则隐之，不足书则去之，不胜书则省之。辞有据正则不当书者，皆书其可书，以见其所不可书；辞有诡正而书者，皆隐其所大不忍，避其所大不可，而后目其所常不忍、常不可也；辞若可去、可省而书者，常人之所轻，圣人之所重。"故诡晋文得志之实以代讳，避致王也；诡莒子号，谓之人，避隐公也；隐八年《经》：

"公及莒人盟于包来。"《传》："公曷为与微者盟？称人则从不疑也。"注："寔莒子也。言莒子，则嫌公行微不肖。诸侯不肯从公盟，而公及❶从之，故使称人则随从公，不疑矣。"**易庆父之名，谓之仲孙；**闵元年《经》："冬，齐仲孙来。"《传》："齐仲孙者何？公子庆父也。公子庆父则曷为谓之齐仲孙？系之齐也。曷为系之齐？外之也。曷为外之？《春秋》为尊者讳，为亲者讳，为贤者讳。子女子曰：'以《春秋》为《春秋》，齐无仲孙，其诸吾仲孙与？'"**变盛谓之成，讳大恶也。**庄八年《经》："夏，师及齐师围成，成降于齐师。"《传》："成者何？盛也。盛，则曷为谓之成？讳灭同姓也。"《索隐》曰："案，《春秋》：'卫师入郕。'杜预曰：'东平刚父县有郕乡。'又《地理志》云：'廪丘县南有成故城。'"然则说《春秋》者，入则诡辞，随其委曲而后得之。今纪季受命乎君而《经》书专，无善一名而文见贤，此皆诡辞，不可不察。《春秋》之于所贤也，固顺其志而一其辞，章其义而褒其美。今纪侯《春秋》之所贵也，是以听其入齐之志，而诡其服罪之辞也，移之纪季。故告籴于齐者，实庄公为之，而《春秋》讳❷其辞，以予臧孙辰；庄二十八年《经》："臧孙辰告籴于齐。"《传》："告籴者何？请籴也。何以不称使？以为臧孙辰之私行也。曷为以臧孙辰之私行？君子之为国也，必有三年之委。一年不熟，告籴，讥也。"注："庄公享国二十八年，

---

❶ "及"，续经解本作"反"。
❷ "讳"，聚珍本作"诡"。

而无一年之畜，危亡切近，故讳使，若不匮，大夫自私行籴也。"**以鄑入于齐者，实纪侯为之，**杜预注："鄑，纪邑，在齐国东安平县。齐欲灭纪，故纪季以邑入齐，为附庸。"《史记集解》云："安平城，在青州临淄县东十九里，古纪之鄑邑也。"**而《春秋》诡其辞，以予纪季。所以诡之不同，其实一也。"难者曰："有国家者，人欲立之，固尽不听，国灭，君死之，正也，何贤乎纪侯？"曰："齐将复仇，纪侯自知力不加而志距之，故谓其弟曰：'我宗庙之主，不可以不死也，**官本案："他本作'不以死'也。"**汝以鄑往，服罪于齐，请以立五庙，使我先君岁时有所依归。'**庄三年《经》："秋，纪季以鄑入于齐。"《传》："纪季者何？纪侯之弟也。何以不名？贤也。何贤乎纪季？服罪也。其服罪奈何？鲁子曰：'请后五庙，以存姑姊妹。'"成六年注："礼，天子诸侯立五庙，受命始封之君立一庙，至于子孙。过高祖，不得复立庙。周家祖有功，尊有德，立后稷、文、武庙，至于子孙。自高祖以下而七庙，天子、卿、大夫三庙，元士二庙。诸侯之卿大夫比元士，三庙❶；诸侯之士，一庙。"**率一国之众，以卫九世之主。襄公逐之不去，求之弗予，上下同心而俱死之，**官本案："他本无'之'字。"**故为之大去。《春秋》贤死义，且得众心也，故为讳灭。以为之讳，见其贤之也，**庄四年《经》："纪侯大去其国。"《传》："大去者何？灭也。孰灭之？齐

---

❶ "三庙"，续经解本、龙溪本、《春秋公羊传注疏》卷一七作"二庙"。

灭之。曷为不言齐灭之？为襄公讳也。《春秋》为贤者讳。何贤乎襄公？复仇也。何仇尔？远祖也。哀公亨乎周，纪侯谮之。以襄公之为于此焉者，事祖祢之心尽矣。尽者何？襄公将复仇乎纪，卜之，曰：'师丧，分焉。'　'寡人死之，不为不吉也'。远祖者，几世乎？九世矣。九世犹可以复仇乎？虽百世，可也。"以其贤之也，见其中仁义也。"

精华第五

《春秋》慎辞，谨于名伦等物者也。是故小夷言伐而不得言战，隐七年《经》："戎伐凡伯于楚丘以归。"大夷言战而不得言获，庄十年《经》："荆败蔡师于莘，以蔡侯献舞归。"《传》："曷为不言其获？不与夷狄之获中国也。"中国言获而不得言执，天子言执。各有辞也。有"又"同。小夷避大夷而不得言战，大夷避中国而不得言获，中国避天子而不得言执，名伦弗予，嫌于相臣之辞也。是故大小不逾等，贵贱如其伦，义之正也。

大雩者何？旱祭也。桓五年《传》："大雩者何？旱祭也。"难者曰："大旱，雩祭而请雨，大水鸣鼓而攻社，庄二十五年《经》："秋，大水，鼓用牲于社、于门。"案，《说苑》作"大水，则鸣鼓而劫社"。天地之所为，阴阳之所起也，或请焉，或怒焉者何？"曰："大旱者，阳灭阴也，阳灭阴者，尊压卑也，固其义也，虽太甚，拜请之而已，无敢有加也。《周礼·女巫》疏："董仲舒曰：'雩，求雨之术，呼嗟之，歌《国风·周南》、《小雅·鹿鸣》、乡饮酒、大射之歌。'"《春秋汉含孳》："雩祭祷辞曰：'万国今大旱，野无生稼。寡人当死，百姓何谤？不敢烦民请命。愿抚百姓，以身塞无状。'"**大水者，阴灭阳也，阴灭阳者，卑胜尊也，日食亦然，**《周礼·大祝》注："董仲舒救日食，祝曰：'炤炤大明，瀸灭无光。奈何以阴侵阳，以卑侵尊？'"**皆下犯上，以贱伤贵者，**官本案："他本无'者'字。"**逆节也，故鸣鼓而攻之，朱丝而胁之，为其不义也，**庄二十五年《经》："六月辛未朔，日有食之。鼓，用牲于社。"《传》："日食则曷为鼓，用牲于社？求乎阴之道也。以朱丝营社，或曰胁之，或曰为暗，恐人犯之，故营之。"《说苑》作"鸣鼓而懾之，朱丝营而劫之"。**此亦《春秋》之不畏强御也。**师古曰："强御，强梁而御善者也。"卢注："畏，旧本作'为'。今依刘昭注改正。"**故变天地之位，正阴阳之序，直行其道，而不忘其难，义之至也。是故胁严社而不为不敬灵，出天王而不为不尊上，**僖二十四年《经》："冬，天王出居于郑。"注："不能事母，故绝之，言出。"《说苑》作"故劫严社而不为惊灵，出天王而不为不尊上"。**辞父之命而不为不承亲，**哀三十年[1]《传》："以王父命辞父命，是父之行乎子也。"《说苑》作"辞蒯聩之命，不为不听其父"。**绝母之属而不为不孝**

---

[1] "三十年"，《春秋公羊传注疏》卷二七作"三年"。

慈，义矣夫！"官本案："他本无'慈'字、'矣'字。"庄元年《传》："不与念母也。"注："念母则忘父，背本之道也。"《孝经》云："父母生之，续莫大焉。"《说苑》作"绝文姜之属而不为不爱其母，其义之尽耶！其义之尽耶！"

难者曰："《春秋》之法，大夫无遂事。"庄十九年《传》。又曰："出境有可以安社稷，利国家者，则专之可也。"庄十九年《传》。又曰："大夫以君命出，进退在大夫也。"襄十九年《传》又曰：官本案："他本脱'曰'字。""闻丧徐行而不反也。宣八年《传》。夫既曰无遂事矣，又曰专之可也；既曰进退在大夫矣，又曰徐行而不反也。若相悖然，是何谓也？"曰："四者各有所处，得其处，则皆是也，失其处，则皆非也。《春秋》固有常义，又有应变。无遂事者，谓生平安宁也；专之可也者，谓救危除患也；官本案："他本无'救'字。"进退在大夫者，谓将率用兵也；官本案："他本脱'谓将'二字。"徐行不反者，谓不以亲害尊，不以私妨公也。此之谓将得其私知其指。故公子结受命，往媵陈人之妇于鄄，《尔雅》云："媵、将，送也。"《释文》："音孕。古者诸侯娶夫人，则同姓二国媵之。国君夫人有左右媵。"隐七年注："待年父母国也。妇人八岁备数，十五从嫡，二十承事君子。"道生事，官本案："道生，他本误作'遂其'。"从齐桓盟，《春秋》弗非，以为救庄公之危。庄十九年《注》："先是，鄄、幽之会，公皆不至。公子结出竟，遭齐、宋欲深谋伐鲁，专矫君命而与之盟，故善而详录。"公子遂受命使京师，官本案："他本脱'受'字。"庄❶九年《传》："京师者何？天子之居也。京者何？大也。师者何？众也。天子之居，必以众大之辞言之。"道生事，之晋，官本案："道，他本误作'遂'。"《释文》："之，往也。"《春秋》非之，以为是时僖公安宁僖三十年《经》："公子遂如京师，遂如晋。"无危。故有危而不专救，谓之不忠；无危而擅生事，是卑君也。《说苑》作"故君有危而不专救，是不忠也；君无危而擅生事，是不臣也"。故此二臣俱生事，《春秋》有是有非，其义然也。"

齐桓仗贤相之能，官本案："仗，他本作'挟'。"用大国之资，即位五年，官本案："位，他本误作'卫'。"不能致一诸侯，于柯之盟，见其大信，庄三十年❷《传》："桓公之信著乎天下，自柯之盟始焉。"杜预注："此柯，今济北东阿，齐之阿邑，犹祝柯，今为祝阿。"一年而近国之君毕至，鄄、幽之会是也。庄十五年《经》："齐侯、宋公、陈侯、卫侯、郑伯会于鄄。"十六年《经》："冬，公会齐侯、宋公、陈侯、卫侯、郑伯、许男、曹伯、滑伯、滕子同盟于幽。"杜预注："鄄，卫地。今东郡鄄城也。幽，宋地。"其后二十年之间，亦久矣，尚未能大合诸侯也，至于救邢卫之事，僖元年《经》："齐师、宋师、曹师次于聂北，救邢。"二年《经》："城楚丘。"《传》："孰城？城卫也。"贾逵曰："邢，周公之后，姬国姓。"见存亡继绝

---

❶ "庄"，《春秋公羊传注疏》卷五作"桓"。

❷ "三十年"，《春秋公羊传注疏》卷七作"十三年"。

之义，僖十七年《传》："桓公尝有继绝存亡之功。"注："立僖公，存邢、卫、杞也。"**而明年，远国之君毕至，贯泽、阳谷之会是也。**僖二年《经》："齐侯、宋公、江人、黄人盟于贯泽。"三年《经》："齐侯、宋公、江人、黄人会于阳谷。"杜预注："贯，宋地，梁国蒙县西北有贯城。'贳'与'贯'，字相似。"案，《左传》无'泽'字。阳谷，齐地，在东平须吕❶县北。**故曰："亲近者不以言，召远者不以使，此其效也。"其后矜功，振而自足，而不修德，故楚人灭弦而志弗忧，**僖五年《经》："楚人灭弦，弦子奔黄。"杜预注："弦国，在戈❷阳轵县东南。"**江黄伐陈而不往救，**僖四年《经》："秋，及江人、黄人伐陈。"杜预注："江国，在汝南安阳县。黄国，今弋阳县。"《世本》："江、黄，嬴姓。"**损人之国，而执其大夫，**僖四年《传》："桓公假途于陈而伐楚，则陈人不欲其反由己者，师不正故也。不修其师，而执涛涂。"**不救陈之患，而责陈不离，**官本案："离，他本作'纳'。原本及《黄氏日钞》所引俱作'离'。"**不复安郑，**官本案："郑，他本误作'正'。"**而必欲迫之以兵，**僖六年《经》："公会齐侯、宋公、陈侯、卫侯、曹伯伐郑，围新城。"《传》："邑不言围，此其言围何？疆❸也。"注："恶桓公行霸，疆而无义，非所以附疏。"**功未良成，而志已满矣。故曰："管仲之**

---

❶ "须吕"，续经解本作"须昌"。

❷ "戈"，宜作"弋"。续经解本、龙溪本作"弋"。

❸ "疆"，畿辅本、龙溪本作"强"。后文同。

器小哉！"《论语》："孔子曰：'管仲之器小哉！'"**此之谓也。自是日衰，九国叛矣。**僖九年《传》："葵丘之会，桓公震而矜之，叛者九国。"

《春秋》之听狱也，必本其事而原其志。《盐铁论》："《春秋》之治狱，论心定罪。志善而违于法者免，志罪而合于法者诛。"**志邪者，不待成；首恶者，罪特重；罪分首、从。本直者，其论轻。**原情定罪。**是故逢丑父当斫，而辕涛涂不宜执；**官本案："执，他本误作'直'。"**鲁季子追庆父，而吴季子释阖庐。**闵二年《传》："缓追逸贼，亲亲之道也。"襄二十九年《传》："于是使专诸刺僚，而致国乎季子。季子不受，曰：'尔杀吾君，吾受尔国，是吾与尔为篡也；尔杀吾兄，吾又杀尔，是父子兄弟相杀，终身无已也。'去之延陵，终身不入吴国。故君子以其不受为义，以其不杀为仁。"**此四者，罪同异论，其本殊也。俱欺三军，或死，或不死；俱弑君，或诛，或不诛。听讼折狱，可无审邪！**王本"可无"二字误倒。《释文》："讼，争也，言之于公也。郑云：'辩则❶曰讼。'"《曲礼》疏："争罪曰狱，争财曰讼。"《小戴礼》注："狱，埆也。相质穀争讼者也。"师古曰："折，断也。"**故折狱而是也，理益明，教益行；折狱而非也，暗理迷众，与教相妨。教，政之本也；狱，政之末也。其事异域，其用一也，不可不以相顺，故君子重之也。**

难晋事者曰："《春秋》之法，未逾年之君称子，

---

❶ "辩则"，《经典释文·周易音义》作"辩财"。

庄三十二年《传》："既葬称子，逾年称公。"盖人心之正也。至里克杀当作弑。奚齐，避此正辞，而称君之子，僖九年《经》："冬，晋里克弑其君之子奚齐。"《传》："此未逾年之君。"何也？"曰："所闻'《诗》无达诂，官本案："诂，他本误作'话'。"《易》无达占，官本案："占，他本误作'言'。"《荀子》："善《易》者不占。"《春秋》无达辞'。《诗泛历枢》："《诗》无达诂，《易》无达言，《春秋》无达辞。"《说苑》作"《诗》无通故，《易》无通吉❶，《春秋》无通义"。《困学纪闻》引作"《易》无达吉，《诗》无达诂，《春秋》无达例"。从变从义，而一以奉，仁人录其同姓之祸，固宜异操。晋，《春秋》之同姓也，骊姬一谋，而三君死之，天下所共痛也。本其所为为之者，蔽于所欲得位，而不见其难也。《春秋》疾其所蔽，故去其位辞，官本案："位，他本作'正'。"误。徒言君之子而已。若谓奚齐曰：'嘻嘻！《广韵》："嘻，噫嘻，叹也。"为大国君之子，富贵足矣，何以兄之位为欲居之，以至此乎云尔！'录所痛之辞也。故痛之中有痛，无罪而受其死者，申生、奚齐、卓子是也；恶之中有恶者，己立之，己杀之，不得如他臣之弑君者，齐公子商人是也。文十四年《经》："齐公子商人弑其君舍。"《传》："此未逾年之君也。其言弑其君舍何？己立之，己杀之，成死者而贱生者也。"故晋祸痛而齐祸重，《春秋》伤痛而敦重，

---

❶ "吉"，续经解本作"占"。后文"《易》无达吉"，续经解本亦作"《易》无达占"。

是以夺晋子继位之辞，与齐子成君之号，详见之也。"

古之人有言曰："不知来，视诸往。"《管子》："疑今者，察之古。不知来者，视之往。"今《春秋》之为学也，道往而明来者也。然而其辞体天之微，故难知也。官本案："他本无'故'字，'知'作'之'。"弗能察，寂若无；原注："寂，一作'蒙'。"能察之，无物不在。是故为《春秋》者，得一端而多连之，见一空而博贯之，原注："空，或作'宜'。"《释文》："空，音孔。垒孔，小穴也。李云：'小封也。'一云：'蚁冢也'。"庄侍郎曰："《春秋》书天人内外之事，有主书以立教也，然后多连而博贯之，则王道备矣。"则天下尽矣。鲁僖公以乱即位，而知亲任季子。季子无恙之时，师古曰："恙，忧病也。"《神异经》："北方有兽曰猲。猲，恙也。黄帝杀之，由是人无忧疾，谓之无恙。"内无臣下之乱，外无诸侯之患，行之二十年，国家安宁。季子卒之后，鲁不支邻国之患，直乞师楚耳。僖二十六年《经》："公子遂如楚乞师。"僖公之情，非辄不肖，而国益衰危者，何也？以无季子也。以鲁人之若是也，亦知他国之皆若是也；以他国之皆若是，亦知天下之皆若是也，此之谓连而贯之。故天下虽大，古今虽久，以是定矣。以所任贤，谓之主尊国安；所任非其人，谓之主卑国危。万世必然，无所疑也。其在《易》曰："鼎折足，覆公𫗦。"师古曰："《易·鼎》卦九四爻辞曰：'鼎折足，覆公𫗦，其刑渥，凶。'𫗦，鼎实也，谓所亨之物也。渥，厚也。言鼎折其足，则覆丧其实。喻大臣非其任，则亏败国典，故宜加以厚刑。"《释文》：

"马传：'铼，鰎也。'"《穀梁》疏："铼，谓糜也。"《释文》："郑注：'铼，菜也。'"《周礼》疏："糁谓之铼。震为足。竹萌曰笋。笋者，铼之为菜也，是八珍之食。"夫"鼎折足"者，任非其人也；"覆公铼"者，国家倾也。是故任非其人，而国家不倾者，自古至今，未尝闻也。故吾案《春秋》而观成败，乃切悁悁于前世之兴亡也。《诗》："中心悁悁。"《传》："悁悁，犹悒悒也。"《吕氏春秋》："身定国安，天下治，必贤人。古之有天下也者，七十一圣。观于《春秋》，自鲁隐公以至哀公，十有二世，其所以得之，所以失之，其术一也。"任贤臣者，国家之兴也。夫智不足以知贤，官本案："他本无'知'字。"无可奈何矣。知之不能任，大者以死亡，小者以乱危。其若是何邪？以庄公不知季子贤邪？安知病将死，召而授以国政？庄三十二年《传》："庄公病，将死，以病召季❶子。季子至，而授之国政。"以殇公为不知孔父贤邪？安知孔父死，己必死，趋而救之。桓二年《传》："殇公知孔父死，己必死，趋而救之，皆死焉。"二主知皆足以知贤，而不决，不能任，故鲁庄以危，宋殇以弑。使庄公早用季子，而宋殇素任孔父，尚将兴邻国，官本案："尚，他本误作'南'。"《说苑》作"乃将靖邻国"。岂直免弑哉？卢注："旧本作'岂直弑哉'，误。"此吾所悁悁而悲者也。

《春秋繁露》卷三终　　　　　　　金陵洪万盈锓

---

❶ "季"字前原衍一"季"字，删。

卷四

王道第六

《太史公自序》："夫《春秋》上明三王之道，下辨人事之纪，别嫌疑，明是非，定犹豫，善善恶恶，贤贤贱不肖，存亡国，继绝世，补敝起废，王道之大者也。"

《春秋》何贵乎元而言之？元者，始也，隐元年《传》："元年者何？君之始年也。"言本正也；《说苑》："孔子曰：'君子务本，本立而道生。'夫本不正者，末必倚；始不盛者，终必衰。《诗》云：'原隰既平，泉流既清。'本立而道生。《春秋》之义，有正春者，无乱秋；有正君者，无危国。《易》曰：'建其本而万物理。失之豪❶厘，差以千里。'是故君子贵建本而重立始。魏武侯问元年于吴子，吴子对曰：'言国君必慎始也。''慎始奈何？'曰：'正之。''正之奈何？'曰：'明智。智不明，何以见正？多闻而择焉，所以明智也。是故古者君始听治，大夫而一言，士而一见，庶人有谒必达，公族请问必语，四方至者勿距，可谓不壅蔽矣。分禄必及，用刑必中，君心必仁，思君之利，除民之害，可谓不失民众矣。君身必正，近臣必选，

---

❶ "豪"，续经解本作"毫"。

大夫不兼❶，执民柄者不在一族，可谓不权势矣。此皆《春秋》之义，而元年之本也。'"**道，王道也；王者，人之始也。王正，则元气和顺，风雨时，景星见，黄龙下；**《白虎通》："王者，承统理，调和阴阳。阴阳和，万物序，休气充塞，故符瑞并臻，皆应德而至。德至文表，则景星见；德至渊泉，则黄龙见；德至八方，则祥风至，佳气时喜。"**王不正，则上变天，贼气并见。**官本案："他本无'气'字。"《淮南子》："是故春肃、秋荣、冬雷、夏霜，皆贼气之所生。"**五帝、三皇之治天下，不敢有君民之心，什一而税，**宣十五年《传》："古者什一而藉❷。"注："夫饥寒并至，虽尧、舜躬化，不能使野无寇盗；贫富兼并，虽皋陶制法，不能使强不陵弱。是故圣人治井田之法而口分之，一夫一妇，受田百亩，以养父母妻子。五口为一家，公田十亩，即所谓什一而税也。"**教以爱，使以忠，敬长老，亲亲而尊尊。不夺民时，使民不过岁三日。**《王制》："用民之力，岁不过三日。"**民家给人足，**师古曰："给，足也。家家自给足，是谓家给也。"**无怨望忿怒之患、强弱之难，无谗贼妒嫉之人，**官本案："谗，他本作'强'。"**民修德而美好，被发衔哺而游，**师古曰："哺，口中所含食也。"**不慕富贵，耻恶不犯。父不哭子，兄不哭弟。**《韩诗外传》："《传》曰：'太平之时，无喑、聋、跛、眇、尫蹇、侏儒、折短，父不哭子，兄不哭弟。'"**毒虫不螫，猛**

---

❶ "不兼"，续经解本作"不兼官"。

❷ "藉"，续经解本作"籍"。

兽不搏，鸷虫❶不触，官本案："虫不触，他本误作'不触虫'。"《广雅》曰："鸷，执也。凡鸟之勇锐、兽之猛悍者，皆名鸷也。"《儒行》郑注："鸷虫，猛鸟、猛兽也。"故天为之下甘露，朱草生，《大戴礼》："朱草日生一叶。至十五，生十五叶；十六日，一叶落，终而复始也。"《三礼义宗》："朱草，赤草也，可以染绛为服，以别尊卑。王者施德有常，则应德而生。"《抱朴子》曰："朱草长三尺，枝叶皆赤，茎似珊瑚。"醴泉出，郑注："醴，甘也。取名醴酒。"师古曰："醴泉，瑞水，味甘如醴。"风雨时，嘉禾兴，《索隐》："《说文》云：'嘉禾，一名藁❷。'《字林》云：'禾一茎六穗，谓之藁也。'"凤凰麒麟游于郊。《毛诗义疏》："凤凰名鹫鹫，非梧桐不栖，非竹实不食。""麟，马足，黄色，圆蹄，角端有肉，音中黄钟。王者至仁，则出"。《礼运》："凤凰、麒麟，皆在郊椒。"图圄空虚，《意林·风俗通》："周曰图圄。图，令；圄，举也。言令人幽闭思愆，改恶为善，因原之也。今县官录囚，皆举也。"《郑志》："崇精问曰：'狱，周曰圜土，殷曰羑里，夏曰均台。图圄，何代之狱？'焦氏答曰：'《月令》，秦书，则秦狱名也。汉曰若卢，魏曰司空是也。'"画衣裳而民不犯。《墨子》："画衣冠而民不犯。"《尚书大传》："唐、虞象刑，而民不敢犯。苗民用刑，而民兴犯渐。唐、虞之象刑，上刑赭衣不纯，中刑杂屦，下刑墨幪，以居州里，而

---

❶ "鸷虫"，聚珍本作"抵虫"。
❷ "藁"，续经解本、龙溪本作"䅇"。下句同。

民耻之。"**四夷传译而朝，**《周礼·象胥》：注："东方曰寄，南方曰象，西方曰狄，北方曰译。"疏："译即易，谓换易言语，使相解也。"师古曰："译，谓传言也。道路绝远，风俗殊隔，故累译而后乃通。"**民情至朴而不文。郊天祀地，**李善《文选》注："祭天曰郊。郊者，言神交接也。祭地曰祀。祀者，敬祭神明也。"**秩山川，以时至封于泰山，禅于梁父。**《白虎通》："王者易姓而起，必升封泰山何？教告之义也。始受命之时，改制应天，天下太平功成，封禅以告太平也。所以必于泰山何？万物所交代之处也。必于其上何？因高告高，顺其类也。故升封者，增高也。下禅梁甫之山，基广厚也。刻石纪号者，著己之功踪也，以自效仿也❶。天以高为尊，地以厚为德。故增泰山之高以放❷天，附梁甫之基以报地。明天地之所命，功成事遂，有益于天地，若高者加高，厚者加厚矣。或曰：'封者金泥银绳。'或曰：'石泥金绳，封以印玺。'故孔子曰：'升泰山，观易姓之王，可得而数者七十有余❸。'封者，广也。言禅者，明以成功相传也。梁甫者，太山旁山名。正以梁甫何？以三皇禅于绎绎之山，明己成功而去，有德者居之。绎绎者，无穷之意也。五帝禅于亭亭者。制度审谥，德著明也。三王禅于梁甫之山者，梁，信也。甫，辅也。辅天地之道而行之也。"**立明堂，宗祀先**

---

❶ "著己之功踪也，以自效仿也"，《白虎通·封禅》作"著己之功迹，以自效也"。"踪"，续经解本作"迹"。

❷ "放"，《白虎通·封禅》、续经解本作"报"。

❸ "有余"，《白虎通·封禅》作"有余君"，续经解本作"余君"。

帝，以祖配天，天下诸侯各以其职来祭。《孝经》："子曰：'孝莫大于严父，严父莫大于配天，则周公其人也。'昔者周公郊祀后稷以配天，宗祀文王于明堂以配上帝。是以四海之内，各以其职来祭。"○案，《大戴礼》："明堂者，自古有之。凡九室，室四户、八牖，共三十六户、七十二牖。以茅盖屋，上圜下方，所以朝诸侯。其外有水，名曰辟雍。"《韩诗》说："辟雍者，天子之学，圜如璧，壅之以水。言辟，取辟有德。不言辟水，言辟雍者，取其雍和也，所以教天下春射秋飨、尊事三老五更。在南方七里之内，立明堂于中，'五经'之文所藏处。"淳于登说云："明堂在国之阳，三里之外，七里之内，丙巳之地，就阳位。周公祀文王于明堂以配上帝。五精之神，太微之庭，中有五帝坐。"古《周礼》《孝经》说："明堂，文王之庙。"蔡邕《月令论》云："取其宗庙之貌，则曰清庙；取其正室之貌，则曰太庙；取其堂，则曰明堂；取其四门之学，则曰太学；取其周水圜如璧，则曰辟雍。异名而同耳，其实一也。"颖子容《春秋释例》云："太庙有八名，其体一也。肃然清静，谓之清庙；行禘祫❶，序昭穆，谓之太庙；告朔、行政，谓之明堂；行飨射，养国老，谓之辟雍；占云物，望氛祥，谓之灵台；其四门之学谓之太学；其中室谓之太室；总谓之宫。"❷以上皆古说。郑康成之义，则以明堂位国之阳，其制：东西九筵，南北七筵，堂崇一筵。

---

❶ "禘祫"，宜作"禘祫"。古帝王祭祀始祖的一种仪礼。

❷ 此条《释例》内容，孔颖达《诗经·灵台》疏引之，以为颖容《释例》，《永乐大典》以为杜预之文，未知何据。

五室，凡室二筵。《盛德》篇所言"九室、三十六户、七十二
牖"，乃吕不韦时说者所益，非古制也。此为一事。太庙在治
朝之左，别为一事，非明堂。明堂虽祀文王，不得为太庙。
周制：明堂、太庙、路寝三者同制，故后人误之。**贡土地所
有，**官本案："所有，他本误作'有所'。"**先以入宗庙，
端冕盛服，**《国语》注："端，元端也。冕，大冠也。"
《周礼·弁师》疏："冕体，《周礼》无文。叔孙通作《汉礼
器制度》，取法于周。凡冕，以板广八寸、长尺六寸，以此上
玄下朱覆之，乃以五采缫绳，贯五采玉，垂于延前后，谓之篹
延❶。"**而后见先。德恩之报，奉元之应也。**

　　桀纣皆圣王之后，骄溢妄行，侈宫室，广苑囿，《风
俗通》曰："苑，蕴也，薪蒸所蕴积也。囿者，畜鱼鳖之处
也。囿犹有也。"**穷五采之变，极饰材之工，困野兽之
足，竭山泽之利，食类恶之兽。夺民财食，高雕文刻镂之
观，尽金玉骨象之工，**官本案："尽，他本误作'画'。"
**盛羽旄之饰，穷白黑之变，深刑妄杀以陵下。听郑、卫
之音，充倾宫之志，**《尚书大传》："归倾宫之女。"《文
选》注："《汲冢古文》曰：'夏桀作倾宫、瑶台，殚百姓
之财。'"高诱曰："倾宫，筑作宫墙满一倾田中，言博大
也。"**灵虎兕文采之兽，**官本案："他本无'灵'字。"
《殷本纪》："益收狗马奇物，充仞充盈❷；益广沙丘苑台，

---

❶　"篹延"，《周礼注疏》卷三二、畿辅本、龙溪本、续经解本作
"邃延"。

❷　"充仞充盈"，《史记·殷本纪》、续经解本作"充仞宫室"，龙
溪本作"充牣宫室"。

多取野兽蜚❶鸟置其中。"**以希见之意，赏佞赐谗。以糟为丘，以酒为池，**《太公六韬》云："纣为酒池，回船、糟丘，而牛饮者三千余人为辈。"**孤贫不养，杀圣贤而剖其心，**《殷本纪》："比干曰：'为人臣者，不得不以死争。'乃强谏纣。纣怒曰：'吾闻圣人心有七窍。'剖比干，观其心。"**生燔人，闻其臭，**《列女传》曰："膏铜柱，下加之炭，令有罪者行焉，辄堕炭中。妲己笑，名为炮格❷之刑。"《汉书·谷永传》："榜棰瘭于炮格。"**剔孕妇，见其化，**《郊特牲》注："孕，任子也。"《易》曰："妇孕不育。"《帝王世纪》："纣剖比干妻，以视其胎。"高诱注："化，育也。视其胞裹。"**斫朝涉之足，察其拇，**原注："一作腑，一作胫。"《玉篇》："拇，莫口切，手指拇。"《水经注》："老人晨将渡水，而沈吟难济。纣问其故，左右曰：'老者髓不实，故晨寒也。'纣乃斫胫而视髓。"**杀梅伯以为醢，**师古曰："醢，即《刑法志》所云'菹其骨肉'是也。"王逸曰："案，梅伯，纣诸侯也。忠直而数谏纣，纣怒，乃杀之，菹醢其身。"**刑鬼侯之女取其环。**《殷本纪》："九侯女不喜淫，纣怒，杀之。"《吕氏春秋》："刑鬼侯之女而取其环。"注："听妲己之谮，杀鬼侯之女以为脯，而取其所服之环也。"**诛求无已，天下空虚，群臣畏恐，莫敢尽忠，纣愈自贤。**《陆宣公奏议》："未有不兴于得众，殆于失人；裕于金谐，蔽于偏信。济美因乎纳谏，

---

❶ 笔者按，孙诒让《墨子间诂》："'蜚'与'飞'通。"
❷ "格"，续经解本、畿辅本作"烙"。

110

亏德由乎自贤。”**周发兵，不期会于孟津之上者八百**《国策》注：“孟津，在河内河阳县。”**诸侯，共诛纣，大亡天下，《春秋》以为戒，曰蒲社灾。**哀四年《经》：“蒲社灾。”《传》：“蒲社者何？亡国之社也。社者，封也。其言灾何？亡国之社，盖掩之。掩其上而柴其下。”注：“掩、柴之者绝，不得使通天地四方，以为有国者戒。”案，蒲，旧作“亳”，依《公羊经》改。**周衰，天子微弱，诸侯力政，大夫专国，士专邑，不能行度制法文之礼，诸侯背叛，莫修贡聘，奉献天子。臣弑其君，子弑其父，孽杀其宗，**《尚书大传》：“有臣弑其君，孽代其宗者。”注：“孽，支子也。宗，适❶子也。”**不能统理，更相伐锉以广地，**卢注：“‘锉’与‘剉’通。”**以强相胁，不能制属。强奄弱，众暴寡，富使贫，并兼无已。臣下上僭，不能禁止。日为之食，**隐三年。**星霣如雨，**庄七年。**雨螽，**文三年。《释文》：“音终。阜螽，蠜也。”李巡云：“蝗子也。”《草木疏》云：“今人谓蝗子为螽。”《春秋佐助期》：“螽之为虫，赤头，甲身而翼，飞行，阴中阳也。螽之为言众，暴众也。”**沙鹿崩，**僖十四年《传》：“沙鹿者何？河上之邑也。”《方舆纪要》注：“沙麓山，在北直大名府城东四十五里。”**夏大雨水，**桓三十年❷。**冬大雨雪；**隐九年。**霣石于宋五，六鹢退飞；**僖十六年注：“鹢者，鸟中之耿介者。”

---

❶ “适”，同“嫡”。

❷ “桓三十年”，《春秋公羊传注疏》卷五、续经解本作“桓十三年”。

《左》疏："《春秋考异邮》云：'鹢者，毛羽之虫，生阴而属于阳。'《洪范五行传》曰：'鹢，阳禽。''鹢'字或作'鹝'。《广志》云：'鹢，古退飞者。今以其首为船头。'《庄子》云：'鹢之相视，眸子不运而风化。'《博物志》云：'雄雌相视，则孕。或曰：雄鸣上风，雌承下风，则亦孕。'是也。"**霣霜不杀草，李梅实；**僖三十三年。**正月不雨，至于秋七月；**文二年《经》："自十有二月，至于秋七月。"案，言正月者，汉夏正。**地震，**文九年。**梁山崩，壅河，三日不流；**成五年《传》："梁山者何？江❶上之山也。何以书？记异也。何异乎？大也。何大尔？梁山崩，壅河，三日不沴。"杜预曰："冯翊夏阳县北。"**昼晦，**成十六年《经》："甲午，晦。"《传》："晦者何？冥也。"**彗星见于东方，**哀十三年。《尔雅》："彗星为欃枪。"**孛于大辰；**昭十七年："孛者何？彗星也。"注："彗，谓帚也。言其状似埽帚，光芒孛孛然。妖变之星，非常所有，故言孛，又言彗也。"《释文》："嵇康音❷：孛，音渤。"**鸜鹆来巢，《春秋》异之，**昭二十五年《经》："有鸜鹆来巢。"《传》："何以书？记异也。"《礼稽命征》："孔子谓子夏曰：'鸜鹆至，非中国之禽也。'"《春秋考异邮》："鸜鹆者，飞行，属于阳，夷狄之鸟，穴居于阴。"**以此见悖乱之征。孔子明得失，差贵贱，反王道之本，讥天王以致太平，刺恶讥微，不遗大小，善无细而不举，恶无细而不**

---

❶ "江"，《春秋公羊传注疏》卷一七、续经解本作"河"。
❷ "音"，续经解本作"云"。

去，进善诛恶，绝诸本而已矣。《刘向传》："周室卑微，二百四十二年之间，日食三十六，地震五，山林崩阤二，彗星三见，夜恒星不见，夜中星霣如雨一，火灾十四，长狄入三国，五石陨坠，六鹢退飞，多麋，有蜮、蜚，鸜鹆来巢者，皆一见。昼暝晦，雨木冰，李、梅冬实；七月霜降，草木不死；八月杀菽，大雨雹，雨雪雷霆失序相乘，水旱饥蝝蜂螟，蟓午并起。当是时，祸乱辄应，弑君三十六，亡国五十二，诸侯奔走，不得保其社稷者，不可胜数也。"

天王使宰咺来归惠公仲子之赗，官本案："他本'使'下，复衍一'使'字。"**刺不及事也；**隐元年《传》："赗者何？丧事有赗。赗者，盖以马。以乘马束❶帛。"注："此道周制也。"《传》："车马曰赗，财货曰赙，衣被曰襚。"注："此者，春秋制也。赗犹覆也。"《传》："其言来何？不及事也。"**天王伐郑，讥亲也；**桓五年，伐郑。天子有方伯以致讨，不当亲往。**会王世子，讥微也；**僖五年注："时桓公德衰，诸侯背叛，故上假王世子，示以公义。"**祭公来逆王后，讥失礼也。**桓八年《经》："祭公来，遂逆王后于纪。"注："时王者遣祭公来，使鲁为媒，可则因用鲁往迎之，不复成礼。疾王者不重妃匹，逆天下之母，若迎婢妾，将谓海内何哉？故讥之。"**刺家父求车，**桓十五年。**武氏、毛伯求赙金。**皆天王使。**王人救卫，**庄六年《经》："王人子突救卫。"《传》："王人者何？微者也。子突者何？贵也。贵则其称人何？系诸人也。"注：

---

❶ "束"，宜作"束"。续经解本、畿辅本作"束"。

"王遣贵子突，卒不能救，遂为天下笑。故为王者讳，使若遣微者为愈，因为内杀耻。"**王师败于贸戎。**成元年。《春秋土地名》京相璠曰："茅，今高平县西三十里，有故茅乡城。"案，王本从《左传》作"茅戎"，今据《公羊经》改正。下同。**天王出居于郑，**僖二十四年。《曲礼》："天子不言出。"注："天子之言出，诸侯之生名，皆有大恶，君子所远，出名以绝之，《春秋传》曰'天王出居于郑''卫侯朔入于卫'是也。"疏："君子谓孔子书《经》，若见天子大恶，书出以绝之。"**弑**当作杀。**母弟，**襄三十年《经》："天王杀其弟年夫。"**王室乱，不能及外，**昭三十二年❶《经》："王室乱。"《传》："何言乎王室乱？言不及外也。"**分为东、西周，**昭二十六年《经》："天王入于成周。"《传》："成周者何？东周也。"《国策》注："《大事记》：'平王东迁之后，所谓西周者，丰镐也。东周者，东都也。威烈王以后，所谓西周者，河南也。东周者，洛阳也。'"**无以先天下。召卫侯，不能致，**桓十六年《经》："卫侯朔出奔齐。"注："时天子使卫，发小众，不能使行。"**遣子突征卫，不能绝；**庄六年《传》："卫侯朔何以名？绝。曷为绝之？犯命也。"**伐郑，不能从；**桓五年。**无骇灭极，不能诛。**隐二年《经》："无骇帅师入极。"《传》："无骇者何？鲁无骇也。何以不氏？贬。曷为贬？疾始灭也。"杜预注："无骇，鲁卿。极，附庸小国。"**诸侯得以大乱，篡弑无已，臣下上逼，僭拟天子。**《国语》

---

❶ "昭三十二"，《春秋公羊传注疏》卷二三作"昭二十二"。

114

注："逼，迫也。""逼，逼上也"。《家语》："君子下不僭上，上不逼下。"**诸侯强者行威，小国破灭。晋至三侵周，与天王战于贸戎而大败之。**宣元年《经》："冬，晋赵穿帅师侵柳。"成元年《经》："王师败绩于贸戎。"《传》："孰败之？盖晋败之。"昭二十三年《经》："晋人围郊。"**戎执凡伯于楚丘以归。**《水经注》："司马彪、袁崧《郡国志》曰：'共县有泛亭，周凡伯国。《春秋·隐公七年经》书王使凡伯来聘是也。'杜预曰：'汲郡共县东南有凡城。'"杜又云："楚丘，卫地，在济阴成武县西南。"在隐七年。**诸侯本怨随恶，发兵相破，夷人宗庙社稷，**师古曰："夷者，平也。谓尽平除其家室宗族。"**不能统理。臣子强，至弑其君父，法度废而不复用，威武绝而不得复。故郑、鲁易地，**桓元年。**晋文再致天子。**僖二十八年。**齐桓会王世子，**僖五年。**擅封邢、卫、杞，**僖元年，城邢。二年，城卫。十四年，城杞。**横行中国，意欲王天下。鲁舞八佾，**隐五年注："佾，列也。八人为列，八八六十四人，法八风。"**北祭泰山，郊天祀地，如天子之为。以此之故，弑君三十二，**二，当作"六"。下文《灭国》《盟会要》篇皆误作三十一。师古曰："谓隐公四年，卫州吁弑其君完；十一年，羽父使贼弑公于寪氏；桓二年，宋督弑其君与夷；七年，曲沃伯诱晋小子侯，杀之；十七年，郑高渠弥弑昭公；庄八年，齐无知弑其君诸儿；十二年，宋万弑其君捷；十四年，傅瑕弑其君郑子；三十二年，共仲使圉人荦贼子般；闵二年，共仲使卜断贼公于武闱；僖十年，晋里克弑其君卓；二十四年，晋弑怀公于高梁；文元年，楚太子商臣弑其君頵；十四年，齐

公子商人弑其君舍；十六年，宋人弑其君杵臼；十八年，齐人弑其君商人，鲁襄仲杀子恶，莒弑其君庶其；宣二年，晋赵盾弑其君夷皋；四年，郑公子归生弑其君夷；十年，陈夏征舒弑其君平国；成十八年，晋弑其君州蒲；襄七年，郑子驷使贼夜弑僖公；二十五年，齐崔舒❶弑其君光；二十六年，卫宁喜弑其君剽；二十九年，阍弑吴子余祭；三十年，蔡太子般弑其君固；三十一年，莒人弑其君密州；昭元年，楚公子围问王疾，缢而弑之；十三年，楚公子比弑其君虔于乾溪；十九年，许太子比❷弑其君买；二十七年，吴弑其君僚；定十三年，薛弑其君比；哀四年，盗杀蔡侯申；六年，齐陈乞弑其君荼；十年，齐人弑悼公，凡三十六。"**亡国五十一，一，当作"二"。**师古曰："谓桓五年，州公如曹；庄四年，纪侯大去其国；十年，齐师灭谭；十三年，齐人灭遂；十四年，楚子灭息；十六年，楚灭邓；闵元年，晋灭耿、灭霍、灭魏；僖五年，楚灭弦，晋灭虢、灭虞；十二年，楚人灭黄；十七年，楚灭项；十九年，秦人取梁；二十五年，卫侯毁灭邢；二十六年，楚人灭夔；三十三年，秦灭滑；文四年，楚灭江；五年，楚人灭六、灭蓼；十六年，楚人、秦人、巴人灭庸；宣八年，楚人灭舒蓼；九年，取根牟；十二年，楚子灭萧；十五年，晋师灭赤狄潞氏；成六年，取鄟；十七年，楚灭舒萧❸；襄六年，莒人灭鄫，齐侯灭莱；十年，诸侯灭偪阳；十三年，取邿；二十五

---

❶ "崔舒"，畿辅本、龙溪本作"崔杼"。

❷ "比"，《春秋公羊传注疏》卷二三作"止"。

❸ "舒萧"，《春秋公羊传注疏》卷一八、续经解本作"舒庸"。

年，楚灭舒鸠；昭四年，楚子灭赖；十二年，晋灭肥；十六年，楚子取戎蛮氏；十七年，晋灭陆浑戎；二十一年，晋灭鼓；三十年，吴灭徐；定四年，蔡灭沈；五年，楚灭唐；六年，郑灭许；十四年，楚人灭顿；十五年，楚子灭胡；哀八年，宋公灭曹。又，邾灭须句，楚灭权，晋灭焦、杨，楚灭道、房、申，凡五十二。"**细恶不绝之所致也。**

《春秋》立义，天子祭天地，诸侯祭社稷，诸山川不在封内不祭。 僖三十一年《传》："天子祭天，诸侯祭土。天子有方望之事，无所不通；诸侯山川有不在其封内者，则不祭也。"《孝经说》："社者，土地之主。土地广博，不能遍敬，故封土以为社而祀之，报功也。稷者，五谷之长。五谷众多，不可遍祭，故立稷而祭之。"**有天子在，诸侯不得专地，** 桓元年《传》："有天子存，则诸侯不得专地也。"**不专封，** 僖元年《传》："诸侯之义，不得专封也。"**不得专执天子之大夫，不得舞天子之乐，不得致天子之赋，不得適天子之贵。** "適"与"敌"同。**君亲无将，将而诛。** 庄三十二年《传》："君亲无将，将而诛焉。"《后汉书》注："将者，将为弑逆之事也。"**大夫不得世，** 昭三十一年《传》："大夫之义，不得世。"**大夫不得废置君命。** 文十四年《传》："大夫之义，不得专废置也。"**立適以长不以贤，以贵不以长，** 隐元年《传》："立適以长不以贤，立子以贵不以长。"《白虎通·封公侯》："《曾子问》曰：'立適以长不以贤。'何以言为贤不肖？不可知也。《尚书》曰：'惟帝其难之。'立子以贵不以长，防爱憎也。"**立夫人以適不以妾。** 僖八年《经》："禘于太庙，用致夫人。"

《传》：“夫人何以不称姜氏？贬。曷为贬？讥以妾为妻也。”**天子不臣母后之党，**桓二年《经》：“纪侯来朝。”注：“称侯者，天子将娶于纪，与之奉宗庙，传之无穷，重莫大焉，故封之百里。月者，明当尊而不臣，所以广孝敬也。”**亲近以来远，故未有不先近而致远者也。**官本案：“他本脱‘远’‘故’二字。”**故内其国而外诸夏，内诸夏而外夷狄，言自近者始也。**成十五年《传》：“曷为殊会吴？外吴也。曷为外也？《春秋》内其国而外诸夏，内诸夏而外夷狄。王者欲一乎天下，曷为以外内之辞言之？言自近者始也。”注：“明当先正京师，乃正诸夏；诸夏正，乃正夷狄，以渐治之。”

诸侯来朝者得褒，官本案：“侯，他本误作‘夏’。”**郑娄仪父称字，**隐元年《经》：“公及郑娄仪父盟于眜❶。”《传》：“仪父者何？郑娄之君也。何以名？字也。曷为称字？褒之也。曷为褒之？为其与公盟也。”《释文》：“郑人语，声后曰娄，故曰郑娄。《礼记》同，《左氏》《穀梁》无‘娄’字。父，凡人名、字皆音甫。”杜预注：“郑，今鲁国邹县也。”**滕、薛称侯，**隐十一年《经》：“滕侯、薛侯来朝。”杜预注：“滕国，在沛国公丘县东南；薛，鲁国薛县。”**荆得人，**庄二十三年《经》：“荆人来聘。”《传》：“荆何以称人？始能聘也。”注：“当进之，故使称人也。”**介葛卢得名；**王本误作“诸葛”，据卢本改。僖二十九年《经》：“介葛卢来。”注：“介者，国也。葛

---

❶ “眜”，《春秋公羊传注疏》卷一作“眛”。

卢者，名也。进称名者，能慕中国，朝贤君，明当扶勉以礼义。"**内出言如，**隐十一年注："《春秋》王鲁。王者无朝诸侯之义，故内适外，言如；外适内，言朝、聘。所以别外尊内也。"**诸侯来曰朝，大夫来曰聘，**隐十一年《传》："诸侯来曰朝，大夫来曰聘。"**王道之意也。诛恶而不得遗细大，诸侯不得为匹夫兴师，**定四年《传》："伍子胥复曰：'诸侯不为匹夫兴师。'"**不得执天子之大夫，执天子之大夫，与伐国同罪，执凡伯言伐；**隐七年《传》："凡伯者何？天子之大夫也。此聘也，其言伐之何？执之也。执之，则其言伐之何？大之也。曷为大之？不与夷狄之执中国也。其地何？大之也。"注："云中国者，礼义之国也。执者，治文也。君子不使无礼义制治有礼义，故绝。不言执，正之言伐也，所以降夷狄、尊天子，为顺辞。"**献八佾，讳八言六；**隐五年《传》："僭诸公，犹可言也；僭天子，不可言也。"**郑、鲁易地，讳易言假；**桓元年《经》："郑伯以璧假许田。"《传》："其言以璧假之何？易之也。易之，其言假之何？为恭也。""其实天子地，诸侯不得专也。桓公无尊事天子之心，专以朝宿之邑与郑，背叛当诛，故深讳，使若暂假借之者"。**晋文再致天子，讳致言狩；**僖二十八年《经》："天王狩于河阳。"《传》："狩不书，此何以书？不与再致天子也。"**桓公存邢、卫、杞，不见《春秋》，**不见于《经》。凡言《春秋》皆指《经》也。**内心予之，行法绝而不予，**僖元年《传》："曷为不与？实与而文不与。文曷为不与？诸侯之义，不得专封也。"**止乱之道也，非诸侯所当为也。**僖元年《传》："其曰实与之何？上无天子，下无方伯，天下诸侯有相灭亡者，力能救之，则救之可也。"《春秋》之义，臣不讨贼，非臣也，子不复仇，非子也。隐十一年《传》："子沈子曰：'君弑，臣不讨贼，非臣也；不复仇，非子也。'"注："明臣子不讨贼，当绝。"故诛赵盾，贼不讨者，不书葬，臣子之诛也；许世子不尝药，而诛为弑父；楚公子比胁而立，而不免于死；齐桓、晋文擅封致天子，诛绝，继绝官本案："绝，他本作'世'。"存亡，侵伐会同，常为本主。僖四年《传》："予桓为主也。"曰：桓公救中国，攘夷狄，卒服楚，至为王者事；僖四年《传》："楚有王者则后服，无王者则先叛，夷狄也，而亟病中国。南夷与北狄交，中国不绝若线。桓公救中国而攘夷狄，卒服荆，以此为王者之事也。"师古曰："卒，终也。"晋文再致天子，皆止不诛，善其牧诸侯，奉献天子，而复周室，官本案："牧，他本作'救'。"《春秋》予之为伯，诛意不诛辞之谓也。

鲁隐之代桓立，隐元年《传》："故凡隐之立，为桓立也。"祭仲之出忽立突，仇牧、孔父、荀息之死节，公子目夷不与楚国，此皆执权存国，行正世之义，守惓惓之心。《春秋》嘉义气焉，故皆见之，复正之谓也。夷狄邾娄人、牟人、葛人，为其天王崩而相朝聘也，桓十五年《经》："天王崩，邾娄人、牟人、葛人来朝。"《传》："皆何以称人？夷狄之也。"杜预注："牟国，今泰山牟县；葛国，在梁国宁陵县东北。"此其诛也。杀世子母弟，直称君，明失亲亲也。僖五年《经》："晋侯杀其世子申生。"《传》："曷为直称晋侯以杀？杀世子母弟，直称君者，甚之也。"**鲁季子之免罪，吴季子之让国，明亲亲之恩也。** 闵二年《传》："缓追逸贼，亲亲之道也。"**阖杀吴子余祭，见刑人之不可近。** 襄二十九年《经》："阖弒吴子余祭。"《传》："君子不近刑人。近刑人，则轻死之道也。" 案，杀，当作"弒"。**郑伯髡原卒于会，讳弒，痛强臣专君，君不得为善也。** 襄七年《传》："何隐尔？弒也。孰弒之？其大夫弒之。曷为不言其大夫弒之？为中国讳也。曷为为中国讳？郑伯将会诸侯于鄢，其大夫谏曰：'中国不足归也，则不若与楚。'郑伯曰：'不可。'其大夫曰：'以中国为义，则伐我丧；以中国为强，则不若楚。'于是弒之。"**卫人杀州吁，齐人杀无知，明君臣之义，守国之正也。** 隐四年《经》："卫人杀州吁于濮。"《传》："其称人何？讨贼之辞也。"注："明国中人人得讨之，所以广忠孝之路。"庄九年《经》："齐人杀无知。"**卫人立晋，美得众也。君将不言率师，重君之义也。** 隐五年《传》："君将不言率师，书其重者也。"师古曰："率、帅，古今字。"**正月，公在楚，臣子思君，无一日无君之义也。** 襄二十九年《经》："公在楚。"《传》："何言乎公在楚？正月，以存君也。"**诛受令，恩卫葆，以正图圉之平也。** "葆"与"宝"同。庄六年《经》："冬，齐人来归卫宝。"注："时朔得国，后遣人赂❶，齐侯推功归鲁，使卫人持宝来。虽本非义赂，齐当以让除恶，故善起其事。主书者，极恶鲁犯命复贪利也。"

---

❶ "后遣人赂"，据《春秋公羊传注疏》卷六宜补"齐"字，作"后遣人赂齐"。

言围成，甲午祠兵，以别迫胁之罪，诛意之法也。官本案："祠，王本从《左传》作'治'，今据《公羊》改正。"庄八年《经》："甲午，祠兵。夏，师及齐师围成，成降于齐师。"《传》："曷为不言降吾师？辟之也。"注："辟灭同姓。言围者，使若鲁围之而去，成自从后降于齐师也。降者，自伏之文，所以醇归于齐。"**作南门，**僖十二年。**刻桷，**庄二十四年。**丹楹，**庄二十三年注："楹，柱也。丹之，为将取齐女，欲以夸大示之。礼，天子斫而砻之，加密石焉；诸侯斫而砻之，不加密石；大夫斫之，士首本。"《说文》："秦名屋为椽，周谓之榱，齐、鲁谓之桷。"《释文》："翟玄《周易》注：'方曰桷。桷，椽也。'"**作雉门及两观，**定二年《传》："其言雉门及两观灾何？两观，微也。"庄二十九年注："有所增益曰作。"**筑三台，**庄三十一年《经》："筑台于郎""筑台于薛""筑台于秦"。庄二十九年注："始造曰筑。"**新延厩，**庄二十九年注："缮故曰新。"**讥骄溢不恤下也。故臧孙辰请籴于齐，孔子曰："君子为国，必有三年之积。一年不熟，乃请籴，失君之职也。"**庄二十八年《传》："君子之为国也，必有三年之委。一年不熟，告籴，讥也。"**诛犯始者，省刑绝恶，疾始也。**官本案："他本无'疾'字。"**大夫盟于澶渊，刺大夫之专政也。**襄三十年《经》："晋侯以下会于澶渊。"《传》："此大事也，曷为使微者？卿也。卿则其称人何？贬。曷为贬？卿不得忧诸侯也。"《水经注》："杜预曰：'在顿丘县南，今名繁渊。'澶渊即繁渊也，亦谓之浮水焉。"**诸侯会同，**

贤为主，贤贤也。**《春秋》纪纤芥之失，反之王道，**
《说苑》："退而修《春秋》，采毫毛之善，贬纤芥之恶，
人事浃，王道备。"虞翻《易》注："介，纤也。介如石
焉，断可识也。故存乎介，谓识小疵。"**追古贵信，结言**
而已，不至用牲盟而后成约，《曲礼》："约信曰誓，
莅牲曰盟。"疏："盟之为法，先凿地为方坎，上割牲左
耳，盛以珠槃；又取血，盛以玉敦。用血为盟，书成，乃插❶
血而读书。许慎据《韩诗》云：'天子、诸侯以牛、豕，大夫
以犬，庶人以鸡。'又云：'《毛诗》说，君以豕，臣以犬，
民以鸡。'"**故曰："齐侯、卫侯胥命于蒲。"《传》**
曰："古者不盟，结言而退。"桓三年《经》："夏，齐
侯、卫侯胥命于蒲。"《传》："胥命者何？相命也。何言乎
相命？近正也。此其为近正奈何？古者不盟，结言而退。"
宋伯姬曰："妇人夜出，傅、母不在，不下堂。"曰：
"曰"上当有"传"字。**"古者周公东征则西国怨。"**僖
四年《传》："古者周公东征则西国怨。"**桓公曰："无贮**
粟，无障谷，无易树子，无以妾为妻。"僖三年注："无
障断川谷专水利也。""水注川曰溪，注溪曰谷"。"有无
当相通"。"树，立本正辞，无易本正当立之子"。**宋襄公**
曰："不鼓不成列，不厄人。"僖二十二年《传》："宋
公与楚子期，战于□❷之阳。楚人济□而来，有司复曰：'请
迨其未毕济而击之。'宋公曰：'不可。吾闻之也：君子不厄

---

❶ "插"，《礼记正义》卷五、续经解本作"歃"。
❷ "□"，续经解本、龙溪本作"泓"。下同。

人。吾虽丧国之余，寡人不忍行也。'既济，未毕陈，有司复曰：'请迨其未毕陈而击之。'宋公曰：'不可。吾闻之也：君子不鼓不成列。'已陈，然后襄公鼓之，宋师大败。故君子大其不鼓不成列，临大事而不忘大礼。"**庄王曰："古者曰：'杅不穿，皮不蠹，则不出。'**《说文》曰："杅，饮器。"《三礼图》："《制度》云：'射罚爵之丰，作人形。丰，国名。其君坐酒亡国，载杅以为戒。'"宣十二年注："杅，饮水器。穿，败也。皮，裘也。蠹，坏也。"解云："其其音于❶，若今马盂矣。旧说云：'杅'是'衧'字，若今食袋矣。"**君子笃于礼，薄于利；要其人，不要其土；告从不赦，不祥；**《公羊传》作"详"，注："善用心曰详。"案，祥，通作"详"。《淮南·说林训❷》："亦畜❸生多耳目者，不详。"高诱注："详，善也。"《尔雅》："祥，善也。"**强不陵弱。"**并见宣十三年❹《传》。**齐项❺公吊死视疾，孔父正色而立于朝，人莫过而致难乎其君；齐国佐不辱君命而尊齐侯，**成二年《传》："国佐曰：'与我纪侯之甗，请诺。反鲁、卫之侵地，请诺。使耕者东亩，是则土齐也。萧同侄子者，齐君之母也。齐君之母，犹晋君之母也。不可，请战。壹战不胜，请再战；再战不胜，请三；三战不胜，则齐尽子之有也。何必以萧同侄子为质？'揖

---

❶ "其其音于"，龙溪本同，续经解本作"其音余"。
❷ "说林训"，续经解本作"说山训"。
❸ "亦畜"，据《淮南子·说山训》宜作"六畜"。
❹ "十三年"，《春秋公羊传注疏》卷一六作"十二年"。
❺ "项"，宜作"顷"。

而去之。"此《春秋》之救文以质也。救文以质，见天下诸侯所以失其国者亦有焉。潞子欲合中国之礼义，离乎夷狄，未合乎中国，所以亡也。宣十五年《传》："离乎夷狄而未能合于中国。晋师伐之，中国不救，狄人不有，是以亡也。"《白虎通》："夷者，僔夷，无礼义；狄者，易也，辟易无别也。"杜预注："潞，赤狄之别种。"吴王夫差行强于越，定四年❶《传》："于越者何？越者何？于越者，未能以其名通也。越者，能以其名通也。"注："越人自名于越，君子名之曰越。治国有状，能与中国通者，以中国之辞言之曰越；治国无状，不能与中国通者，以其俗辞言之。因其俗见以❷见善恶，故云尔。"《方舆纪要》："越都会稽，今浙江绍兴府治是。"《世本》："越，芊❸姓也，与楚共祖。"臣人之王，妾人之妻，以楚人之王为臣，以楚人之妻为妾。卒以自亡，宗庙夷，官本案："夷，他本作'失'。"社稷灭，其可痛也！长王投死，於戏，岂不哀哉？《吴世家》："越王勾践欲迁吴王夫差于甬东，予百家居之。吴王曰：'孤老矣！不能事君王也。吾悔不用子胥之言，自令陷此。'遂自刭死。"晋灵行无礼，处台上，弹群臣，枝解宰人而弃，宣六年《传》："灵公为无道，使诸大夫皆内朝，然后处乎台上，引弹而弹之。已趋而辟丸，是乐而已矣。赵盾已朝而出，与诸大夫立于朝。有人

---

❶ "四年"，《春秋公羊传注疏》卷二五、续经解本作"五年"。

❷ "见以"，《春秋公羊传注疏》卷二五、续经解本作"可以"。

❸ "芊"，宜作"芈"。

荷畚自闺而出者，赵盾曰：'彼何也？夫畚曷为出乎闺？'呼之，不至，曰：'子大夫也。欲视则就而视之。'赵盾就而视之则赫然死人也。赵盾曰：'是何也？'曰：'膳宰也。熊蹯不熟，公怒，以斗击**❶**而杀之，支解，将使我弃之。'"**漏阳处父之谏，使阳处父死，**文六年《传》："其漏言奈何？君将使射姑将，阳处父谏曰：'射姑，民众不说，不可使将。'于是废将。阳处父出，射姑入。君谓射姑曰：'阳处父言曰：射姑，民众不说，不可使将。'射姑怒出，刺阳处父于朝而走。"注："自上言泄，下曰漏。"**及患赵盾之谏，欲杀之，**宣六年《传》："赵盾曰：'嘻！'趋而入。灵公望见赵盾，愬而再拜。赵盾逡巡，北面再拜稽首，趋而出。灵公心怍焉，欲杀之。于是使勇士某者往杀之。"**卒为赵穿所杀。**官本案："穿，他本误作'盾'。"杀，当作"弑"。**晋献公行逆理，杀世子申生，以骊姬立奚齐、卓子，**僖十年《传》："骊姬者，国色也。献公爱之甚，欲立其子，于是杀世子申生。"《晋世家》："伐骊戎，得骊姬。"韦昭曰："西戎之别在骊山也。"**皆杀死，国大乱，四世乃定，几为秦所，**下缺字。**从骊姬起也。楚昭❷王行无度，杀伍子胥父兄。**定四年《传》："子胥父诛乎楚。"**蔡昭公朝之，因请其裘，昭公不与。吴王非之，举兵加楚，大败之，**定四年《传》："蔡昭公朝乎楚，有美裘焉。囊瓦求之，昭公不与。为是，拘昭公于南郢数年，然后归之。于其归焉，用事乎河，曰：'天下诸侯苟有能伐楚者，寡人请为之

---

❶ "击"，《春秋公羊传注疏》卷一五、续经解本作"擎"。
❷ "昭"，宜作"平"。

前列。'"**君舍乎君室，大夫舍大夫室，妻楚君❶之母，**
定四年《传》："君舍于君室，大夫舍于大夫室，盖妻楚王
之母也。"**贪暴之所致也。晋厉公行暴道，杀无罪人，一
朝而杀大臣三人。明年，臣下畏恐，晋国杀之。**成十七年
《经》："晋杀其大夫郤锜、郤州、郤至。"十八年《经》：
"晋杀其大夫胥童。庚申，晋弑其君州蒲。"注："厉公猥杀
四大夫，臣下人人恐见及，以致此祸。"杀，当作"弑"。
陈侯佗淫乎蔡，蔡人杀之。桓六年《传》："恶乎淫？淫
乎蔡，蔡人杀之。"**古者，诸侯出疆，必具左右，备一
师，**官本案："一，他本作'二'。"《春秋》之制，天
子六师，方伯二师，诸侯一师。**以备不虞。今蔡侯恣以
身出入民间，**官本案："他本无'民间'二字。"**至死闾
里之庸，**《国策》注："闾，里中门。"二十五家为里。
庸，庸夫也。**甚非人君之行也。宋闵公矜妇人而心妒，**
官本案："而心，他本误作'心而'。"**与大夫万博，万
誉鲁庄公曰：**官本案："他本脱'博''万'二字。"贾
逵曰："南宫，氏；万，名。宋卿。"李善注："《系本》
曰：'乌曹作博。'"《说文》曰："博，局戏也，六箸
十二棋也。"庄十二年疏："博，如字，戏名也。字书作
'簙'❷。"**"天下诸侯宜为君，唯鲁侯尔。"闵公妒
其言，曰："此虏也！而虏焉知鲁侯之美恶乎？"致万
怒，搏闵公，绝脰，**庄十二年《传》："万尝与庄公战，

---

❶ "君"，宜作"王"。
❷ "簙"，续经解本作"簿"。

获乎庄公。庄公归，散舍诸宫中数月，然后归之。归反，为大夫于宋。与闵公博，妇人皆在侧。万曰：'甚矣！鲁侯之淑，鲁侯之美也。天下诸侯宜为君者，唯鲁侯尔。'闵公矜此妇人，妒其言，顾曰：'此虏也！尔虏焉故，鲁侯之美恶乎至？'万怒，搏闵公，绝其脰。"注："脰，脛也。齐人语。"**此以与臣博之过也。古者，人君立于阴，大夫立于阳，所以别位，明贵贱。今与臣相对而博，置妇人在侧，此君臣无别也。故使万称他国，卑闵公之意，闵公藉万而身与之博，下君自置，有"又"同。辱之妇人之房，俱而矜妇人，独得杀死之道也。**《春秋》曰："大夫不適君。"《乐记》注："適，读为'亡敌'之'敌'。"案，古书"敌"多作"適"。《荀子》："告无適也。"注："读为敌。"**远此逼也。**官本案："逼，他本作'过'。"宣十二年《传》："大夫不敌君。"**梁内役民无已，其民不能堪，使民比地为伍，一家亡，五家杀刑。其民曰："先亡者封，后亡者刑。"君者将使民以孝于父母，顺于长老，守丘墓，承宗庙，世世祀其先。今求财不足，行罚如将不胜，杀戮如屠，仇雠其民，鱼烂而亡，**案，而，王本作"则"，官本作"而"。国中尽空，《春秋》曰："梁亡。"亡者，自亡也，非人亡之也。**僖十九年《经》："梁亡。"《传》："此未有伐者，其言梁亡何？自亡也。其自亡奈何？鱼烂而亡也。"注："梁君隆刑峻法，一家犯罪，四家坐之。一国之中，无不被刑者。百姓一旦相率俱去，状若鱼烂。鱼烂从内发，故云。"杜预注："梁国，在冯翊夏阳县。"**虞公贪财，**

不顾其难，快耳说目，受晋之璧、屈产之乘，僖二年
《传》："荀息曰：'请以屈产之乘与垂棘之白璧往，必可
得也。'"注："屈产，出名马之地。乘，备驷也。垂棘，
出美玉之地。"杜预注："虞国，在河东大阳县。"**假晋师
道，还以自灭，**僖二年《传》："虞受赂，假灭国者道，
以取亡焉。"贾逵曰："虞在晋南，虢在虞南。"师古曰：
"还，归还也。"**宗庙破毁，社稷不祀，身死不葬，**僖
五年《经》："晋人执虞公。"注："虞公灭人以自亡，
当绝。"**贪财之所致也。故《春秋》以此见物不空来，
宝不虚出。自内出外，无亡不行❶；自外至者，无主不
止。**"自内"四句，宣三年《传》。**此其应也。楚灵王行强
乎陈、蔡，意广以武，不顾其行，虑所美，内罢其众。**师
古曰："罢，读曰疲。"**乾溪有物女，**杜预曰："乾溪，在
谯国城父县南，楚东境。"**水尽则女见，水满则不见。灵
王举发其国而役，三年不罢，楚国大怨；**官本案："怨，
他本作'怒'。"有"又"同。**行暴意，杀无罪臣成然，**
成然，楚大夫，昭三十年❷杀。**楚国大懑。**师古曰："懑，音
满，又音闷。懑，忧懑也。"**公子弃疾卒令灵王自杀而取其
国。**昭十三年。师古曰："卒，终也。"**虞不离津泽，**《周
礼·地官·泽虞》。**农不去畴土，此非盈意之过耶？鲁庄
公好宫室，一年三起台。夫人内淫两弟，**谓牙与庆父。弟

---

❶ "自内出外，无亡不行"，《春秋公羊传注疏》卷一五、聚珍本、续
经解本作"自内出者，无匹不行"。

❷ "昭三十年"，《春秋公羊传注疏》卷二二作"昭十二年"。

兄子父相杀，国绝莫继，为齐所存，闵二年《传》："庄公死，子般杀闵公❶。比三君死，旷年无君。设以齐取鲁，曾不兴师，徒以言而已矣。桓公使高子将南阳之甲，立僖公而城鲁。"**夫人淫之过也。妃匹贵妾，可不慎耶？此皆内自强，从心之败己，见自强之败，尚有正谏而不用，卒皆取亡，曹羁谏其君曰："戎众以无义，君无自適。"**与"敌"同。**君不听，果死戎寇。**庄二十四年《经》："冬，戎侵曹。"《传》："曹羁谏曰：'戎众以无义，君请勿自敌也。'曹伯曰：'不可。'"注："谏有五。二曰顺谏，曹羁是也。"**伍子胥谏吴王，以为越不可不取，吴王不听。**《吴越春秋》："伍子胥大惧，曰：'是弃吴也。'乃进谏曰：'越在心腹之病，不前除其疾，今信浮辞伪诈而贪齐。破齐，譬由盘石之田，无立其苗也。愿王释齐而前越。不然，悔之无及。'吴王不听。"**至死伍子胥，还九年，越果大灭吴国。秦穆公将袭郑，百里、蹇叔谏曰："千里而袭人者，未有不亡者也。"穆公不听，师果大败殽中，匹马只轮无反者。**僖三十三年《传》。《释文》："董仲舒：'车皆不还，故不得易轮辙。'"**晋假道道虞，**下"道"字，读曰导。**虞公许之，宫之奇谏曰："唇亡齿寒，虞、虢之相救，非相赐也，君请勿许。"虞公不听，后虞果亡于。**"于"下，当有"晋"字。僖二年《传》："宫之奇果谏：'《记》曰："唇亡则齿寒。"虞、郭之相救，非相为赐。则

---

❶ "子般杀闵公"，《春秋公羊传注疏》卷九、龙溪本、续经解本作"子般弑，闵公弑"。

晋今日取郭，而明日虞从而亡尔。君请勿许也。'虞公不从其言，终假之道以取郭。还，四年，反取虞。"杜预注："虢，西虢国也。弘农陕县东南，有虢城。"案，东虢已为郑所灭。《方舆纪要》："在河南府陕州者曰北虢，在开封荥阳者曰东虢。又，陕西凤翔府宝鸡县东二十里虢国城，曰西虢。"《春秋》明此，存亡道"道"上当有"之"字。可观也：观乎蒲社，知骄溢之罚；观乎许田，知诸侯不得专封；观乎齐桓、晋文、宋襄、楚庄，知任贤奉上之功；观乎鲁隐、祭仲、叔武、僖二十八年《传》："何贤乎叔武？让国也。"孔父、荀息、仇牧、吴季子、公子目夷，知忠臣之效；观乎楚公子比，知臣子之道，效死之义；观乎潞子，知无辅自诅之败；卢注："'诅'字讹，或是'沮'字。"案，《释名》："诅，阻也，使人行事阻限于言也。"观乎公在楚，知臣子之恩；观乎漏言，知忠道之绝；观乎献六羽，知上下之差；观乎宋伯姬，知贞妇之信；观乎吴王夫差，知强陵弱；似缺二字。观乎晋献公，知逆理近色之过；观乎楚昭王之伐蔡，知无义之反；观乎晋厉之妄杀无罪，知行暴之报；观乎陈佗、宋闵，知嫉淫之过；观乎虞公、梁亡，知贪财枉法之穷；观乎楚灵，知苦民之壤；卢注："壤，犹伤也。"观乎鲁庄之起台，知骄奢淫泆之失；观乎卫侯朔，知不即召之罪；观乎执凡伯，知犯上之法；观乎晋郤缺之伐邾娄，知臣下作福之诛；观乎公子翚，知臣窥君之意；文十四年《经》："晋文❶纳接菑于邾娄，弗克纳。"《传》：

---

❶ "文"，《春秋公羊传注疏》卷一四、续经解本作"人"。

"此晋郤缺也。其称人何？贬。曷为贬？不与大夫专废置君也。"隐四年《传》："公子翚諂乎隐公，谓隐公曰：'百姓安子，诸侯说子，子盍终为君矣？'隐公曰：'否。吾使修涂裘，吾将老焉。'公子翚恐若其言闻乎桓，于是谓桓曰：'吾为子口隐矣。隐曰："吾不反矣。"'桓曰：'然则奈何？'曰：'请作难，杀隐公。'"**观乎世卿，知移权之败。**隐元年❶《传》："其称尹氏何？贬。曷为贬？讥世卿。世卿，非礼也。"注："礼：公卿、大夫、士，皆选贤而用之。卿、大夫任重职大，不当世。为其秉政久，恩德广大，小人居之，必夺君之威权。故尹氏立王子朝，齐崔氏弑其君光。君子疾其末，则正其本。"**故明王视于冥冥，听于无声，天覆地载，天下万国莫敢不悉靖共职受命者，不示臣下以知之至也。**《淮南子》："是故圣人托其神于灵府，而归万物之初，视于冥冥，听于无声。冥冥之中，独见小焉；寂寞之中，独有照焉。其用之也，不以用；其不用也，而后能用之。其知也，乃不知；其不知也，而后能知之也。"**故道同则不能相先，情同则不能相使，此其教也。由此观之，未有去人君之权，能制其势者也；未有贵贱无差，能全其位者也，故君子慎之。**

《春秋繁露》卷四终　　　　　金陵洪万盈锓

---

❶ "元年"，《春秋公羊传注疏》卷二作"三年"。

卷五

灭国上第七

王者，民之所往；君者，不失其群者也；《白虎通》："王者，往也，天下所归往。君，群也，下之所归心也。"故能使万民往之，而得天下之群者，无敌于天下。弑君三十六，亡国五十二。卢注："旧本作失国之君三十一，亡国之君五十二，误。"小国德薄，不朝聘大国，不与诸侯会聚，孤特不相守，独居不成群，遭难莫之救，所以亡也。非独公侯大人如此，生天地之间，根本微者，不可遭大风疾雨，立铄消耗。《韩诗外传》："草木根荄浅，未必撅也。飘风与暴雨隧❶，则撅必先矣。"《国语》注："铄，消也。"卫侯朔固事齐襄，而天下患之；卫侯朔固事齐，致使王人不能救卫。虞、虢并力，晋献难之。僖二年《传》："吾欲攻郭则虞救之，攻虞则郭救之。如之何？"晋赵盾，一夫之士也，无尺寸之土，无一介之众也，而灵公据霸主之余尊，而欲诛之，穷变极诈，诈尽力竭，祸大及身。推盾之心，载小国之位，孰能亡之哉？官本案："载，他本作'戴'。"故伍子胥，一夫之士也，去楚，干阖庐，遂得意于楚。定四年《传》："伍子胥父诛乎楚，

---

❶ "隧"，《韩诗外传》卷二、续经解本作"坠"。

挟弓而去楚，以干阖庐。阖庐曰：'士之甚！勇之甚！将为之兴师而复仇于楚。'"**所托者诚是，何可御耶？楚王髡托其国于子玉得臣，而天下畏之；**僖二十八年注："子玉得臣，楚之骄蹇臣，数道其君侵中国。"**虞公托其国于宫之奇，晋献患之；**僖二年《传》："献公曰：'诺。虽然宫之奇存焉，如之何？'"**及髡杀得臣而天下轻之；**虞公不用宫之奇，晋献亡之。**存亡之端，不可不知也。诸侯见加以兵，逃遁奔走，至于灭亡，而莫之救，**官本案："他本脱'遁奔走'以下八字。"**平生之素行可见也。隐代桓立，所谓仅存耳，使无骇率师灭极，内无谏臣，外无诸侯之救，载亦犹是也，宋、蔡、卫国伐之，郑因其力而取之。**隐十年《传》："其言伐取之何？易也。其易奈何？因其力也。因谁之力？因宋人、蔡人、卫人之力也。"载，《左传》作"戴"。杜预注："戴国，今陈留外黄县东南有戴城。"**此无以异于遗重宝于道，而莫之守，见者掇之也。**《玉篇》："掇，猪劣、都活二切。《诗》云：'薄言掇之。'掇，拾也。"**邓、谷失地，而朝鲁桓，邓、谷失地，不亦宜乎？**桓七年。《水经注》："县，故邓侯吾离之国也。楚文王灭之，秦以为县。"杜预注："颍[1]川，召陵县西南有邓城。谷国，在南乡筑阳县北。"

---

[1] "颍"，畿辅本、续经解本作"颍"。

灭国下第八

纪侯之所以灭者，乃九世之仇也。一旦之言，危百世之嗣，故曰大去。庄四年。卫人侵成，隐五年。郑入成，隐十年。及齐师围成，庄八年。三被大兵，终灭，莫之救，所恃者安在？齐桓公欲行霸道，谭遂违命，故灭而奔莒，庄十年。杜预注："谭国，在济南平陵县西南。"不事大而事小。曹伯之所以战死于位，庄二十四年。诸侯莫助忧者，幽之会，齐桓数合诸侯，曹小，未尝来也。案，庄十六年《经》："公会齐侯、宋公、陈侯、卫侯、郑伯、许男、曹伯、滑伯、滕子，同盟于幽。"《公羊》有曹伯，《左传》无曹伯，是《公羊经》之误也。鲁大国，幽之会，庄公不往，案，庄十六年幽之会，《左》《穀》无"公"字，有"公"字是《公羊经》之误也。戎人乃窥兵于济西，庄十八年。杜预注："戎来侵，鲁公逐之于济水之西。"由见鲁孤独而莫之救也。此时大夫废君命，专救危者。鲁庄公二十七年，齐桓为幽会，卫人不来，其明年，桓公怒而大败之；及伐山戎，庄三十年。杜预注："山戎，北狄。"服虔曰："盖今鲜卑也。"张旗陈获，以骄诸侯。庄三十一年《传》："齐，大国也，曷为亲来献戎捷？威我也。其威我奈何？旗获而过我也。"于是鲁一年三筑台，乱臣比三起于内。官本案：

"比，他本作'此'。"夷狄之兵仍灭于外，卫灭之端，以失幽之会。官本案："他本无'失'字。"乱之本，存亲内蔽。邢未尝会齐桓也，附晋又微，晋侯获于韩而背之，淮之会是也。僖十八❶年："会淮。"杜预注："淮，临淮郡左右。"桓公卒，竖刁、易牙之乱作。僖十八年《传》："桓公死，竖刁、易牙争权，不葬。"邢与狄伐其同姓，取之。僖十八年《经》："邢人、狄人伐卫。"官本案："伐，他本误作'戎'。"其行如此，虽尔亲，庸能亲尔乎？是君也，其灭于同姓，卫侯毁灭邢是也。官本案："卫，他本误作'魏'。"僖二十五年。齐桓为幽之会，卫不至，桓怒而伐之。狄灭之，桓忧而立之。鲁庄为轲之盟，《公羊》作"柯"。劫汶阳，庄十三年《传》："曹子曰：'愿请汶阳之田。'"鲁绝，官本案："绝，他本作'灭'。"威立之。闵二年。"威"即"桓"，避宋讳改。邢、杞未尝朝聘，杜预注："杞国，本都陈留雍丘县。"齐桓见其灭，率诸侯而立之。用心如此，岂不霸哉？故以忧天下与之。

随本消息第九

《文选·通幽❷赋》大家注："人之行，各随其命。命

---

❶ "十八"，《春秋公羊传注疏》卷一一作"十六"。
❷ "通幽"，续经解本作"幽通"。

者，神先定之，故为征兆于前。虽然，亦在人消息而行焉。天命祐善灾恶，非有爽也。"《历书》："黄帝建立五行，起消息。"《正义》曰："阳生为息，阴死为消。"

　　颜渊死，子曰："天丧予。"子路死，子曰："天祝予。"西狩获麟，曰："吾道穷，吾道穷。"三年，身随而卒。《释文》："子，孔子也。古者谓师曰子。曰，语辞也。从乙在口上，象气。人将发语，口上有气，故曰字缺上也。"哀十四年注："祝，断也。天生颜渊、子路，为夫子辅佐。皆死者，天将亡夫子之证。麟者，太平之符，圣人之类。时得麟而死，此亦天告夫子将没之征，故云尔。"阶此而观，天命成败，圣人知之，有所不能救，命矣夫。夫先晋献公之卒，齐桓为葵丘之会，僖九年《经》："诸侯盟于葵丘。甲戌，晋侯诡诸卒。"《春秋土地名》京相璠曰："葵丘，齐西五十里，有葵丘地。"再致其集。先齐孝未卒一年，官本案："他本无'卒'字。"鲁僖乞师取谷。晋文之威，天子再致，先卒一年，鲁僖公之心分而事齐，僖二十六年《经》："公以楚师伐齐，取谷。"二十七年《经》："齐侯昭卒。乙未，葬齐孝公。"文公不事晋。先齐侯潘卒一年，文公如晋，卫侯、郑伯皆不期来。齐侯已卒，诸侯果会晋大夫于新城。文十三年《经》："公如晋，卫侯会于沓。公及晋侯盟，还自晋。郑伯会公于斐。"十四年《经》："齐侯潘卒。六月，公会宋公、陈侯、卫侯、郑伯、许男、曹伯、晋赵盾。癸酉，同盟于新城。"杜预注：

"新城，宋地，在梁国谷熟县西。"**鲁昭公以事楚之故，**官本案："楚，他本作'齐'。"**晋人不入。楚国强而得意，一年再会诸侯，伐强吴，为齐诛乱臣，遂灭厉，鲁得其威以灭鄫，**官本案："威，他本误作'灭'。"昭四年《经》："楚子以下伐吴，执齐庆封，杀之，遂灭厉。九月，取鄫。"**其明年如晋，无河上之患，**官本案："如，他本作'知'。"昭十五年《经》："公如晋。"**先晋昭之卒一年，无难。**昭十六年《经》："晋侯夷卒。冬十月，葬晋昭公。"**楚国内乱，臣弑君，诸侯会于平丘，谋诛楚乱臣，昭公不得与盟，**与，音预。官本案："他本'盟'误作'明'。"**大夫见执。**昭十三年，楚公子比弑君。诸侯会于平丘，同盟于平丘。公不与盟，晋人执季孙隐如以归。公至自会。杜预注："平丘，在陈留长垣县西南。"**吴大败楚之党六国于鸡父。**昭二十三年《经》："吴败顿、胡、顿沈❶、蔡、陈、许之师于鸡父。"杜预注："鸡父，楚地，安丰县南有鸡备亭。"**公如晋而大辱，《春秋》为之讳而言有疾。**昭二十三年《经》："冬，公如晋，至河，乃复。"《传》："何言乎公有疾，乃复？杀耻也。"**由此观之，所行从不足恃，所事者不可不慎，此亦存亡荣辱之要也。先楚庄王卒之三年，晋灭赤狄潞氏及甲氏、留吁。**宣十六年，晋灭赤狄甲氏及留吁。十八年，楚子族❷卒。杜预注："甲氏、留吁，赤狄别种。"**先楚子审卒之三年，郑服萧**

---

❶ "顿沈"，《春秋公羊传注疏》卷二四、续经解本作"沈"。

❷ "族"，《春秋公羊传注疏》卷一六、续经解本作"旅"。

鱼。襄十一年，伐郑，会于萧鱼。十三年九月，楚子审卒。杜预注："萧鱼，郑地。"**晋侯周卒一年。**襄十五年，晋侯周卒。**先楚子昭卒之二年，与陈、蔡伐郑而大克。**襄二十六年，楚子、蔡侯、陈侯伐郑。二十八年，楚子昭卒。**其明年，楚屈建会诸侯，而张中国。**襄二十七年。**卒之三年，**三，当作"明"。**诸夏之君朝于楚。**襄二十九年，公在楚。**楚子卷继之，四年而卒，**昭元年，楚子卷卒。**其国不为侵夺，而顾隆盛强大中国。不出年余，何也？楚子昭盖诸侯可者也，天下之疾其君者，皆赴愬而乘之，兵四五出，常以众击少，以专击散，义之尽也。先卒四十**"十"字当衍。**五年，中国内乖，齐、晋、鲁、卫之兵分守，大国袭小。**官本案："他本无'小'字。"**诸夏再会陈仪，齐不肯往。**襄二十四年会于陈仪，次年再会，齐皆不在会。杜预注："夷仪，本邢地。卫灭邢，而为卫地。"司马彪《郡国志》曰："东郡聊城有夷仪聚。"薛瓒曰："今襄国西有夷仪，去襄国百余里。"案，陈夷，二《传》作"夷仪"。**吴在其南，而二君杀；**当作"弑"。襄二十九年，阍弑吴子余祭；昭二十七年，吴弑其君僚。**中国在其北，而齐、卫杀其君。**当作"弑"。襄二十五年，齐崔抒❶弑其君光；二十六年辛卯，卫宁喜弑其君剽。**庆封劫君乱国，**官本案："劫，他本误作'切'。"**石恶之徒，聚而成群，**襄二十七年《经》："夏，叔孙会晋赵武、楚屈建、蔡公孙归生、卫石恶、陈孔瑗、郑良霄、许人、曹人于宋。"**卫衍据陈仪而**

---

❶ "抒"，续经解本、畿辅本、龙溪本作"杼"。

为谖，襄二十五年《传》："陈仪者何？卫之邑也。曷为不言入于卫？谖君以弑也。"师古曰："谖，诈言也。音虚袁反。"**林父据戚而以畔，**襄二十六年。《水经注》："今顿丘卫国县西戚亭是也，为卫之河上邑。"**宋公杀其世子，**襄廿六年。**鲁大饥，**襄二十四年。**中国之行，亡国之迹也。譬如于文、宣之际，中国之君，五年之中，五君杀，**当作"弑"。文十六年，宋人弑其君处臼；十八年，子卒弑也，莒弑其君庶其。宣三年❶，晋赵盾弑其君夷獴；四年，郑公子归生弑其君夷。官本案："他本无'于'字。之中，他本作'中之'。"**以晋灵之行，使一大夫立于棐林，**杜预注："斐林，晋地，荥阳❷宛陵县东南有林乡。"案，《魏世家》索隐曰："刘氏云：'林，地名。盖春秋时郑地之棐林，在太梁之西北。'"徐广云"在宛县"，非也。**拱揖指挥，诸侯莫敢不出，**宣元年《经》："宋公、陈侯、卫侯、曹伯会晋师于斐林，伐郑。"《传》："此晋赵盾之师也。"**此犹隰之有泮也。**原注："一作濕之有泮。"案，王本"泮"作"拔"，误。《诗》："淇则有岸，隰则有泮。"笺云："泮，读为畔。畔，涯也。言淇与隰皆有崖峰以自拱持。今君子放恣心意，曾无所拘制。"

---

❶ "三年"，《春秋公羊传注疏》卷一五作"二年"。

❷ "荥阳"，《春秋左传正义》卷二一、续经解本作"荥阳"。

盟会要①第十

《总目》作"会盟要"。隐元年注："凡书盟者，恶之也。为其约誓太甚，朋党深背之，生患祸重。胥命于蒲，善近正是也。""凡书会者，恶其虚内，务恃外好也。古者，诸侯非朝时，不得逾竟"。

至意虽难喻，盖圣人者贵除天下之患。贵除天下之患，故《春秋》重而书天下之患遍矣，以为本于见天下之所以致患，其意欲以除天下之患，何谓哉？官本案："他本无'之'字。"天下者无患，"者"字当在"何谓"之上。然后性可善；性可善，然后清廉之化流；王逸注："不求曰清，不受曰廉。"清廉之化流，然后王道举，礼乐兴，其心在此矣。《传》曰："诸侯相聚而盟。"官本案："盟，他本误作'明'。"君子修国，曰："此将率为也哉！"是以君子以天下为忧也。患乃至于弑君三十一，六，误作"一"。亡国五十二，细恶不绝之所致也。《太史公自序》："《春秋》之中，弑君三十六，亡国五十二，诸侯奔走，不得保其社稷者，不可胜数。察其所以，

---

❶ "盟会要"，本书原目录作"会盟要"。

皆失其本也。"**辞已喻矣，故曰：立义以明尊卑之分；强干弱枝，以明大小之职；**《春秋汉含孳》曰："强干弱流，天之道。"宋均曰："流，犹枝也。"《大传》："诸侯之义，非天子之命，不得动众起兵。杀不义者，所以强干弱枝，尊天子、卑诸侯也。"《陆宣公奏议》："臣闻：国家之立也，本大而末小，是以能固。又闻：理天下者，若身之使臂，臂之使指，则大小适称而不悖焉。身所以能使臂者，身大于臂故也；臂所以能使指者，臂大于指故也。王畿者，四方之本也；京邑者，又王畿之本也。其势当令京邑如身，王畿如臂，四方如指，故用则不悖，处则不危。斯乃居重驭轻，天子之大权也。"**别嫌疑之行，以明正世之义；采摭托意，以矫失礼；善无小而不举，恶无小而不去，以纯其美；别贤不肖，以明其尊。**《太史公自序》："夫《春秋》，上明三王之道，下办❶人事之纪，别嫌疑，明是非，定犹豫，善善恶恶，贤贤贱不肖。"**亲近以来远，因其国而容天下，名伦等物，不失其理，**官本案："伦，他本误作'何'。"**公心以是非，赏善诛恶，而王泽洽，始于除患，正一而万物备。**《太史公自序》："万物之聚散，皆在《春秋》。"**故曰：大矣哉其号，两言而管天下，**官本案："号，他本作'别'。"管，键也。《荀子》："圣人也者，道之管也。天下之道，管是矣。"**此之谓也。**

---

❶ "办"，《史记·太史公自序》作"辨"。

正贯第十一

《荀子》："百王之无变，足以为道贯。一废一起，应之以贯，理贯不乱。不知贯，不知应变，贯之大体未尝亡也。乱生其差，治尽其详，故道之所善，中则可从，畸则不可为。"注："畸者，不偏之名，谓偏也。道之所善，得中则从，偏侧则不可为。"

《春秋》，大义之所本耶！《太史公自序》："故《春秋》者，礼义之大宗也。"《孔子世家》："《春秋》之义行，则天下乱臣贼子惧焉。孔子在位，听讼文辞有可与人共者，弗独有也。至于为《春秋》，笔则笔，削则削，子夏之徒不能赞一辞。弟子受《春秋》，孔子曰：'后世知丘者，以《春秋》；而罪丘者，亦以《春秋》。'"六者之科，六者之指之谓也。然后援天端，隐元年疏："天端，即春也，故《春秋说》云'以元之深，正天之端；以天之端，正王者之政'是也。"布流物，而贯通其理，则事变散其辞矣。故志得失之所从生，而后差贵贱之所始矣；论罪源深浅，定法诛，然后绝属之分别矣；立义定尊卑之序，而后君臣之职明矣；《汉书·朱博传》："《春秋》之义，用贵制贱，不以卑临尊。"载天下之贤卢本作"天"，王本作"定"。

方，表谦义之所在，官本案："谦，他本误作'兼'。"则见复正焉耳；幽隐不相逾，而近之则密矣，而后万变之应无穷者，故可施其用于人，而不悖其伦矣。是以必明其统于施之宜。故知其气矣，然后能食其志也；知其声矣，而后能扶其精也；知其行矣，而后能遂其形也；知其物矣，然后能别其情也。故唱而民和之，《子虚赋》："千人倡，万人和。"师古曰："倡，读曰唱。"动而民随之，是知引其天性所好，而压其情之所憎者也。如是则言虽约，说必布矣；原注："说，一作'德'。"事虽小，功必大矣；声响盛化运于物，散入于理；德在天地，神明休集，并行而不竭，盈于四海而颂声咏。官本案："颂，他本误作'讼'，无'声'字。"《书》曰："八音克谐，无相夺伦，神人以和。"乃是谓也。故明于情性，乃可与论为政。不然，虽劳无功。夙夜无寱，思虑惓心，犹不能睹，故天下有罪者。三示当中，孔子之所谓非，尚安知通哉？卢注："文讹，难晓。"

十指第十二

何休《文谥例》，有三科九旨。旨者，意也。

《春秋》二百四十二年之文，天下之大，事变之博，无不有也。虽然，大略之要，有十指。官本案："他本无'之'字。"十指者，事之所系也，官本案："他本无'所'字。"王化之由得流也。举事变，见有重焉，一指也；见事变之所至者，一指也；因其所以至者而治之，一指也；强干弱枝，大本小末，一指也；别嫌疑，异同类，一指也；论贤才之义，别所长之能，一指也；亲近来远，同民所欲，一指也；承周文而反之质，一指也；《白虎通》："《三正记》曰：'正朔三而改，文质再而复。'《大传》曰：'王者一质一文，据天地之道。'"木生火，火为夏，天之端，一指也；切讥刺之所罚，考变异之所加，天之端，一指也。《贤良策》："故《春秋》之所讥，灾害之所加也；《春秋》之所恶，怪异之所施也。书邦家之过，兼灾异之变，以此见人之所为，其美恶之极，乃与天地流通而往来相应。此言言❶天之一端也。"举事变，见有重焉，则百姓安矣；见事变之所至者，则得失审矣；官本案："则得，他本作'得则'。"因其所以至而治之，则事之本正矣；强干弱枝，大本小末，则君臣之分明矣；东汉宋意谏宠二王："《春秋》之义，诸父昆弟无所不臣，所以尊尊卑卑、强干弱枝者也。陛下德业隆盛，当为万世典法，不宜以私恩损上下之序，失君臣之正。"别嫌疑，异同类，则是非著矣；论贤才之义，别所长之能，则百官序矣；承周文而反之质，则化所务立矣；亲近来远，同民所欲，则仁恩达矣；木生火，火为夏，则阴阳四时之理相受而次矣；次，一

---

❶ "此言言"，《汉书·董仲舒传》作"此亦言"。

作"均"。切讥刺之所罚，考变异之所加，则天所欲为行矣。统此而举之，官本案："他本行矣下，有'切讥次之'四字，无'统此'二字。"仁往而义来，德泽广大，衍溢于四海，师古曰："衍溢，言有余也。"阴阳和调，万物靡不得其理矣。说《春秋》者凡用是矣，此其法也。

重政第十三

《管子》："政者，正也。正也者，所以正定万物之命也。"

唯圣人能属万物于一，而系之元也，隐元年注："故《春秋》以元之气，正天之端；以天之端，正王之政；以王之政，正诸侯之即位；以诸侯之即位，正竟内之治。诸侯不上奉天之政，则不得即位，故先言正月而后言即位。政不由王出，则不得为政，故先言王而后言正月也。王者不承天以制号令，则无法，故先言春而后言王。天不深正其元，则不能承其化，故先言元而后言春。五者同日并见，相须成体，乃天人之大本，万物之所系，不可不察也。"终不及本所从来而承之，不能遂其功。原注："终，一作'故'。"是以《春秋》变一谓之元，元犹原也，其义以随天地终始也。隐元年注："变一为元。元者，气也，无形以起，有形以分，造起天地，天地之始也。"疏："元为气之始，如水之有泉流之原。"故人唯有终始也，而生不必应四时之变。故元者为万物之本，隐元年注："明王者当继天奉元，养成万物。"而人之元在焉。安在乎？乃在乎天地之前。官本案："他本无'前'字。"上"乎"字，王本作"之"，下"在"字作"存"。故人虽生天气及奉天气者，不得与天元，本天元命，而共违其所为也。故春正月者，承天地之所为也，继天之所为而终之也。其道相与共功持业，安容言乃天地之元？官本案："乃，他本作'及'。"天地之元，奚为于此，恶施于人？大其贯承意之理矣。卢注："恶，读曰乌。"能说鸟兽之类者，非圣人所欲说也。官本案："他本无'欲'字。"圣人所欲说，在于说仁义而理之，知其分科条别，贯所附，明其义之所审，勿使嫌疑，是乃圣人之所贵而已矣。不然，传于众辞，观于众物，说不急之言而以惑后进者，君子之所甚恶也，《荀子》："无用之辩，不急之察，弃而不治。若夫君臣之义，父子之亲，夫妇之别，则日切磋而不舍也。"奚以为哉？圣人思虑，不厌昼日，继之以夜，然后万物察者，仁义矣。由此言之，尚自为得之哉！故曰：於乎！为人师者，可无慎耶？夫义出于经，官本案："他本'夫'下衍一'之'字。"经，传大本也。《逸雅》："经，径也。如径路，无所不通，可常用也。传，传也，以传后人也。"《博物志》："圣人制作曰经，贤人著述曰传。"《孔丛子》："经者，取其可常也。可常，则为经矣。鲁之史记曰《春秋经》，因以为名焉。"弃营劳心也，苦志尽情，头白齿落，《文王世子》疏："年谷

148

一熟而零落。人之年老，齿亦零落。"尚不合自录也哉！人始生有大命，是其体也。有变命存其间者，其政也。官本案："政，他本误作'致'。"政不齐，则人有忿怒之志，若将施危难之中，而时有随遭者，神明之所接，绝属之符也。《孝经援神契》："命有三科：有受命以保庆，有遭命以谪暴，有随命以督行。"注："受命，谓年寿也；遭命，谓行善而遇曰❶也；随命，谓随其善恶而报之。"亦有变其间，使之不齐如此，不可不省之，省之则重政之本矣。撮以为一，进义诛恶，绝之本，而以其施，此与汤武同而有异。官本案："他本无'同'字。"汤武用之，治仁官本案："仁，他本作'往'。"故。《春秋》明得失，差贵贱，本之天王之所失天下者，使诸侯得以大乱之说，而后引而反之。哀十四年《传》："拨乱世，反之正，莫近诸《春秋》。"故曰：博而明，切而深矣。官本案："博，他本误作'传'。"

　　《春秋繁露》卷五终　　　　　　金陵洪万盈锓

---

❶ "曰"，续经解本作"恶"，畿辅本、龙溪本作"凶"。

卷六

服制象第十四

天地之生万物也以养人，故其可食者以养身体，其可威者以为容服，官本案："食，他本误作'适'。"礼之所为兴也。官本案："礼，他本误作'体'。"剑之在左，青龙之象也；刀之在右，白虎之象也；钩之在前，赤鸟之象也；钩，卢注改作"輓"，以为旧本讹作"钩"，据《黄氏日钞》。非也。案，《诗泛历枢》："古者剑在左，刀在右，钩在前。"冠之在首，玄武之象也。《月令章句》："天官五兽之于五事也：左有苍龙，大辰之貌；右有白虎，大梁之文；前有朱雀，鹑火之体；后有玄武，龟蛇之质；中有大角，轩辕、麒麟之信。"《后汉书》注："玄武，谓龟蛇。位在北方，故曰玄；身有鳞甲，故曰武。"四者，人之盛饰也。夫能通古今，别然不然，乃能服此也。《玉篇》："《传》曰：'通古今，辨然不，谓之士。'"原注："一作'通古作❶今，然后能服此也'。"盖玄武者，貌之最严有威者也，其象在右，原注："一作'后'。"附案，作"后"是。其服反居首，武之至而不用矣。圣人之所以超然，官本案："他本无'之'字。"虽欲从之，末由也已。夫执介

---

❶ "作"，聚珍本作"别"。

胄而后能拒敌者，郑注："介，甲也。"故非圣人之所贵也，君子显之于服，而武勇者消其志于貌也矣。故文德为贵，而威武为下，此天下之所以永全也。于《春秋》何以言之？孔父义形于色，而奸臣不敢容邪；虞有宫之奇，而献公为之不寐；晋厉之强，中国以寝尸流血不已。卢注："中国，国中也。"师古曰："寝，卧也。《诗》：或寝之床。"故武王克殷，裨冕而搢笏，虎贲之士说剑，原注："搢，一作'晋'；说，一作'税'。"《乐记》郑注："裨冕，衣裨衣而冠冕也。裨衣，衮之属也。搢，犹插也。"《释名》："笏，忽也。君有教命所启白，则书其上，备忽忘也。"《广韵》："手板，品官所执。天子以玉，诸侯以象，大夫鱼须文竹，士木。"《礼记》郑注："贲，愤怒也。"孔安国曰："若虎贲兽，言其甚猛。"师古曰："贲，读与'奔'同，言如猛兽之奔。"说，吐活反。安在勇猛必任武杀然后威？是以君子所服为上矣。故望之俨然者，亦已至哉，官本案："哉，他本作'矣'。"岂可不察乎？

二端第十五

《春秋》至意有二端，不分[1]二端之所从起，亦未可

---

❶ "分"，聚珍本作"本"。

与论灾异也，小大微著之分也。夫览求微细于无端之处，诚知小之为大也，"为"上当有"将"字。微之将为著也，吉凶未形，圣人所独立也，虽欲从之，末由也已，此之谓也。故王者受命，改正朔，不顺数而往，必迎来而受之者，授受之义也。故圣人能系心于微，而致之著也。师古曰："致，谓引而至也。著，谓明表也。"是故《春秋》之道，以元之深正天之端，以天之端正王之政，以王之政正诸侯之位❶，五者俱正而化大行。然书日蚀、星陨、有蜮、《广韵》："虫名，短狐，状如鳖，含沙射人，久则为害。生南方。《说文》云：'有三足，以气射害人。'《玄中记》云：'长三四寸，蟾蜍、鹜鹜、鸳鸯悉食之。'"山崩、地震、夏大雨水、冬大雨雪、陨霜不杀草、自正月不雨至于秋七月、有鸲鹆来巢，《春秋》异之，以此见悖乱之征。是小者不得大，微者不得著，虽甚末，原注："一作'其本末'。"亦一端。官本案："他本无'一'字。"孔子以此效之，吾所以贵微重始是也。官本案："他本脱'微'字。"因恶夫推灾异之象于前，然后图安危祸乱于后者，非《春秋》之所甚贵也。官本案："他本脱'贵'字。"然而《春秋》举之以为一端者，亦欲其省天谴，而畏天威，内动于心志，外见于事情，修身审己，明善心以反道者也，岂非贵微重始、慎终推效者哉？

---

❶ 此处缺句。据苏舆从钱塘之说，"自'是故《春秋》之道'以下，似《玉英》篇论元年脱文"。"以元之深正天之端，以天之端正王之政，以王之政正诸侯之即位，以诸侯之即位正竟内之治"，五者方全。

符瑞第十六

《春秋演孔图》："孔胸文曰：'制作定，世符❶。'"
《孝经援神契》："麟，中央也。轩辕，大角兽也。孔子修
《春秋》者，修礼以致其子，故麟来为孔子瑞。"

有非力之所能致而自致者，西狩获麟，受命之符是
也。《对策》："天之所大奉使之王者，必有非人力所能致
而自至者，此受命之符也。"然后托乎《春秋》正不正之
间，而明改制之义。隐十四年❷疏："孔子未得天命之时，
未有制作之意，故但领缘旧经，以济当时而已。既获麟之后，
见端门之书，知天命己制作，以俟后王，于是选理典籍，欲为
拨乱之道，以为《春秋》者，赏善罚罪之书。若欲治世，反归
于正道，莫近于《春秋》之义。"《诗》疏："孔子之时，
所以致麟者，自为制作之应，非化洽所致。"一统乎天子，
而加忧于天下之忧也，务除天下所患，官本案："务除，
他本作'除务'。脱'患'字。"而欲以上通五帝，下极三

❶ "世符"，《太平御览》卷三七一作"世符运"。
❷ "隐十四年"，续经解本、《春秋公羊传注疏》卷二八作"哀十四
年"。

王，《风俗通》曰："黄帝、颛顼、帝喾、帝尧、帝舜是五帝也。"《三王》："《礼号谥记》说：'夏禹、殷汤、周武王是三王也。'"**以通百王之道，**《白虎通》："王者所以存二王之后，何也？所以尊先王，通天下之三统也。明天下非一家之有，谨敬谦让之至也。"**而随天之终始，博得失之效，而考命象之为，**官本案："考，他本误作'攻'。"**极理以尽情性之宜，则天容遂矣。**官本案："矣，他本误作'以'。"**百官同望异路，一之者在主，率之者在相。**末三句，疑错简在此。

｜俞序第十七｜

师古曰："俞，答也。"

仲尼之作《春秋》也，《释文》："尼，女持反。仲尼，取象尼丘山。又音夷，字作尼，古夷字也。《援神契》云：'虫也。'"《孝经》疏："称仲尼者，安昌侯张禹说曰：'仲者，中也；尼者，和也。言孔子有中和之德，故曰仲尼。'"**上探正天端，**原注："探，一作'深'。"**王公之位，万民之所欲，**官本案："他本'万'下有'物'字。"原注："欲，一作'始'。"**下明得失，起贤才，以待后圣。**哀十四年《传》："制《春秋》之义，以俟后圣。"**故**

引史记，隐元年疏："闵因《序》云：'昔孔子受端门之命，制《春秋》之义，使子夏等十四人求周史记，得百二十国宝书，九月《经》立。'"理往事，正是非，师古曰："是非，谓本其得失。"序王公，序，王本误作"也"字。史记十二公之间，皆衰世之事，故门人惑，孔子曰："吾因其行事，而加乎王心焉，原注："一无'曰吾'字。"《白虎通》："问曰：'异说并行，则弟子疑焉。'孔子有言：'吾闻：择其善者而从之，多见而识之也。知之，次也。''文武之道，未坠于地。''天之将丧斯文也，乐亦在其中矣。'"郑玄《六艺论》云："孔子既西狩获麟，自号素王，为后世受命之君制明王之法。"卢钦《公羊序》云："孔子自因鲁史记而修《春秋》，制素王之道。"以为见之空言，不如行事博深切明。"官本案："他本脱'明'字。"《太史公自序》："子曰：'我欲载之空言，不如见之于行事之深切著明也。'"故子贡、闵子、公肩子言其切而为国家贤也。官本案："贤，他本作'资'。"《史记》："端木赐，卫人，字子贡。"公肩子定，字子中。唐赠新田伯，宋大观中，补赠梁父侯。《说苑》公扈子曰："有国者，不可以不学《春秋》。生而尊者骄，生而富者傲。生而富贵，又无鉴而自得者，鲜矣。《春秋》，国之鉴也。"其为切，而至于杀君亡国，杀，当作"弑"。奔走不得保社稷，其所以然，是皆不明于道，不览于《春秋》也。故卫子夏言："有国家者，不可不学《春秋》。《孝经说》云："孔子曰：'《孝经》属参，《春秋》属商。'"《论语谶》曰："子夏六十四人，共撰仲尼微言。"《春秋说题辞》："孔子作《春秋》

一万八千字，九月而书成，以授游、夏之徒，游、夏之徒不能改一字。"《史记》："卜商，字子夏。"《家语》云："卫人。"不学《春秋》，则无以见前后旁侧之危，《太史公自序》："故有国者，不可以不知《春秋》：前有谗而弗见，后有贼而不知。"则不知国之大柄，君之重任也。官本案："之，他本作'子'。"故或胁穷失国，擒杀于位，一朝至尔。擒，王本误作"撢"，卢本作"掩"。苟能述《春秋》之法，致行其道，岂徒除祸哉！乃尧、舜之德也。"哀十四年《传》："其诸君子乐尧、舜之道与？"疏："言孔子德合于尧、舜，是以爱而慕之，乃作《春秋》，与其志相似也。"故世子曰："功及子孙，光辉百世，圣王之道，莫美于恕。"官本案："恕，他本作'世'。"卢注："《汉·艺文志》有《世子》二十一篇。名硕，七十子之弟子。此所引，即其人也。"案，王充《论衡》："周人世硕以为，人性有善有恶，在所养焉，作《养书》一篇。宓子贱、漆雕开、公孙尼子之徒，亦论性情，与世子相出入，皆言性有善有恶。"据此，则世子周人，而《艺文志》注作"陈人"。师古曰："恕，仁也。恕己之心，以度于物。"故予先言："《春秋》详己而略人，因其国而容天下。"《春秋》之道，大得之则以王，小得之则以霸。故曾子、子石《仲尼弟子列传》："公孙龙，字子石，少孔子五十三岁。"注："郑玄曰楚人，《家语》云卫人，《孟子》注云赵人。"盛美齐侯，安诸侯，尊天子。霸王之道，皆本于仁。仁，天心，故次以天心。爱人之大者，莫大于思患而豫防之，故蔡得意于吴，鲁得意于齐，而《春秋》皆不告。故次以

言："怨人不可迩，官本案："迩，他本作'通'。"敌国
不可狎，攘窃之国不可使久亲，皆防患、为民除患之意
也。"不爱民之渐，乃至于死亡，故言楚灵王、晋厉公生
弑于位，不仁之所致也。故善宋襄公不厄人，不由其道而
胜，不如由其道而败，《春秋》贵之，将以变习俗，而
成王化也。太史公曰："襄公既败于□，而君子或以为多，
伤中国阙礼义，褒之也。宋襄之有礼让也。"故子夏言：
"《春秋》重人，官本案："他本脱'子'字。"诸讥皆本
此，或奢侈使人愤怨，或暴虐贼害人，终皆祸及身。"
故子池言："鲁庄筑台，丹楹刻桷；庄二十三年、二十四
年。晋厉之刑刻意者。李奇曰："其用法深刻至骨。"皆
不得以寿终。"上奢侈，刑又急，皆不内恕，师古曰：
"恕，仁也。言以仁爱为心，内有己志，施之为人也。"求备
于人。故次以《春秋》，缘人情，赦小过，而《传》明之
曰："君子辞也。"桓十八年《传》："君子辞也。"孔子
明得失，见成败，疾时世之不仁，失王道之体，故因行
事，官本案："他本脱'道之'以下七字，误衍'孔子曰吾缘
人情'七字，今校正。"赦小过，《传》又明之曰："君
子辞也。"孔子曰："吾因行事，加吾王心焉。"假其位
号，以正人伦，因其成败，以明顺逆。故其所善，则桓、
文行之而遂，其所恶，则乱国行之终以败。故始言大恶，
杀当作"弑"。君亡国，终言赦小过，是亦始于粗粝，
《后汉·伏堪❶传》："乃共食粗粝。"注："粝，粗米也。

---

❶ "堪"，续经解本、《后汉书·伏湛列传》作"湛"。

《九章算术》曰：'粟五十，粝率三十。一斛粟，得六斗米，为粝也。'"**终于精微，教化流行，德泽大洽，天下之人，人有士君子之行，而少过矣，亦讥二名之意也。**隐元年注："于所传闻之世，见治起于衰乱之中，用心尚粗粗，故内其国而外诸夏，先详内而后治外，录大略小；内小恶书，外小恶不书；大国有大夫，小国略称人；内离会书，外离会不书是也。于所闻之世，见治升平，内诸夏而外夷狄，书外离会，小国有大夫，宣十一年'秋，晋侯会狄于攒函'，襄二十三年'邾娄鼻我来奔'是也。至所见之世，著治太平，夷狄进至于爵，天下远近小大若一，用心尤深而详，故崇仁义，讥二名，晋魏曼多、仲孙何忌是也。"

离合根第十八

天高其位而下其施，藏其形而见其光。高其位，所以为尊也；下其施，所以为仁也；藏其形，所以为神；见其光，所以为明。故位尊而施仁，藏神而见光者，天之行也。故为人主者，法天之行，是故内深藏，所以为神；外博观，所以为明也；任群贤，所以为受成；乃不自劳于事，所以为尊也；泛爱群生，不以喜怒赏罚，所以为仁也。故为人主者，以无为为道，以不私为宝。立无为之位而乘备具之官，足不自动而相者导进，《释文》："导，引也。"口不自言而摈者赞辞，《礼器》："故礼有摈诏，乐有相步。"注："摈诏，告道宾主者也。相步，扶工也。"心不自虑而群臣效当，故莫见其为之而功成矣。此人主所以法天之行也。为人臣者，法地之道，暴其形，出其情以示人，高下、险易、坚耎、刚柔、肥臞、美恶，累可就财也。官本案："耎，他本误作'要'❶。"《司马迁传》："仆虽怯耎。"注："师古曰：'耎，柔弱也。'"原注："一无'累'字。"案，"财"与"裁"通。故其形宜不宜，可得而财也。为人臣者，比地贵信而悉见其情于主，主亦得而财之，故王道威而不失。为人臣常竭情悉力而见其短长，原注："短，一作'所'。"使主上得而器使之，而犹地之竭竟其情也，故其形宜可得而财也。原注："一无'形'字。"

立元神第十九

君人者，国之元，发言动作，万物之枢机。枢机之发，荣辱之端也，《周易·系辞》："枢机之发，荣辱之主也。"郑注："枢，户枢也。机，弩牙也。户枢之发，或明或暗；弩牙之发，或中或否，以喻君子之心，或荣或辱。"失之

---

❶ "要"，聚珍本作"灾"。

豪厘❶，《太史公自序》："故《易》曰：'差以豪厘❷，谬以千里。'"驷不及追。《论语》："子贡曰：'惜乎！夫子之说君子也，驷不及舌。'"故为人君者，谨本详始，敬小慎微，志如死灰，形如委衣，安精养神，寂寞无为。《庄子》："何居乎？形固可使为槁木，而心固可死灰乎？"注："死灰、槁木，取其寂寞无情耳。"休形无见影，掩声无出响，虚心下士，观来察往，谋于众贤，考求众人，得其心，遍见其情，官本案："遍，他本作'偏'。"察其好恶，以参忠佞，考其往行，验之于今，计其蓄积，受于先贤，释其仇怨，视其所争，差其党族，所依为枭，原注："一作'宗'。"据位治人，用何为名？原注："一作'明'。"累日积久，何功不成？可以内参外，可以小占大，必知其实，是谓开阖。君人者，国之本也，申明"谨本详始"。夫为国，其化莫大于崇本。崇本则君化若神，官本案："他本无下'崇本'二字。"不崇本则君无以兼人。无以兼人，虽峻刑重诛，师古曰："峻，谓峭刻也。"而民不从，是所谓驱国而弃之者也，患孰甚焉！何谓本？曰："天地人，万物之本也，天生之，地养之，人成之。"天生之以孝悌，地养之以衣食，人成之以礼乐，三者相为手足，合以成体，不可一无也。无孝悌，则亡其所以生；无衣食，则亡其所以养；无礼乐，则亡其所以成也。三者皆亡，则民如麋鹿，《字林》："麋，鹿属也。以

---

❶ "豪厘"，聚珍本、畿辅本、续经解本作"毫厘"。
❷ "豪厘"，畿辅本、龙溪本作"毫厘"。

冬至日解角。"各从其欲，家自为俗，父不能使子，君不能使臣，虽有城郭，名曰虚邑。如此者，其君枕块而僵，《释文》："郑玄云：'木在首曰枕。'"《国语》："野人枕块以与之。"注："块，墣也。"《国策》注："僵，偾也。"莫之危而自危，莫之丧而自亡，是谓自然之罚。自然之罚至，襄袭石室，分障险阻，犹不能逃之也。《淮南子》："昔者师旷奏《白雪》之音，而神物为之下降，风雨暴至，平公癃病，晋国赤地；庶女叫天，雷霆下击，景公台陨，支体伤折，海水大出。夫瞽师、庶女，位贱尚蔂，权轻飞羽，然而专精励意，委务积神，上通九天，激厉至精。由此观之，上天之诛也，虽在旷虚幽间，辽远隐匿，重袭石室，界障险阻，无所逃之，亦明矣。"**明主贤君，必于其信，是故肃慎三本：郊祀致敬，共事祖祢，**官本案："共，他本误作'其'。"《公羊》旧说："祢字示傍尔，言虽可入庙是神示，犹是最近于己，故曰祢。"**举显孝悌，表异孝行，所以奉天本也；秉耒躬耕，**《月令》疏："耒者，以木为之，长六尺六寸，底长尺有一寸。中央直者三尺有三寸，句者二尺有二寸。底，谓耒下向前曲，接耜者头而著耜。耜，金、铁为之。"**采桑亲蚕，垦草殖谷，开辟以足衣食，所以奉地本也；立辟雍庠序，**《北堂书钞》："《礼统》：'周天子曰辟雍，诸侯曰泮宫。乡曰庠，里曰序。'是其制也。"**修孝悌敬让，明以教化，**官本案："他本误作'以明'。"**感以礼乐，所以奉人本也。**《大戴礼》："礼有三本：天地者，性之本也；先祖者，类之本也；君师者，治之本也。无天地焉生？无先祖焉出？无君师焉治？三者偏亡，无安之人。故礼：

上事天，下事地，宗祀先祖而宠君师，是礼之三本也。"三者皆奉，则民如子弟，不敢自专，邦如父母，不待恩而爱，不须严而使，虽野居露宿，《国策》注："在野曰露。"厚于宫室，如是者，其君安枕而卧，莫之助而自强，莫之绥而自安，是谓自然之赏。自然之赏至，虽退让委国而去，《曲礼》疏："应进而迁曰退，应受而推曰让。"百姓褟负其子，随而君之，君亦不得离也。故以德为国者，甘于饴蜜，固于胶漆，颜师古《急就章》注："以蘖消米，取汁而煎之，澳弱者为饴。"《周礼》："鹿胶青白，马胶赤白，牛胶赤，鼠胶黑，鱼胶饵，犀胶黄。"崔豹《古今注》曰："漆树，以钢斧斫其皮，以竹管承之，汁滴，则漆也。"是以圣贤勉而崇本，而不敢失也。君人者，国之证也，申明"谋于众美"。不可先倡，感而后应，故居倡之位，而不得行倡之势，《索隐》曰："倡，谓先也。"不居和之职，而以和为德，常尽其下，故能为之上也。体国之道，在于尊神。尊者，所以奉其政也；神者，所以就其化也，故不尊不畏，不神不化。夫欲为尊者，在于任贤；欲为神者，在于同心。贤者备股肱，则君尊严而国安；同心相承，则变化若神；莫见其所为而功德成，是谓尊神也。

天积众精以自刚，《淮南子》："天地之袭精为阴阳，阴阳之专精为四时，四时之散精为万物。积阳之热气生火，火气之精者为日；积阴之寒气为水，水气之精者为月；日月之淫为精者，为星辰。"圣人积众贤以自强；天序日月星辰以自光，圣人序爵禄以自明。天所以刚者，非一精之力；圣人所以强者，非一贤之德也。故天道务盛其精，圣人务众其贤。盛其精而壹其阳，《广韵》："壹，专壹。"众其贤而同其心。壹其阳，然后可以致其神；同其心，然后可以致其功。是以建制❶之术，贵得贤而同心。为人君者，其要贵神。神者，不可得而视也，不可得而听也，是故视而不见其形，听而不闻其声。声之不闻，故莫得其响；不见其形，故莫得其影。莫得其影，则无以曲直也；莫得其响，则无以清浊也。无以曲直，则其功不可得而败；无以清浊，则其名不可得而度也。所谓不见其形者，非不见其进止之形也，言其所以进止不可得而见也；所谓不闻其声者，非不闻其号令之声也，言其所以号令不可得而闻也。不见不闻，是谓冥昏。能冥则明，能昏则彰。能冥能昏，是谓神人。君贵居冥而明其位，处阴而向阳，恶人见其情，而欲知人之心。是故为人君者，执无源之虑，行无端之事，以不求夺，以不问问。原注："一作'闻'。"吾以不求夺，则我利矣；彼以不出出，则彼费矣。官本案："上'出'，他本误作'见'。"吾以不问问，则我神矣；彼以不对对，则彼情矣。故终日问之，彼不知其所对；终日夺之，彼不知其所出。吾则以明，而彼不知其所亡。故人臣居阳而为阴，人君居阴而为阳，阴道尚形而露情，阳道无端而贵神。

---

❶ "建制"，聚珍本作"建治"。

保位权第二十

民无所好，君无以权也；民无所恶，君无以畏也；无以权，无以畏，则君无以禁制也；无以禁制，则比肩齐势，而无以为贵矣。《鹖子》："贤士千里而有一人，则犹比肩也。"《物理论》："在金石曰坚，在草木曰紧，在人曰贤。千里一贤谓之比肩。"故圣人之治国也，因天地之性情、孔窍之所利，以立尊卑之制，以等贵贱之差。原注："等，一作'异'。"师古曰："差，次也。"设官府爵禄，利五味，盛五色，调五音❶，以诱其耳目；自令清浊昭然殊体，《索隐》曰："蔡邕曰：'凡弦，以缓急为清浊。琴，紧其弦则清，缓其弦则浊。'"清浊者，言琴之声也。荣辱踔然相驳，以感动其心。务致民令有所好，有所好，然后可得而劝也，故设赏以劝之；有所好，必有所恶，官本案："他本衍一'必'字。"有所恶，然后可得而畏也，故设法以畏之。既有所劝，又有所畏，然后可得而制。制之者，制其所好，《淮南子》："故先王之制法也，因民之所好而为之节文者也。因其好色而制昏姻之礼，故男女有别；因其喜音而正《雅》《颂》之声，故风俗不流；

---

❶ "音"，聚珍本作"声"。

因其宁家室，乐妻子，教之以顺，故父子有亲；因其喜朋友而教之以悌，故长幼有序。然后修朝聘以明贵贱，飨饮习射以明长幼，时搜振旅以习用兵也，入学庠序以修人伦。此皆人之所有于性，而圣人之所匠成也。"是以劝赏而不得多也；制其所恶，是以畏法而不得过也。官本案："得，他本作'可'。"所好多，则作福；所恶多，则作威。作威则君亡权，天下相怨；作福则君亡德，天下相贼。故圣人之制民，使之有欲，官本案："民使，他本作'使民'。"不得过节；使之敦朴，不得无欲。无欲有欲，各得以足，而君道得矣。国之所以为国者，德也；君之所以为君者，威也。故德不可共，威不可分。德共则失恩，威分则失权，失权则君贱矣，失恩则民散矣，民散则国乱，君贱则臣叛。是故为人君者，固守其德，以附其民，固执其权，以正其臣。声有顺逆，必有清浊；形有善恶，必有曲直。故圣人闻其声，则别其清浊；见其形，则异其曲直。于浊之中，必见其清；于清之中，必见其浊；官本案："见，他本作'知'。"于曲之中，必知其直；于直之中，必知其曲。于声无小❶而不取，王本"无小"误作"之中"。于形无小而不举。不以著蔽微，不以众掩寡，各应其事，以致其报。黑白分明，然后民知所去就，民知所去就，然后可以致治，是为象则。为人君者，居无为之位，行不言之教，《道德经》："是以圣人处无为之事，行不言之教。"寂

---

❶ "无小"，聚珍本作"无细"。聚珍本"案，'无细'二字，他本误作'之中'"。

而无声，静而无形，执一无端，为国源泉。因国以为身，因臣以为心，以臣言为声，以臣事为形。有声必有响，有形必有影。《列子》："《黄帝书》曰：'形动，不生形而生影；声动，不生声而生响。'"声出于内，响报于外；形立于上，影应于下。响有清浊，影有曲直，响所报非一声也，影所应非一形也。故为君，虚心静处，聪听其响，明视其影，官本案："影，他本作'形'。"以行赏罚之象。其形❶赏罚也，响清则生清者荣，响浊则生浊者辱，影正则生正者进，影枉则生枉者绌。东汉刘恺议："是犹浊其源而望流清，曲其形而欲影直，不可得也。"擘名考质，以参其实。官本案："擘，他本作'责'。"《广韵》："擘，手擘取。"参，仓含切。赏不空行❷，罚不虚出。隐三年注："明君案见劳授赏，则众誉不能进无功；案见恶行诛，则众谗不能退无罪。"是以群臣分职而治，各敬而事，而，犹乃也。争进其功，显广其名，而人君得载其中，此自然致力之术也。官本案："术，他本误作'树'。"圣人由之，故功出于臣，名归于君也。

　　　　《春秋繁露》卷六终　　　　　　　　金陵洪万盈锓

---

❶ "形"，聚珍本、续经解本作"行"。
❷ "行"，聚珍本作"施"。

卷七

考功名第二十一

《潜夫论》："凡南面之大务，莫急于知贤；知贤之近途，莫急于考功。功诚考，则治乱暴而明。善恶信，则直贤不得见障蔽，而佞巧不得窜其奸矣。"

考绩之法，考其所积也。《尚书·舜典》："三载考绩，三考，黜陟幽明。"《尚书大传》："积不善至于幽，六极以类降，故黜之；积善至于明，五福以类相生，故陟之。"**天道积聚众精以为光，圣人积聚众善以为功。**《广韵》："功，绩也。《说文》曰：'以劳定国曰功。'"**故日月之明，非一精之光也；**《说文通论》："在天者，莫明于日月，故于文，日月为明。"**圣人致太平，非一善之功也。明所从生，不可为源；善所从出，不可为端。量势立权，因事制义。故圣人之为天下兴利也，其犹春气之生草也，各因其生小大而量其多少；其为天下除害也，若川渎之写**❶**于海也，**《释名》："川，穿也，穿地而流也。天下大水四，谓之四渎，江、河、淮、济是也。渎，独也，各独出其所而入海也。海，晦也，主承秽浊，其水黑如晦也。"按，泻，

---

❶ "写"，聚珍本、王道焜本、龙溪本作"泻"。

据《黄氏日钞》作"写"。**各顺其势倾侧而制于南北。故异孔而同归，**《管子》："利出一孔。"孔，训为道。**殊施而钧德，其趣于兴利除害一也。是以兴利之要，在于致之，不在于多少；除害之要，在于去之，不在于南北。考绩黜陟，**隐五年注："《春秋》拨乱世，以黜陟为本。"**计事除废，**原注："一作'费'。"**有益者谓之公，**《韩非·五蠹》曰："苍颉之作书也，自环者谓之私，背私谓之公。"《说文》云："自营为厶，背厶为公。"**无益者谓之烦，擎**官本按："他本作'挈'。"**名责实，不得虚言，有功者赏，有罪者罚，功盛者赏显，罪多者罚重。**《傅子》："治国有二柄：一曰赏，二曰罚。赏者，政之大德也；罚者，政之大威也。人所以畏天地者，以其能生而杀之也。为治，审持二柄，能使生杀不妄，则威德与天地并矣。"**不能致功，虽有贤名，不予之赏；官职不废，**师古曰："职，常也。谓常业也。"**虽有愚名，不予之罚。赏罚用于实，不用于名；贤愚在于质，不在于文。**《白虎通》："诸侯所以考黜何？王者所以勉贤抑恶，重民之至也。"《潜夫论》："古者诸侯贡士，一适谓之好德，再适谓之尚贤，三适谓之有功，则加之赏；其不贡士也，一则绌❶爵，再则绌地，三黜则爵、土俱毕。附下间❷上者刑，与闻国政而无益于民者斥，在上位而不能进贤者逐。其受事而重选举，审名实而取赏罚也如此，故

---

❶ "绌"，宜作"黜"。续经解本、《潜夫论·考绩》作"黜"。下"绌地"同。

❷ "间"，宜作"罔"。《潜夫论·考绩》作"罔"。

能别贤愚而获多士，成教化而安民氓。"**故是非不能混，**原注："一作'诈奇不能枉'。"**喜怒不能倾，奸轨不能弄，**原注："一作'筭'。"师古曰："'轨'与'宄'同。"**万物各得其冥，**原注："一作'贵非'。"**则百官劝职，争进其功。**

考试之法：大者缓，小者急，贵者舒，而贱者促。诸侯月试其国，州伯时试其部，四试而一考。诸侯一岁三考，州伯一岁一考。天子岁试天下，三试而一考。天子三岁一考。前后三考而绌陟，《白虎通》："所以三岁一考绩何？三年有成，故于是赏有功，黜不肖。"《索隐》曰："绌，音黜。黜退而后之也。"**命之曰计。**《周礼·大宰》："八曰官计。"郑司农云："官计，谓三年则大计群吏之治而诛赏之。"《宰夫》疏："计者，筭法。乘除之名，出于此也。"**考试之法，合其爵禄，**《白虎通》："爵者，尽也。各量其职，尽其才也。"服虔曰："爵，醮也，所以醮尽其才也。"《王制》疏："禄者，谷也。故郑注《司禄》云：'禄之言谷。年谷丰，乃后制禄。'《援神契》云：'禄者，录也。'《白虎通》云：'禄者，录也。上以收录接下，下以名录，谨以事上。'是也。"**并其秩，积其日，陈其实，计功量罪，以多除少，**东汉朱勃上书讼马援："臣闻：《春秋》之义，罪以功除。"**以为名定实。先内弟之，**案，弟，古"第"字，王本误作"定"。**其先比二三分，以为上、中、下，以考进退，**官本案："以，他本误移在'然后'二字下。"**然后外集，通名曰进退。增减多少，有率为弟句。九分，三三列之，亦有上、中、下，以为一最，五**

为中，九为殿。《汉书·宣帝纪》："丞相、御史课殿最以闻。"注："师古曰：'凡言殿最者，殿，后也。最，凡要之首也，课居先也。殿，音丁见反。'"《唐六典》："四善为上上，一最、三善为上中，一最、二善为上下，无最、有二善为中上，无最、有一善为中中，职事粗理、善最不闻为中下，爱憎任情、处断乖理为下上，背公向私、职务废缺为下中，居官谄诈、贪浊有状为下下。"**有余归之于中，中而上者有得，**《尚书大传》："《尧典》：一适谓之伩好德，再适谓之贤贤，三适谓之有功。"注："适，犹得也。"**中而下者有负。**案，《汉书》注："晋灼曰：令、丞、尉治一县，崇教化、亡犯法者，辄迁。有盗贼满三日不觉者，则尉事也。令觉之，自除二，尉负其二。率相准如此法。"作"负"字是，作"员"非。**得少者以一益之，至于四，负多者，以四减之，至于一，皆逆行。三四十二而成于计，得满计者绌陟之。次次每计，各逐其弟，以通来数。**官本按："逐，他本作'遂'。"**初次再计，次次四计，各不失故弟，而亦满计绌陟之。**

初次再计，谓上弟二也。次次四计，谓上弟三也。九年为一弟。二得九，并去其六，为置三弟。六六得等，为置二。并中者得三，尽去之。并三三计得六，并得一计得六。此为四计也。**绌者亦然。**江都邓文学立诚曰："考试之法，大者缓，小者急；贵者舒，贱者促。以汉法况之，县课丞尉，郡课县，州课郡，公卿课群吏。县之课丞尉也，令长于秋冬岁尽，各计县户口、垦田、钱谷入出、盗贼多少，上其集簿。丞尉以下，岁诣郡课校。其功多尤为最者，于廷尉劳勉之，以劝其后；负多尤为殿者，于后曹别责，以纠怠慢；诸对词穷尤困，收主者掾史，关白太守，使取法丞尉缚责以明下，转相督敕，为民除害。其郡守课县，秋冬遣无害吏，案讯诸囚，平其罪法，论课殿最。岁尽，遣吏上计。州刺吏课郡国，以六条问事，常以八月巡行所部郡国，录囚徒，考殿最。御史中丞总领州郡奏事，课第诸刺史。丞相典天下诛讨赐夺，天子受相国之安。其有日食、星变，诸阴阳不和，丞相不胜任，使者奉敕书，驾骓骆马，即时布衣出府，免为庶人。又案，试，若丞相设四科之辟，以博选异德名士，称才量能，皆试以能信，然后官之试，此即《对策》所谓'使者❶列侯、郡守、二千石，各责❷其吏民之贤者，岁贡各二人，以给宿卫。毋以日月为功，实试贤能为上'者也。"

通国身第二十二

《潜夫论》："是故养寿之士，先病服药；养世之君，先乱任贤，是以身常安而国脉永也。上医医国，其次下医医疾。夫人治国，故治身之象。疾者，身之病；乱者，国之病也。身之病，待医而愈；国之乱，待贤而治。治身，有黄帝之术；治世，有孔子之经。"

---

❶ "使者"，宜作"使诸"。《汉书·董仲舒传》作"使诸"。

❷ "各责"，宜作"各择"。《汉书·董仲舒传》作"各择"。

气之清者为精，人之清者为贤，治身者以积精为宝，治国者以积贤为道。身以心为本，国以君为主。精积于其本，则血气相承受；贤积于其主，则上下相制使。血气相承受，则形体无所苦；上下相制使，则百官各得其所。形体无所苦，然后身可得而安也；百官各得其所，然后国可得而守也。夫欲致精者，必虚静其形；欲致贤者，必卑谦其身。形静志虚者，精气之所趣也；谦尊自卑者，仁贤之所事也。故治身者，务执虚静以致精；治国者，务尽卑谦以致贤。能致精，则合明而寿；能致贤，则德泽洽而国太平。

｜三代改制质文[1]第二十三｜

《贤良策》："三王之道，所祖不同，非其相反，将以救溢扶衰，所遭之变然也。"又，"故王者有改制之名，亡变道之实，然夏上忠、殷上质、周上文者，所继之，救当用此也"。《啖助传》："言孔子修《春秋》意，以为夏政忠，忠之弊野，商人承之以敬；敬之弊鬼，周人承之以文；文之弊僿，救僿莫若忠。夫文者，忠之末也。设教于本，其弊且末。设教于末，弊将奈何？武王、周公，承商之弊，不得已用之。周公没，莫知所以改，故其弊甚于二代。孔子伤之，曰：

---

❶ "三代改制质文"，本书原目录作"三代改制"。

‘虞、夏之道，寡怨于民；商、周之道，不胜其弊。’故曰：‘后代虽有作者，虞帝不可及已。’盖言唐、虞之化，难行于季世，而夏之忠，当变而致焉。故《春秋》以权辅用，以诚断礼，而以忠道原情云。不拘空名，不尚狷介，从宜救乱，因时黜陟。古语云：‘商变夏，周变商，春秋变周。’而公羊子亦言：‘乐道尧、舜之道，以拟后圣。’知《春秋》用二帝三王法，以夏为本，不一守周典，明矣。”

《春秋》曰："王正月。"《传》曰："王者孰谓？谓文王也。官本案："下‘谓’字，他本误移在‘文王也’之下。"改正。曷为先言王而后言正月？王正月也。"隐元年《经》："元年春，王正月。"《传》："王者孰谓？谓文王也。曷为先言王而后言正月？王正月也。何言乎王正月？大一统也。"何以谓之王正月？曰：王者必受命而后王，王者必改正朔，易服色，制礼乐，一统于天下，所以明易姓非继仁，仁，当作"人"，声之误也。通以己受之于天也。王者受命而王，官本案："他本无‘者’字。"制此月以应变，故作科以奉天地，故谓之王正月也。隐元年注："以上系于王，知王者受命布政施教所制月也。王者受命，必徙居处，改正朔，易服色，殊徽号，变牺牲，异器械，明受之于天，不受之于人。"王者改制作科奈何？曰：当十二色，历各法而正色，逆数三而复，绌三之前曰五帝，《古今注》："程雅问董仲舒：‘自古何谓称三皇、五帝？’对曰：‘三皇，三才也。五帝，五常也。’"帝迭首一色；顺数五而相复，礼乐各以其法，象其宜；《史记·赵世家》："及至三王，随时制法，因事制礼。法度、制令，各顺其宜；衣服、器械，各便其用。故礼也不必一道，而变❶国不必古。圣人之兴也，不相袭而王；夏、殷之衰也，不易礼而灭。"顺数四而相复，咸作国号，迁宫邑，《小学绀珠》："少昊都曲阜，颛顼都濮阳，帝喾都亳，尧都冀，舜都蒲，夏都安邑，汤都亳，周都雍洛。"《白虎通》曰："黄帝作宫室，以避寒暑。宫之言中也。"《世本》："禹作宫。"易官名，制礼作乐。故汤受命而王，卢注："王，旧本作'正'，误。"应天变夏，作殷号，时正白统。亲夏、故虞，绌唐谓之帝尧，卢注："作'故亲夏虞'，今以下文'亲周故宋'之例改转。"以神农为赤帝，作宫邑于下洛之阳，名相官曰尹，原注："一作'名相曰宫尹'。"张编修曰："此以下，阙殷制作乐之等与文王受命之事。"爵卢注："'爵'字讹，当作'绌虞'二字。"谓之帝舜，以轩辕为黄帝，推神农以为九皇，作宫邑于丰，《诗·文王有声》笺："文王作邑于丰，立宫室。"案，丰邑在丰水之西。《括地志》："宫在雍州鄠县东三十五里。"徐广曰："丰在京兆鄠县东，有灵台。"名相官曰宰，作《武》乐、制文礼以奉天。武王受命，作宫邑于鄗，《诗》："宅是镐京，维龟正之，武王成之。"《周本纪》注："镐在上林昆明北，有镐池，去丰二十五里，皆在长安南。"制爵五等，作《象》乐，《象》舞，即《周颂·维清》章。《毛序》：

❶"变"，宜作"便"。续经解本、《史记·赵世家》作"便"。

"《维清》，奏《象》舞也。"笺："《象》舞，象用兵时刺伐之舞，武王制焉。"**继文以奉天。周公辅成王受命，作宫邑于洛阳，成文、武之制，**《水经注》："洛阳，周公所营洛邑也，故《洛诰》曰：'我卜瀍水东，亦惟洛食。'其城方七百二十丈，南系于洛水，北因于郏山，以为天下之凑；方六百里，因西以千里。挚仲洽曰：'古之周南，今之洛阳。'"**作《汋》乐以奉天。**《释文》："酌，音灼，字亦作'汋'。"《小序》："《酌》，告成，《大武》也。言能酌先祖之道，以养天下也。"**殷汤之后称邑，示天之变反命，故天子命无常，唯命是德庆。故《春秋》应天作新王之事，**隐元年注："《春秋》托新王受命于鲁。"**时正黑统。王鲁，**卢注："旧本'正'字、'王'字互易。"**尚黑，绌夏、亲周、故宋。**隐元年疏："何氏作《文谥例》云：'三科九旨者，新周、故宋，以《春秋》当新王。'此一科三旨也。"庄十八年[1]注："杞，夏后。不称公者，《春秋》黜杞，新周而故宋，以《春秋》当新王。"《史记·孔子世家》："乃因史记作《春秋》，上至隐公，下讫哀公十四年，十二公，据鲁、亲周、故殷，运之三代。"《乐动声仪》："先鲁后殷，新周故宋。然宋，商俗也。"**乐宜亲《招》武，**《索隐·五帝本纪》："招，音韶，即舜乐《箫韶》。九成，故曰《九招》。"武进刘庶常逢禄曰："武，当作'舞'，音近而讹。"**故以虞录亲，乐制宜商，合伯、**

---

[1] "十八年"，宜作"二十七"。《春秋公羊传注疏》卷八作"二十七"。

子、男为一等。《白虎通》："殷爵三等，谓公、侯、伯也。所以合子、男从伯者何？王者受命，改文从质，无虚退人之义，故上就伯也。"**然则其略说奈何？曰：三正以黑统初。正日月朔于营室，斗建寅。**《礼记·月令》："孟春之月，日在营室。"注："孟春者，日月会于娵訾而斗建寅之辰也。"**天统气始通化物，物见萌达，其色黑。**《白虎通·三正记》曰："十三月之时，万物始达，孚甲而出，皆黑，人得加功，故夏为人正，色尚黑。"**故朝正服黑，首服藻黑，**官本案："黑，他本误作'首'。"**正路舆质黑，马黑，**《明堂位》："夏后氏骆马，黑鬣。"**大节绥帻**刘庶常曰："绥，他本误作'缓'。节，符节。"董巴《舆服志》曰："古者君佩玉，尊卑有序。及秦，以采组连结于襚，谓之绥。汉承秦制，用而弗改。"《后汉·舆服志下》："千石、六百石，黑绥三采。"又，"自黑绥以下，襚皆长三尺，与绥同采，而首半之"。应劭《汉官》曰："绥长一丈二尺，法十二月；广三尺，法天、地、人也。"《后汉·舆服志》："帻者，赜也，头首严赜也。"注："《独断》曰：'帻，古者卑贱执事不冠者之所服也。'董仲舒《止雨书》曰：'执事者皆赤帻。'知不冠者之所服也。"《方言》曰："覆髻谓之帻。"**尚黑，旗黑，大宝玉黑，**《礼稽命征》："天命以黑，故夏有玄珪。"**郊牲黑，**《明堂位》："夏后氏牲尚黑。"**牺牲角卵。冠于阼，**《冠义》："適子冠于阼，以著代也。"注："东序少北，近主位也。"**昏礼逆于庭，**隐二年注："夏后氏逆于庭。"**丧礼殡于东阶之上。**《檀弓》："夏后氏殡于东阶之上。"**祭牲黑牡，**《檀弓》："夏后氏

179

尚黑，大事敛用昏，戎事乘骊，牲用玄。"**荐尚肝**，《郊特牲》注："殷祭肝。"案，夏祭心，尚肝，误。**乐器黑质，法不刑有怀任、新产者，是月不杀。**王者养微，故怀任、新产之月，虽有罪，法所不刑。**听朔，**《玉藻》曰："天子玄冕而朝日于东门之外，听朔于南门之外。"**废刑发德，**官本案："发，他本误作'法'。下同。"**具存二王之后也。亲赤统，故日分平明，平明朝正。**《尚书大传》夏以平旦为朔。**正白统奈何？曰：正白统者，历正日月朔于虚，斗建丑。**《月令》："季冬之月，日在婺女。"注："季冬者，日、月会于玄枵，而斗建丑之辰也。"**天统气始蜕化物，物始芽，其色白，**《白虎通》："《三正记》曰：'十二月之时，万物始牙而白。白者，阴气，故殷为地正，色尚白。'"**故朝正服白，首服藻白，正路舆质白，**《殷本纪》孔子曰："殷路车为善，而色尚白。"**马白，**《明堂位》："殷人白马黑首。"**大节绶帻尚白，旗白，**《明堂位》："殷之大白。"《郑志》答赵商："白者，殷之正色。王即戎，或命将，或劳师，不自亲将，故建先王之正色，异于亲自将也。"**大宝玉白，郊牲白，**《明堂位》："牲白牡。"**牺牲角茧。冠于堂，昏礼逆于堂，**隐三年❶注："殷人逆于堂。"**丧事殡于楹柱之间。**《檀弓》："殷人殡于两楹之间。"**祭牲白牡，**《檀弓》："殷人尚白，大事敛用日中，戎事乘翰，牲用白。"**荐尚肺，**《郊特牲》注："周祭肺。"案，殷祭肝。

---

❶ "三年"，宜作"二年"。续经解本、《春秋公羊传注疏》卷二作"二年"。

尚肺，误。**乐器白质，法不刑有身怀任，**《高帝纪》："已
而有娠。"注："孟康曰：'汉史身多作娠，古今字也。'师
古曰：'《汉书》皆以娠为任身字。'"**是月不杀，听朔，
废刑发德，具存二王之后也。亲黑统，故日分鸣晨，鸣
晨朝正。**《尚书大传》："殷以鸡鸣为朔。"卢注："下鸣
晨，旧本倒。"**正赤统奈何？曰：正赤统者，**卢注："此下
有脱，当云'历正日、月、朔于牵牛，斗建子。天统气始施化
物，之始动❶，其色赤❷，正路舆质赤，马赤'，补四十字，
据《尚书大传》及《白虎通》之文。"**大节绶帻尚赤，旗
赤，**《明堂位》："周之大赤。"**大宝玉赤，郊牲骍，**《檀
弓》："周人尚赤，大事敛用日出，戎事乘骝，牲用骍。"**牺
牲角栗，**栗，王本误作"粟"。《王制》："祭天地之牛，
角茧栗。"**冠于房，昏礼逆于户，**隐二年注："周人逆于
户。"**丧礼殡于西阶之上。**《檀弓》："周人殡于西阶之
上。"**祭牲骍牡，荐尚心，**《郊特牲》注："夏祭心。"
案，周祭肺。尚心，误。**乐器赤质，法不刑有身，重怀藏
以养微，是月不杀。听朔、废刑发德，具存二王之后也，
亲白统，故日分夜半，夜半朝正。**《尚书大传》："周以
夜半为朔。"**改正之义，奉元而起。古之王者受命而王，
改制称号，正月，服色定，然后郊告天地及群神，**官本
案："神，他本作'臣'。"**近远祖祢，然后布天下。诸**

---

❶ "之始动"，宜作"物始动"。龙溪本作"物始动"。

❷ "其色赤"，后宜据龙溪本补"故朝正服赤，首服藻赤"，否则难
足"四十字"数。

侯庙受，以告社稷、宗庙、山川，桓二年注："质家右宗庙，上亲亲；文家右社稷，上尊尊。"然后感应一其司。三统之变，近夷遐方无有，生煞"杀"同。者独中国。然而三代改正，必以三统天下，曰：三统五端，化四方之本也。天始废始施，地必待中，是故三代必居中国，法天奉本，执端要以统天下，朝诸侯也。是以朝正之义，天子纯统色衣，沈孝廉曰："《士昏礼》：'女从者毕袗玄。'《左传·僖五年》：'均服振振。'《续汉书·舆服志》：'郊祀之服，皆以袀玄。'郑所谓'上下皆玄'，杜所谓'上下同服'，此云'朝正之义'，又云'明乎天统'，以汉人言汉制，则为袀玄，明矣。'天子纯统色衣'，此'统'字不可解。盖天色玄，循天统之义，则衣之色用天统，尚玄也。'统'字非误，其文质尔。"诸侯统衣缠缘纽，大夫、士以冠参，近夷以绥，刘庶常曰："绥，他本作'缓'。案，《玉藻》：'缁布冠，缋绥，诸侯之冠也。'郑注：'诸侯缁布冠，有绥，尊者饰也。'对士大夫言，故云尊者。"遐方各衣其服而朝，《汉书·韩安国传》："且自三代之盛，夷狄不与正朔服色，非盛❶不能制，疆❷弗能服也。以为远方绝地，不牧之民，不足烦中国也。"所以明乎天统之义也。其谓统三正者，曰：正者，正也。统致其气，万物皆应而正；统正，其余皆正。凡岁之要，在正月也。法正之道，正本而末应，正内而外应，动作举错，靡不变化随从，可

---

❶ "盛"，宜作"威"。《汉书·韩安国传》作"威"。
❷ "疆"，宜作"强"。《汉书·韩安国传》作"强"。

谓法正也，故君子曰："武王其似正月矣。"《说苑》："孔子曰：'文王似元年，武王似春王，周公似正月。'"《春秋》曰："杞伯来朝。"王者之后称公，杞何以称伯？《春秋》上黜夏，下存周，以《春秋》当新王。庄二十八**❶**年《经》："杞伯来朝。"注："杞，夏后。不称公者，《春秋》黜杞、新周而故宋，以《春秋》当新王。黜而不称侯者，方以子贬，起伯为黜。"《春秋》当新王者奈何？曰：王者之法必正号。绌王谓之帝，封其后以小国，使奉祀之。下存二王之后以大国，使服其服，行其礼乐，称客而朝。隐三年注："王者封二王后，地方百里，爵称公，客待之而不臣也，《诗》云'有客宿宿，有客信信'是也。"故同时称帝者五，称王者三，所以昭五端、通三统也。隐三年《经》："春，王二月。"注："二月、三月皆有王者，二月，殷之正月；三月，夏之正月也。王者存二王之后，使统其正统，服其服色，行其礼乐，所以尊先圣、通三统。师法之义，恭让之礼，于是可得而观之。"《尚书大传》："王者存二代之后，与己为三，所以通三统、立三正。"是故周人之王，卢注："旧本缺'周'字，钱补。"尚"上"同。推神农为九皇，《书》释文："神农，炎帝也，姜姓，母曰女登。以火德王，三皇之二也。"《礼含文嘉》："神者，信也。农者，浓也。始作耒耜，教民耕种，美其食，德浓厚若神，故曰神农也。"而改号轩辕，谓之黄帝，《书》

---

❶ "二十八"，宜作"二十七"。《春秋公羊传注疏》卷八作"二十七"。

释文："黄帝，轩辕也，姬姓，少典之子，母曰附宝。以土德王，三皇之三也。《史记》云：'姓公孙，名轩辕，一号有熊氏。'"**因存帝颛顼、**《白虎通》："谓之颛顼何？颛者，专也；顼者，正也。能专正天人之道，故谓之颛顼也。"《书》释文："颛，音传；顼，许玉反。颛顼，高阳氏，姬姓，黄帝之孙，昌意之子。母曰景仆，谓之女枢。以水德王，五帝之二也。"**帝喾、**《白虎通》："谓之帝喾者何也？喾者，极也。言其能施行，穷极道德也。"《书》释文："高辛，帝喾也，姬姓。喾，口毒反。母名不见。以木德王，五帝之三也。"**帝尧之帝号，**《白虎通》："谓之尧者何？尧，犹峣峣也，至高之貌。清妙高远，优好博衍，众圣之主，百王之长也。"《书》释文："唐，帝尧也，姓伊耆氏。尧初为唐侯，后为天子，都陶，故号陶唐氏。帝喾之子，帝挚之弟，母曰庆都。以火德王，五帝之四也。"**绌虞，而号舜，曰帝舜，**《白虎通》："谓之舜者何？舜，犹僢僢也。言能推行尧道而行之。"《书》释文："虞，帝舜也，姓姚氏，国号有虞。颛顼六世孙，瞽瞍之子，母曰握登。以土德王，五帝之五也。"**录五帝以小国。**《释文》："孔安国云：'少昊、颛顼、高辛、唐、虞。'郑玄有黄帝，无少昊，余同。"**下存禹之后于杞，**《史记》："封大禹之后于杞。"《正义》曰："《括地志》云：'汴州雍丘县，古杞国。周武王封禹后于杞，号东楼公。二十一代，为楚所灭。'"**存汤之后于宋，以方百里，爵称公。**《释文》："汤者，契所封之地名。成汤伐桀，王天下，遂以为国号。"**皆使服其服，行其礼乐，称先王客而朝。**《春秋》作新王之事，变周之制，当正黑统。哀十四年注："春言狩者，盖据鲁，变周之春以为冬，去周之正而行夏之时。"**而殷、周为王者之后，绌夏，改号禹谓之帝，**卢注："'帝'下，当又有一'禹'字。"《白虎通》："夏者，大也，明当持守大道。殷者，中也，明当为中和之道也。周者，至也，密也，道德周密，无所不至也。"录其后以小国。故曰："绌夏存周，以《春秋》当新王。"**不以杞侯，**卢注："旧脱'杞'字，钱补。"**弗同王者之后也。称子又称伯何？见殊之小国也。**僖二十三年《经》："杞子卒。"注："始见称伯，卒独称子者，微弱，为徐、莒所胁，不能死位。《春秋》：'伯、子、男，一也，辞无所贬。'贬称子者，《春秋》绌杞不明，故以其一等贬之，明本非伯，乃公也。"**黄帝之先谥，**黄，谥也。在帝上，故曰先谥。《白虎通》："黄帝，先黄后帝何？古者顺死生之称，各持行，合而言之，美者在上。黄帝始制法度，得道之中，万世不易。名黄，自然也。后世虽圣，莫能与同也。后世得❶与天同，亦得称帝；不能立制作之时，故不得复称黄也。"《风俗通》："黄者，光也，厚也，中和之气，德四季，与天地同功，故先黄以别之也。"**四帝之后谥何也？**谥在帝下，故曰后谥。**曰：帝号必存五，帝代首天之色，**官本案："帝代，他本作'代帝'。"**号至五而反。周人之王，轩辕直首天黄号，**官本案："黄，他本作'皇'。"**故曰黄帝云。帝号尊而谥卑，故四帝后谥也。帝，尊号也，录以小何？曰：远者号尊而地小，近者号卑而地大，亲疏**

---

❶ "得"，宜作"德"。《白虎通·谥》、续经解本作"德"。

之义也。故王者有不易者，有再而复者，有三而复者，有四而复者，有五而复者，有九而复者，明此通天地、阴阳、四时、日月、星辰、山川、人伦，德侔天地者，称皇帝，《白虎通》："《礼记·谥法》曰：'德象天地称帝，仁义所生称王。'帝者，天号；王者，五行之称也。皇者，何谓也？亦号也。皇，君也，美也，大也，天之总美大称也。时质，故总之也。号之为皇者，煌煌，人莫违也。烦一夫，扰一士，以忧天下，不为皇也。不扰匹夫匹妇，故为皇号。言为帝者何？帝者，谛也，象可承也。"《七经义纲》："孔子曰：'天子之德，感天地，洞八方。'以化合神者称皇，德合天者称帝，德合仁义者称王。"天佑而子之，号称天子。《白虎通》："天子者何？爵称也。爵所以称天子者何？王者父天母地，为天之子也。"故圣王生则称天子，崩迁则存为三王，绌灭则为五帝，下至附庸，绌为九皇，下极其为民，有一谓之三代，故虽绝地，庙位官本案："绝，他本误作'纯'。"祝牲犹列于郊号，宗于代宗。《封禅书》："继昭夏，崇号谥，略可道者，七十有二君。"故曰：声名魂魄施于虚，极寿无疆。《白虎通》："魂魄者何？魂犹伝伝也，行不休于外也，主于情。魄者，迫然著人，主于性也。魂者，芸也，情以除秽；魄者，白也，性以治内。"《释文》："疆，居良反，竟也。"何谓再而复，四而复？《春秋》郑忽何以名？《春秋》曰："伯、子、男一也，辞无所贬。"桓十一年《传》："《春秋》伯、子、男，一也，辞无所贬。"注："《春秋》改周之文，从殷之质，合伯、子、男为一。一，辞无所贬，皆从子，夷狄进爵称子是也。"何以为一？曰：周爵五等，《春秋》三等。《春秋》何三等？"何"下当有"以"字。曰：王者以制，一商一夏，一质一文。商、质者主天，夏、文者主地，《春秋》者主人，故三等也。《白虎通》："爵有五等，以法五行也。或三等者，法三光也。或法三光，或法五行何？质家者据天，故法三光；文家据地，故法五行。"《元命包》曰："王者一质一文，据天地之道也，天质而地文。"**主天法商而王，其道侘阳，亲亲而多仁朴。**官本案："他本作'仁多仆'。"**故立嗣予子，笃母弟，**隐七年《经》："齐侯使其弟年来聘。"《传》："其称弟何？母弟称弟，母兄称兄。"注："分别同母者，《春秋》变周之文，从殷之质。质家亲亲，明当厚，异于群公子也。"**妾以子贵。冠昏之礼，字子以父别眇，**《郊特牲》："冠而字之，敬其名也。"**夫妇对坐而食。**《士昏礼》："布席于奥，赞告具，揖妇，即对筵，皆坐，皆祭。"《白虎通》："夫妇者，何谓也？夫者，扶也，扶以人道者也；妇者，服也，服于家事，事人者也。"**丧礼别葬，**《檀弓》："合葬，非古也。"**祭礼先膟，**《周礼·内饔❶》："夏行腒鱐，膳膏臊。"注："郑司农云：'膏臊，豕膏也。'杜子春云：'膏臊，犬膏也。'"**夫妻昭穆别位。制爵三等，禄士二品。制郊宫，**《汉书·终军传》："神明之敬，奉燔瘗于郊宫。"师古曰："谓泰畤及后土。"**明堂员，**蔡邕《明堂议》："其制度数，各有所法。堂方百四十四尺，'坤'之策也；屋圜，屋径三百十六尺，'乾'

---

❶ "内饔"，宜作"庖人"。《周礼注疏》卷四作"庖人"。

之策也。太庙、明堂方三十六丈，通天屋径九丈，阴阳九六之变也。圜盖方载，六九之道也。八闼以象八卦，九室以象九州，十二宫以应辰。三十六户、七十二牖，以四户、九牖乘九室之数也。户皆外设而不闭，示天下不藏也。通天屋高八十一尺，黄钟九九之实也。二十八柱列于四方，亦七宿之象也。堂高三丈，以应三统。四乡五色者，象其行。外广二十四丈，应一岁二十四气也。四周以水，象四海。王者之大礼也。"

其屋高严侈员。惟祭器员，玉厚九分，白藻五丝。衣制大上，首服严员。鸾舆尊盖，法天列象，垂四鸾。《通考》："有虞氏因彤车而制鸾车。"注："鸾，有和鸾也。"《大戴礼》："古之为路车也，盖圜以象天，二十八橑以象列星，轸方以象地，三十幅❶以象月。故仰则观天文，俯则察地理，前视则睹鸾和之声，侧听则观四时之运，此巾车教之道也。"**乐载鼓，**《书钞》："鼓，所以检乐，为群音之长也。"案，《商颂》："猗与那与，置我鞉鼓。"《传》："夏后氏足鼓，殷人置鼓，周人县鼓。"笺："多其改夏之制，乃始置我殷家之乐，鞉与鼓也。"今董云："载鼓、设鼓、县鼓、程鼓，见王者受命，必改乐器而异其制也。"**用锡侉，**锡舞，盖干舞也。《通考》："朱干，白金以饰其背，《记》曰'朱干设锡'是也。"**侉溢员。**官本案："他本脱下'侉'字。"案，"溢"与"佾"同。《汉书·礼乐志》："《郊祀歌》曰：'罗舞成八溢。'"**先毛、血**《诗》："执其鸾刀，以启其毛，取其血膋。"笺："毛以告纯也，血

❶ "幅"，宜作"辐"。《大戴礼记·保傅》作"辐"。

以告杀。"《郊特牲》曰："毛、血，告幽全之物，贵纯之道也。"而后用声。《祭统》："夫祭有三重焉：献之属莫重于裸，声莫重于升歌，舞莫重于《武宿夜》，此周道也。"正刑多隐，亲㣲多讳。卢注："㣲，盖古'戚'字。"封禅于尚位。主地法夏而王，其道进阴，尊尊而多义节。案，王本作"节义"。

故立嗣与孙，笃世子，《檀弓》注："《周礼》：'適子死，立適孙为后。'"妾不以子称贵号。昏冠之礼，字子以母别眇，夫妇同坐而食。丧礼合葬，祭礼先亨，官本案："他本脱'合葬'二字，衍一'丧'字，无'礼'字。"卢注："亨，古'烹'字。"郑康成曰："煮于镬曰亨。"妇从夫为昭穆。制爵五等，禄士三品。制郊宫，明堂方，其屋卑污方。祭器方，玉厚八分，白藻四丝。衣制大下，首服卑退。官本案："大，他本误作'天'。"鸾舆卑，法地周象，载垂二鸾。乐设鼓，用纤施俪，未详。俪溢方。先亨而后用声。正刑天法，封坛于下位。官本案："他本'于'误作'子'。"主天法质而王，其道佚阳，亲亲而多质爱。故立嗣予子，笃母弟，妾以子贵。昏冠之礼，字子以父别眇，夫妇对坐而食。丧礼别葬，祭礼先嘉疏，官本案："他本脱'别葬祭礼'四字，又误于'嘉疏'下衍'夫别葬祭礼'五字。"《曲礼》："稻曰嘉蔬。"郑注："嘉，善也。稻，菰蔬之属也。"夫妇昭穆别位。制爵三等，禄士二品。制郊宫、明堂，内员外楕，原注："音妥，圆长曰楕。一作'随'。"馆案："郑康成《仪礼》注：'隋方曰篋。'贾疏云：'狭而长也。'又，筹家有楕圆之术，凡非正方、正圆，通谓之椭也。"其屋如倚靡员椭。祭器椭，玉厚七分，原注："一无'玉'字。"白藻三丝。衣长前衽，首服员转。鸾舆尊盖，备天列象，垂四鸾。乐程鼓，用羽籥傩，《通考》："《籥师》：'祭祀，鼓羽籥之舞。'《诗》曰：'左手执籥，右手秉翟。'盖籥所以为声，翟所以为容也。"案，翟羽可用为仪。傩溢椭。先用玉声而后亨。《诗》："依我磬声。"笺："磬，玉磬也。堂下诸县与诸管声皆和平，不相夺伦，又与玉磬之声相依，亦谓和平也。玉磬尊，故异言之。"《郊特牲》："殷人尚声，臭味未成，涤荡其声。乐三阕，然后出迎牲。声音之号，所以诏告于天地之间也。"正刑多隐，亲徵多赦。封坛于左位。主地法文而王，其道进阴，尊尊而多礼文。故立嗣予孙，笃世子，妾不以子称贵号。昏冠之礼，字子以母别眇，夫妇同坐而食。丧礼合葬，《白虎通》："合葬者，所以固夫妇之道也。故《诗》曰：'谷则异室，死则同穴。'"祭礼先秬鬯，妇从夫为昭穆。制爵五等，禄士三品。制郊宫、明堂，内方外衡，其屋习而衡。官本案："而，他本作'其'。"祭器衡同，作秩机，官本案："秩，他本作'佚'。"玉厚六分，白藻三丝。衣长后衽，服首原注："一无'首'字。"习而垂流。鸾舆卑，备地周象，载垂二鸾，乐县鼓，《明堂位》："周县鼓。"《释文》："县，音玄。"用《万》傩，《通考》曰："万，入声。《商颂》曰：'万舞有奕。'何休释《公羊》'万舞'之说，以为象武王以万人伐纣。"宣八年《传》："'万'者何？干舞也。"注："干，谓楯也。能为人扞难而不使害人，故圣王贵之，以为武乐。'万'者，其篇名。"**僊溢衡。先亨而后用乐。正刑文公，**原注："未详。"案："他本复衍一'公'字。"案，据上文，当作"天法"二字，然"天法"亦误，似缺"多隐亲儌云云"六字。**封坛于左位。**

四法修官本案："修，他本作'条'。"**于所故，祖于先帝，故四法如四时然，**卢注："钱云：'四法，即夫子所以答颜渊者，王鲁故也。其前当有脱文❶。'"**终而复始，穷则反本。四法之天，施符授圣人王法，则性命形乎先祖，大昭乎王君。故天将授舜，主天法商而王，祖锡姓为姚氏。至舜，形体大上而员首，而明有二童子，**《五帝本纪正义》："瞽瞍姓妫，妻曰握登，见大虹，意感而生舜于姚墟，故姓姚。目重瞳子，故曰重华，字都君。龙颜、大口、黑色，身长六尺一寸。"《路史》："舜长九尺，大上员首。"**性长于天文，**《尚书考灵曜》："通天文者明。"宋均注："明于天道也。"**纯于孝慈。天将授禹，主地法夏而王，祖锡姓为姒氏，**《五帝本纪》："帝禹为夏后而别氏，姓姒氏。"注：《索隐》曰："《礼纬》曰：'禹母修己吞薏苡而生禹，因姓姒氏。'"《本行记》："夏禹号夏后氏，黄帝玄孙，姓姒，名文命。"**至于生发于背，**《楚世家》注："若夫前志所传，修己背坼而生禹，简狄破胸而生契，历代久远，莫足相证。近魏黄初五年，汝南屈雍妻王氏生男，从右胁下水腹上出，而平和自若，数月创合，母子无恙。斯近世之信也。天地之为，阴阳变化，安可守之一端，概以常理乎？"**形体**

---

❶ 笔者按，卢注为"脱字"，此误为"脱文"。

长，长足肵，疾行先左，随以右，官本案："先，各本误作'光'。"《尚书大传·略说》："禹其跳。其跳者，踦也。"注："其，发声也。踦，步足不能相过也。"**劳左佚右也，**《释文》："佚，音逸。"**性长于行，习地明水。**《尚书刑德考》："禹长于地理，水泉九州，得《括象图》，故尧以为司空。"**天将授汤，主天法质而王，祖锡姓为子氏。谓契母吞玄鸟卵生契，**《五帝本纪》："契为商姓，子氏。"注："而契姓、子氏者，亦以其母吞鳦子而生。"《本行记》："商姓子。"**契先发于胸，**《帝王世纪》云："简狄剖背生契。"**性长于人伦。至汤，体长专小，**卢注："专，读曰团。"**足左扁而右便，**《尚书大传·略说》："汤扁。扁者，枯也。"注："言汤体半小而扁枯。"**劳右佚左也，性长于天光，质易纯仁。天将授文王，主地法文而王，祖锡姓姬氏。**《五帝本纪》："弃为周姓，姬氏。"《轩辕黄帝传》："周发，黄帝一十九代孙。姓姬。"**谓后稷**《尚书》疏："后，训君也。《国语》云：'稷为天官，单名为稷。尊而君之，称为后稷。'故《诗》传、《孝经》皆以后稷为言，非官称后也。"**母姜原**《韩诗内传》："姜，姓；原，字。"或曰："姜原，谥号也。"**履天之迹，而生后稷，后稷长于邰土，播田五谷。**《周本纪》："周后稷，名弃。其母有邰氏女，曰姜原，为帝喾元妃。姜原出野，见巨人迹，心忻然说，欲践之。践之而身动如孕者，居期而生子。"《五经异义》引齐、鲁、韩《诗》说："圣人皆无父，感天而生。"《郡县志》："故釐城，一名武功城，在京兆府武功县西南二十二里，古邰国也。"**至文王，形体博长，有四乳**

而大足，《帝王世纪》："文王龙头虎眉，身长十尺，有四乳。"《雒书灵准听》："苍帝姬昌，日角鸟鼻，长八尺二寸，圣智慈理也。"性长于地文势。故帝使禹、皋论姓，知殷之德阳德也，故以子为姓；《三代世表》："姓之曰子氏。子者，兹兹益大也。"知周之德阴德也，故以姬为姓。《三代世表》："姓之曰姬氏。姬者，本也。"殷之德至以姬为姓，见《乐稽耀嘉》。故殷王改文，句。以男书子，照原注作"以男书子"，他本作"书始以男"。周王以女书姬。故天道各以其类动，非圣人孰能明之？

官制象天第二十四

《春秋元命包》："立三台以为三公，北斗九星为九卿；二十七大夫，内宿卫部之八十一纪❶，以为元士。凡百二十官，下应十二子。"

王者制官，三公、九卿、《汉书·百官公卿表》："周官则备矣。天官冢宰、地官司徒、春官宗伯、夏官司马、秋官司寇、冬官司空，是为六卿。太师、太傅、太保，是为三公。

---

❶ "内宿卫部之八十一纪"，《春秋公羊传注疏》卷五作"内宿部卫之列，八十一纪"。

盖参天子，坐而议政，无不总统，故不以职为官名。又立三少为之副：少师、少傅、少保，是为孤卿，与六卿为九焉。”二十七大夫、八十一元士，凡百二十人，而列臣备矣。吾闻圣王所取，仪金天之大经，三起而成，四转而终，官制亦然者，此其仪与！音余。三人而为一选，仪于三月而为一时也；四选而止，仪于四时而终也。三公者，王之所以自持也。天以三成之，王以三自持。立成数以为植而四重之，其可以无失矣，备天数以参事，治谨于道之意也。此百二十臣者，皆先王之所与正直而行也。是故天子自参以三公，官本案："他本无'是'字。"三公自参以九卿，九卿自参以三大夫，三大夫自参以三士。《白虎通》："一公置三卿，故九卿也。天道莫不成于三：天有三光，日、月、星；地有三形，高、下、平；人有三尊，君、父、师。故一公，三卿佐之；一卿，三大夫佐之；一大夫，三元士佐之。天有三光，然后而能遍照。各自有三，法物成于三：有始、有中、有终，明天道而终之也。"三人为选者四重，自三之道以治天下，若天之四重，自三之时以终始岁也。一阳而三春，春，王本作"者"。非自三之时与？而天四重之，其数同矣。天有四时，时三月；王有四选，官本案："有他本作'者'。"选三臣。是故有孟、有仲、有季，一时之情也；官本案："情，他本作'精'。"下同。有上、有下、有中，一选之情也。三臣而为一选，四选而止，人情尽矣。人之材固有四选，如天之时固有四变也。圣人为一选，君子为一选，善人为一选，正人为一选，由此以下者，不足选也。四选之中，各有节也。

故天选四堤，原注：“一作'堪'。”十二而人变尽矣。
尽人之变，合之天，唯圣人者能之，《风俗通》曰：“圣
者，声也。言闻声知情，故曰圣。”所以立王事也。何谓
天之大经？三起而成日，三日而成规，三旬而成月，三
月而成时，三时而成功。寒暑与和，三而成物；日月与
星，三而成光；天地与人，三而成德。由此观之，三而一
成，天之大经也，以此为天制。是故礼三让而成一节，官
三人而成一选。三公为一选，官本案：“三公，他本误作
'凡四'。”三卿为一选，三大夫为一选，三士为一选，
凡四选三臣，应天之制，凡四时之三月也。是故以其三
为选，取诸天之经；其以四为制，官本案：“原本作'四
时为制'。据文义，'时'字是衍文，今删之。”取诸天之
时；其以十二臣为一条，取诸岁之度；其至十条而止，
取之天端。何谓之天端？曰：天有十端，十端而止已。
官本案：“他本作'止而已'。”天为一端，地为一端，阴
为一端，阳为一端，火为一端，金为一端，木为一端，
水为一端，土为一端，人为一端，凡十端而毕，天之数
也。天数毕于十，王者受十端于天，而一条之率，官本
案：“他本衍'一条'字。他本'率'作'毕'。”每条一
端以十二时，如天之每终一岁以十二月也。十者，天之数
也，十二者，岁之度也。用岁之度，条天之数，十二而天
数毕。是故终十岁而用百二十月，官本案：“他本作'是
终故'。而，他本误作'百'。”条十端亦用百二十臣，以
率被之，官本案：“他本'被'作'彼'。”皆合于天。其
率三臣而成一慎，故八十一元士为二十七慎，以持二十七

大夫；二十七大夫为九慎，而持九卿；九卿为三慎，以持三公；三公为一慎，以持天子。天子积四十慎，以为四选，官本案："他本脱'慎'字。"选十慎三臣，皆天数也。是故以四选率之，师古曰："率，计也。"则选三十人，三四十二，百二十人，官本案："'人'字，他本误移在'百二十'上。"亦天数也。以十端四选，十端积四十慎，慎三臣，三四十二，官本案："他本脱'三'字。"百二十人，亦天数也。以三公之劳率之，则公四十人，三四十二，百二十人，亦天数也。故散而名之为百二十臣，选而宾之为十二长，所以名之虽多，莫若谓之四选十二长。然而分别率之，皆有所合，无不中天数者也。求天数之微，莫若于人。人之身有四肢，每肢有三节，三四十二，十二节相持，而形体立矣；天有四时，每一时有三月，三四十二，十二月相受，而岁数终矣；郑注："中数曰岁，朔数曰年。"官有四选，每一选有三人，三四十二，十二臣相参，而事治行矣。以此见天之数，人之形，官之制，相参相得也。人之与天，多此类者，而皆微忽，官本案："他本无'而'字。"不可不察也。天地之理，分一岁之变以为四时，四时亦天之四选也。是故春者少阳之选也，夏者太阳之选也，秋者少阴之选也，冬者太阴之选也。四选之中，各有孟、仲、季，是选之中有选，故一岁之中有四时，一时之中有三长，天之节也。人生于天而体天之节，故亦有大小厚薄之变，官本案："变，他本作'节'。"人之气也。先王因人之气，而分其变以为四选。是故三公之位，圣人之选也；三卿之位，君子之选也；三大夫之位，善人之选也；三士之位，正直之选也。分人之变以为四选，选立三臣，如天之分岁之变以为四时，时有三节也。天以四时之选与十二节相和而成岁，"成"下，旧有"就"字，衍。王以四时之选与十二臣相砥砺而致极，卢注："'臣'字，旧本脱，今校补。"砥，音纸，磨石也；砺，音例，砥石也。孔安国曰："砥细于砺，皆磨石也。"师古曰："砥砺者，盖譬诸金铁，磨利之也。细石曰砥，黑石曰砺。"道必极于其所至，然后能得天地之美也。

尧舜不擅移汤武不专杀[1]第二十五

尧、舜何缘而得擅移天下哉？《孝经》之语曰："事父孝，故事天明。"事天与父同礼也。今父有以重予子，子不敢擅与他人，人心皆然。则王者亦天之子也，天以天下予尧、舜，尧、舜受命于天而王天下，子犹安敢擅以所重受于天者予他人也。天有不以予尧、舜渐夺之，官本案："渐，他本作'斩'。"故明为子道，则尧、舜之不私传天下而擅移位也，无所疑也。儒者以汤武为至贤大圣也，官本案："至，他本作'大'。"以为全道、究义、尽

---

❶ "尧舜不擅移汤武不专杀"，本书原目录作"尧舜汤武"。

197

美者，故列之尧、舜之谓圣王，如_{而通。}法则之。今足下
以汤、武为不义，然则足下之所谓义者，何世之王也？
曰：弗知。弗知者，以天下王为无义者耶？其有义者而足
下不知耶？则答之以神农。应之曰：神农氏之为天子，
与天地俱起乎？将有所伐乎？神农氏有所伐，可；汤武
有所伐，独不可，何也？且"天之生民，非为王也；而
天立王，以为民也"。故其德足以安乐民者，天子❶之；
其恶足以贼害民者，天夺之。《诗》云："殷士肤敏，
裸将于京，侯服于周，天命靡常。"《传》："殷士，殷
侯也。肤，美。敏，疾也。裸，灌鬯也。周人尚臭。将，行。
京，大也。"笺云："无常者，善则就之，恶则去之。"言天
之无常予，无常夺也。故封泰山之上，禅梁甫之下，易
姓而王，德如尧、舜者，七十二人。《管子》曰："昔古
封禅七十二家，夷吾所识，十有二焉：无怀氏封泰山，伏牺、
神农、少皞、黄帝、颛顼、帝喾、帝尧、帝舜、禹、汤、周成
王皆封泰山。"《孝经纬》云："封于泰山，考绩燔燎；禅于
梁甫，刻石纪号。"王者，天之所予也；其所伐，皆天之
所夺也。今唯以汤、武之伐桀、纣为不义，则七十二王
亦有伐也，推足下之说，将以七十二王皆为不义也。故
夏无道而殷伐之，殷无道而周伐之，《释文》："周者，
代名也，其地在《禹贡》雍州之域，岐山之阳。于汉，属扶风
美阳县。"周无道而秦伐之，秦无道而汉伐之。《公羊》
疏："汉者，巴、汉之间地名也。于秦二世元年，诸侯叛秦，

---

❶ "子"，聚珍本、续经解本作"予"。宜改。

沛人共立刘季以为沛公。二年八月，沛公入秦。冬十月，为汉元年。六年正月，乃称皇帝，遂取汉为天下号。"有道伐无道，此天理也，所从来久矣，宁能至汤、武而然耶？夫非汤、武之伐桀、纣者，亦将非秦之伐周、汉之伐秦，官本案："他本无此四字。"非徒不知天理，又不明人礼。礼，子为父隐恶。今使伐人者，而信不义，当为国讳之，岂宜如诽谤者？《汉书》注："诽，非上所行也。"此所谓一言而再过者也。君也者，掌令者也，令行而禁止也。今桀、纣令天下而不行，禁天下而不止，安在其能臣天下也？果不能臣天下，何谓汤、武弑？《荀子》："能用天下之谓王。汤、武非取天下也，修其道，行其义，兴天下之同利，除天下之同害而天下归之也；桀、纣非去天下也，反禹、汤之德，乱礼义之分，禽兽之行，积其凶，全其恶，而天下去之也。天下归之之谓王，天下去之之谓亡。故桀、纣无天下，而汤、武不弑君，由此之效也。汤、武者，民之父母也；桀、纣者，民之怨贼也。今世俗之为说者，以桀、纣为君而以汤、武弑，然则是诛民之父母而师民之怨贼也，不祥莫大焉。"

服制第二十六

《荀子》："衣服有制，宫室有度，人徒有数，丧祭，械用皆有等夷。声则凡非雅者举废，色则凡非旧文者举息，械用则凡非旧器者举毁，夫是之谓复古，是王者之制也。"

率得十六万国三分之, 卢注:"钱云:'上有脱文。此首二句,亦与服制无涉。'"**则各度爵而制服,**《说苑》:"辩然不,通古今之道,谓之士;进贤达能,谓之大夫;敬上爱下,谓之诸侯;天覆地载,谓之天子。是故士服黻,大夫黼,诸侯火,天子山龙。德弥盛者文弥缛,中弥理者文弥章也。"**量禄而用财。饮食有量,衣服有制,宫室有度,**《周礼·典命》:"上公九命为伯,其国家、宫室、车旗、衣服、礼仪皆以九为节。侯伯七命,其国家、宫室、车旗、衣服、礼仪皆以七为节。子男五命,其国家、宫室、车旗、衣服、礼仪皆以五为节。"注:"国家之所居,谓城方也。公之城盖方九里,宫方九百步。侯伯之城盖方七里,宫方七百步。子男之城盖方五里,宫方五百步。《大行人职》则有诸侯圭藉、冕服、建常、樊缨、贰车、介、牢礼、朝位之数焉。"**畜产人徒有数,舟车甲器有禁。**《尔雅》:"天子造舟,诸侯维舟,大夫方舟,士特舟,庶人乘泭。"《尚书大传》:"得命,然后得乘饰车。饰车、骈马、衣文、骈锦。未有命者,不得衣,不得乘。乘有罚。"案,《管子·服制》作:"六畜、人徒有数,舟车、陈器有禁修。"**生有轩冕之位、贵禄田宅之分,死有棺椁、绞衾、圹袭之度。**《檀弓》:"天子之棺四重。"注:"上公三重,侯、伯、子、男再重,大夫一重,士不重。"《丧大记》:"君松椁,大夫柏椁,士杂木椁。"《孝经》注:"周尸为棺,周棺为椁。"《丧大记》:"小敛,绞缩者一,横者三。"《逸雅》:"所以束之曰绞衾。绞,交也,交结之也。衾,禁也,禁系之也。"《后汉书·赵咨传》:"天子袭十二称,诸公九称,诸侯七称,大夫五称，士三称。小敛，尊卑同，十九称。大敛，天子百称，上公九十称，侯、伯七十称，大夫五十称，士三十称。衣单复具曰称。"案，《管子》作："生则有轩冕、服位、谷禄、田宅之分，死则有棺椁、绞衾、圹垄之度。"然则"袭"当作"垄"。**虽有贤才美体，无其爵，不敢服其服；虽有富家多赀，无其禄，不敢用其财。**财，王本作"才"。案，《管子》作："虽有贤身贵体，毋其爵，不敢服其服。虽有富家多赀，毋其禄，不敢用其财。"**天子服有文章，夫人不得以燕飨公以庙，**《汉书·贾谊传》："古者天子后服，所以庙而不宴者也。"师古曰："庙则服之，宴处则不著，盖贵之也。"**将军、大夫不得以燕飨以庙，将军、大夫以朝官吏，**官本案："朝，他本误作'明'。"案，《管子》作："天子服文有章，而大夫不敢以燕以飨庙，将军、大夫以朝官吏。"**以命士止于带缘，**《玉藻》："士练带，率下辟。"注："辟，读如裨冕之裨。裨，谓以缯采饰其侧。人君充之，大夫裨其纽及末，士裨其末而已。"**散民不敢服杂采，百工商贾不敢服狐貉，**《白虎通》："商、贾何谓也？商之为言，商其远近，度其有无，通四方之物，故谓之商也。贾之为言固，固其有用物，以待民来，以求其利者也。行曰商，止曰贾。"案，《管子》作："百工、商贾不得服长鬈貂。"《玉藻》注："谓庶人无文饰。"犬羊为庶人之裘，则君子所服，惟宜狐貉而已。**刑余戮民不敢服丝玄纁、乘马，**案，《管子》作："不敢畜连乘车。"《汉书·高帝纪》："贾人毋得衣锦绣绮縠絺纻罽，操兵，乘骑马。"《周礼·校人》注："马社，始乘马者。"《世本·作》曰："相士作乘马。"

谓之服制。《汉书·货殖传》："昔先王之制，自天子、公侯、卿大夫、士，至于皂隶、抱关击柝者，其爵禄奉养、宫室、车旗、棺椁、祭祀、死生之制，各有差品，小不得僭大，贱不得逾贵。夫然，故上下序而民志定。"《曹褒传》："汉初，天下创定，朝制无闻。叔孙通颇采经礼，参酌秦法，虽适物观时，有救崩敝，然先王之容典盖多阙矣，是以贾谊、仲舒、王吉、刘向之徒，怀愤叹息所不能已也。"

《春秋繁露》卷七终　　　　　金陵洪万盈锓

卷八

度制第二十七

原注：“一名调均篇。”案，《后汉·荀爽传》：“及董仲舒制度之别。”注：“前《书》董仲舒曰：‘王者法制之宜，别上下之序，以防欲也。’”注引董仲舒《对策》。王氏《困学纪闻》谓：“制度之别，必有其书。今《春秋繁露》有《度制》篇。”未知其是否。

孔子曰：“不患贫而患不均。”故有所积重，则有所空虚矣。大富则骄，大贫则忧，大，并音泰。忧则为盗，《释文》：“盗，徒到反。盗从涎，涎，似延反，口液也。俗作盗者，全非。”骄则为暴，此众人之情也。圣者则于众人之情，见乱之所从生，故其制人道而差上下也，使富者足以示贵而不至于骄，贫者足以养生而不至于忧，以此为度而调均之，《坊记》：“子云：‘小人贫斯约，富斯骄。约斯盗，骄斯乱。’礼者，因人之情而为之节文，以为民坊者也。故圣人之置❶富贵也，使民富而不足以骄，贫不至于约，贵不慊于上，故乱益亡。”是以财不匮而上下相安，故易治也。今世弃其度制，而各从其欲。欲无所穷，而俗得自恣，其势

---

❶ “置”，《礼记正义》卷五一作“制”。

无极，大人病不足于上，而小民羸瘠于下，师古曰："衣食
不充，故羸瘦也。一曰：羸谓无威力。"则富者愈贪利而不肯
为义，贫者日犯禁而不可得止，是世之所以难治也。

孔子曰："君子不尽利以遗民。"《诗》云："彼
有遗秉，此有不敛穧，伊寡妇之利。"《传》："秉，把
也。"笺："遗秉，滞穗，故听矜寡取之以为利。"故君子
仕则不稼，田则不渔，食时不力珍，《孔子闲居》❶注：
"食时，谓食四方❷之膳也。力，犹务也。天子、诸侯有秩
膳。"大夫不坐羊，士不坐犬。《孔子闲居》疏："大夫不
坐羊，士不坐犬者，言大夫无故不得杀羊坐其皮，士无故不得
杀犬坐其皮，皆谓不贪其利以厚己也。"《诗》曰："采葑
采菲，无以下体。《诗》传云："葑，须也。"《尔雅·释
草》云："须，葑苁。"陆机云："又谓之苁，吴人谓葑。
苁，蔓菁。"《释草》云："菲，蒠菜。"《孔子闲居》注：
"采葑菲之菜者，采其叶而可食，无以其根美则并取之，苦则
弃之。并取之，是尽利也。"德音莫违，及尔同死。"以此
防民，民犹忘义而争利，以亡其身。天不重与，有角不
得有上齿。《戴记》："戴角者无上齿。"师古曰："谓牛
无上齿，则有角。其余无角者，则有上齿。"故已有大者，
不得有小者，天数也。夫已有大者，又兼小者，天不能足
之，官本案："足，他本作'是'。"况人乎？故明圣者，

---

❶ "《孔子闲居》"，宜改为"《坊记》"。《礼记正义》卷五一作
"《坊记》"。

❷ "四方"，《礼记正义》卷五一作"四时"。

象天所为，为制度，使诸有大奉禄，亦皆不得兼小利、与民争利业，乃天理也。凡百乱之源，皆出嫌疑纤微，以渐浸稍长，至于大。师古曰："浸，古'侵'❶字。侵，渐也。"圣人章其疑者，别其微者，绝其纤者，不得嫌，以蚤防之。师古曰："蚤，古'早'字。"圣人之道，众堤防之类也，《贤良策》："夫万民之从利，如水之走下，不以教化堤防之，不能止也。是故教化立而奸邪皆止者，其堤防完也。教化废而奸邪并出，刑罚不能胜者，其堤防坏也。"谓之度制，谓之礼节，故贵贱有等，衣服有别，朝廷有位，乡党有序，则民有所让而民不敢争，所以一之也。《书》曰："辇服有庸，音豫，两手对举之车。《封禅书》："僮千人，乘辇。"谁敢弗让，敢不敬应？"此之谓也。

凡衣裳之生也，为盖形煖身也。然而染五采、饰文章者，《考工》："绘画❷之事，杂五色：东方谓之青，南方谓之赤，西方谓之白，北方谓之黑，天谓之玄，地谓之黄。青与白相次也，赤与黑相次也，玄与黄相次也。青与赤谓之文，赤与白谓之章。"非以为益饥肤❸血气之情也，将以贵贵尊贤，而明别上下之伦，使教亟行，使化易成，为治为之也。若去其度制，使人人从其欲，快其意，以逐无穷，是大乱人伦而靡斯财用也，失文采所遂生之意矣。上下之伦不别，其势不能相治，故苦乱也；嗜欲之物无限，其数

---

❶ "侵"，《汉书·礼乐志》作"浸"。下"侵"字同。
❷ "绘画"，《周礼注疏》卷四〇作"画缋"。
❸ "饥肤"，畿辅本、龙溪本作"肌肤"。

不能相足，故苦贫也。今欲以乱为治，以贫为富，非反之制度不可。古者天子衣文，诸侯不以燕；大夫衣缘，卢注："衣缘，旧本讹作'以禄'，今改。"案，疑作"织"。《诗》笺："大夫以上衣织。"士不以燕，庶人衣缦。此其大略也。

爵国第二十八

《春秋》曰："会宰周公。"僖九年《经》："夏，公会宰周公。"《释文》："郑云：'宰，主也。'干云：'济其清浊，和其刚柔，为纳之中和，曰宰。'"又曰："公会齐侯、宋公、郑伯、许男、滕子。"又曰："初献六羽。"卢注："此六字，疑衍。"案，"天子三公"云云，在"初献六羽"《传》内，是，非衍文也。《传》曰："天子三公称公，王者之后称公，其余大国称侯，小国称伯、子、男。"隐五年《传》："天子三公称公，王者之后称公，其余大国称侯，小国称伯、子、男。"凡五等，故周爵五等，土❶三品，官本案："土，他本作'上'。"文多而实少。《春秋》三等，合伯、子、男为一爵，土二品，文少而实多。官本案："他本作'上二等，文多而

---

❶ "土"，续经解本作"士"。下文"土二品"同。

実少'。"《春秋》曰："荆。"《传》曰："氏不若人，人不若名，名不若字。"庄十年《传》："荆者何？州名也。州不若国，国不若氏，氏不若人，人不若名，名不若字，字不若子。"**凡四等，命曰附庸，**《春秋元命包》："王者封国，上应列宿之位。其余小国，不中星辰者，以为附庸。"《王制》注："小城曰附庸者，以国氏❶附于大国，未能以其名通也。"**三代共之。然则其地列奈何？曰：天子邦圻千里，**《尚书大传》："圻者，天子之境也。"《诗》笺："祈、圻、畿，同。"**公、侯百里，伯七十里，子、男五十里，附庸，字者方三十里，名者方二十里，人、氏者方十五里。**《春秋》曰："宰周公。"《传》曰："天子三公。""祭伯来"。《传》曰："天子大夫。"隐元年《传》："祭伯者何？天子之大夫也。""宰渠伯纠"。《传》曰："下大夫。"桓四年《经》："夏，天王使宰渠伯纠来聘。"《传》："下大夫也。"庄侍郎曰："《春秋》志天子之大夫，上下列其等，戚疏异其分。父子之恩，长幼之序，靡不毕见。以三公兼官，惟志冢宰耳。诸侯之臣，虽内大夫，不称其官。官之志，惟宋耳。""石尚"。《传》曰："天子之士也。"定十四年《传》曰："石尚者何？天子之士也。""王人"。《传》曰："微者，谓下士也。"僖八年《传》："王人者何？微者也。"隐元年《传❷》："微者，谓士也。"**凡五等。**《春秋》曰："作三军。"

---

❶ "国氏"，《礼记正义》卷一一作"国事"。
❷ "传"，《春秋公羊传注疏》卷一作"注"。

《传》曰："何以书？讥，何讥尔？古者上卿、下卿，上士、下士。"襄十一年《经》："作三军。"《传》："古者上卿、下卿。"注："古者有司徒、司空，上卿各一，下卿各二。司马事省，上下卿各一。上士相上卿，下士相下卿。"凡四等，小国之大夫与次国下卿同，次国大夫与大国下卿同，大国下大夫与天子下士同。二十四等，禄八❶差，有官本案："他本'禄'下有'等'字。"刘庶常曰："疑作'禄入有差'。"大功德者受大爵土，功德小者受小爵土，大材者执大官位，小材者受小官位。如其能宣，治之至也。《傅子》："爵禄者，国柄之本，而富贵之所由，不可以不重也。然则爵非其德不授，禄非其功不予。二教既立，则良士不敢以贱德受贵爵，劳臣不敢虚干爵禄之制乎？然则先王之用爵禄，不可谓轻矣。夫爵者位之级，而禄者官之实也。级有等而称其位，实足利而周其官。此立爵禄之分也。爵禄之分也❷定，必明选其人而重用之：德贵功多者，受重爵大位、厚禄尊官；德浅功寡者，受轻爵小位、薄禄卑官。"故万人者曰英，千人者曰俊，百人者曰杰，十人者曰豪，《淮南子》："故智过万人者谓之英，千人者谓之俊，百人者谓之豪，十人者谓之杰。"《人物志》曰："兽之特者为雄，草之秀者为英。韩信是雄，张良是英。"豪、杰、俊、英不相陵，故治天下如视诸掌上。《礼记·中庸》："治国，其如示诸掌乎？"郑注："物而在掌中，易为知力者也。"

---

❶ "八"，续经解本作"入"。

❷ "也"，续经解本作"已"。

其数何法以然？曰：天子分左右五等，三百六十三人，法天一岁之数，《天官》疏："天有三百六十余度，天官亦总摄三百六十官，故云象天也。"五时色之象也。通佐十上卿与下卿，官本案："十上，他本误倒。"而二百二十人，官本案："下'二'，他本作'六'。"天庭之象也，《春秋元命包》："太微为天庭，五帝以合时。紫微宫为大帝，中有五帝佐，五帝合明。"倍诸侯之数也。诸侯之外佐四等，百二十人，法四时六甲之数也，通佐五与下，而六十人，法日、辰之数也。佐之必三三而相复何？曰：时三月而成，大辰三而成象。诸侯之爵或五何？法天、地之数也，五官亦然。《曲礼》："天子之五官，曰司徒、司马、司空、司士、司寇。"疏："向立六官，以法天之六气。此又置五官，以象地之五行也。"然则立置有司、官本案："他本无'然'字。"分指数奈何？曰：诸侯大国四军，古之制也。官本案："他本无'也'字。"其一军以奉公家也。案，诸经皆言大国三军。春秋之制，方伯二师，从无四军者。考《小司徒》注："百里之国凡四都，一都之田税入于王。"古者计夫出税，有税则有夫，以其奉公家也。故不言四军而言三军，其实暗中有一军也。凡口军三口者何？曰：大国十六万口，而立口军三。何以言之？曰：以井田准数之，卢注："'准'之正字为'準'，而《周书》《文子》《管子》《庄子》《吕览》《淮南》皆有'准'字，则相沿省文已久矣。"《汉旧仪》："五人为伍，伍长一人。十人为什，什长一人。百人为卒，卒史一人。五百人为旅，旅帅一人。二千五百人为师，师帅一人。万二千五百人为军，军将一人，以上卿为将军。九夫为井，四井为邑，四邑为丘，四丘为乘。乘则具车一乘，四马，步卒三十六人。千乘之国，马四千匹，步卒三万六千人，为三军，大国也。次国二军，小国一军。”方里而一井，一井而九百亩《王制》："方一里者，为田九百亩。"注："一里，方三百步。"疏："案，《论语》云'步百为亩'，是长一百步，阔一步。'亩百为夫'，是一顷也，长、阔一百步。'夫三为屋'，是三顷也，阔二百步，长一百步。'屋三为井'，是九百亩也，长、阔一里。"而立口。方里八家，百亩以食五口。宣十五年注："是故圣人制井田之法而口分之，一夫一妇，受田百亩，以养父母妻子，五口为一家。"上农夫耕百亩，食九口，次八人，次七人，次六人，次五人。多寡相补，率百亩而三口，方里而二十四口。方里者十，得二百四十口。方十里为方百里者百，得二千四百口。方百里卢注："方百里下，旧本有'为方里者千，得二万四千口，方千里者'十四字，系衍文，钱校删。"为方里者万，得二十四万口。法三分而除其一，城池、郭邑、屋室、闾巷、街路市、宫府、园囿、菱圃、官本案："菱，他本误作'姜'。"卢注："菱圃，与'委巷'同。"台沼、橡采，官本案："沼，他本误作'治'。"得良田方十里者六十六，十与方里六十六，"与"上"十"字，当在"方"字之下，"里"字之上，当有"者"字。定率得十六万口，三分之，则各五万三千三百三十三口，官本案："他本脱'五'字。"为大缺一字。口军三，此公侯也。天子地方千里，为方百里者百，亦三分除其一，定得田方百里者六十六，与方十里者六十六，定率得千六百万口，九分之，各得百七十七万七千七百七十七口，为京口军九，三京口军以奉王家。内官略见如此。**故天子立一后，**《曲礼》曰："天子之妃曰后。"注："后之言後也。执理内事，在夫人之後也。"师古曰："后亦君也。天曰皇天，地曰后土，故天子之妃，以后为称，取象二仪。"**一世夫人，中、左、右夫人，**《汉书·外戚传》："妾皆称夫人，又有美人、良人、八子、七子、长使、少使之号焉。"《独断》："天子一娶十二女，象十二月：三夫人，九嫔。"**四姬，**《汉书·文帝纪》臣瓒注："姬，内官也，秩比二千石，位次婕妤下，在八子上。"**三良人。**《汉书·外戚传》："良人视八百石，比右庶长❶。"师古曰："良人，谓妾也。"《檀弓》注："帝喾而立四妃矣，象后妃四星：其一明者为正妃，余三小者为次妃。帝尧因焉。至舜，不告而取，不立正妃，但三妃而己，谓之三夫人。夏后氏增以三三而九，合十二人。《春秋说》云'天子取十二'，即夏制也。"案，合一后，一世夫人，中、左、右夫人，四姬，三良人，孚十二人之数，盖用夏制也。**立一世子、**《新书》："古之帝王将立世子，则帝自朝服自阼阶上，西乡于妃。妃抱世子自房出，东乡。太史奉书而上堂，当两阶之间，北面立，曰'世子名曰某'者三。帝执礼称辞，命世子曰'授太祖、太宗与社稷于子'者三。其命也，妃曰'不敢'者再；于三命，曰'谨受命'，拜而退。太史以告太祝，太祝以告太祖、太宗与社稷。大史出以告太宰，太宰以告州伯，州伯命藏之州府。凡诸贵以

---

❶ "右庶长"，《汉书·外戚传》作"左庶长"。

下至于百姓男女，无敢与世子同者。以此防民，百姓犹有争为君者乎？夫势明则民定而出于一道，故人皆争为宰相而不奸为世子，非宰相尊而世子卑也，不可以知求，不可以力争也。"**三公、九卿、二十七大夫、八十一元士、二百四十三下士。有七上卿、**张编修曰："有七上卿以下二百二十人，所谓通佐也。通佐之官，他书不见。"**二十一下卿、六十三元士、百二十九下士。王后置一太傅、太母，三伯，三丞。二十二十，**"世"字之误。**夫人、四姬、三良人，各有师、傅。**襄二十三年❶注："礼：后、夫人必有傅、母，所以辅正其行、卫其身也。选老大夫为傅，选老大夫妻为母。"解云："《春秋说》文，作时王之礼。"**世子一人，太傅、三傅、**《汉旧仪》："太傅一人，真二千石，礼如师。亡新更为太子师。"贾谊《治安策》："昔者成王幼，在襁褓之中，召太公为太保，周公为太傅，太公为太师。保，保其身体；傅，傅之德义；师，道之教训。此三公之职也。于是为置三少，皆上大夫也，曰少保、少傅、少师，是与太子宴者也。故乃孩提有识，三公、三少因明孝仁礼义以道习之，逐去邪人，不使见恶行。于是皆选天下之端士、孝弟博闻有道术者以卫翼之，使与太子居处出入。故太子乃生而见正事，闻正言，行正道，左右前后皆正人也。"**三率、三少。士入仕宿卫天子者，**张编修曰："仕入宿卫者，如《周官》次舍之人民。"案，《三辅黄图》，汉有长水、中垒、屯骑、虎贲、越骑、步兵、射声、胡骑，宿卫王宫，周庐值宿。《百官表》胡广云：

---

❶ "二十三"，《春秋公羊传注疏》卷二一、续经解本作"三十"。

"卫士，于周垣下为区庐。区庐者，若今之杖宿屋矣。"《元纪》初元五年，师古曰："卫尉有八屯，卫侯司马主卫士徼巡宿卫。"《董仲舒传》："臣愚，以为宜使诸列侯、郡守、二千石，各择其吏民之贤者，岁贡各二人，以给宿卫。"比下士，下士者如上士之下数。王后御卫者，上下御各五人；《周礼》"女御"注："《昏义》所谓御妻。御，犹进也，侍也。"疏："凡后下御，皆是后宫进在王寝，侍息宴。"二十二十，"世"字之误。夫人、中左右夫人、四姬，上下御各五人；三良人，各五人。世子妃姬及士卫者，如公侯之制。王后官本案："后，他本误作'侯'。"傅，上下史五人；三伯，官本案："伯，他本误作'百'。"上下史各五人；少伯，史各五人。世子太傅，上下史各五人；少傅，亦各五人；三率、三下率，亦各五人。官本案："他本无'亦'字。"三公，上下史各五人；卿，上下史各五人；大夫，上下史各五人；元士，上下史各五人；上下卿、上下士之史，上下亦各五人。卿、大夫、元士，臣各三人。故公侯方百里，官本案："百，他本误作'伯'。"三分除一，定得田方十里者官本案："定得，他本误倒。"六十六，与方里六十六，定率得十六万口。三分之，为大国口军三，而立大国。一夫人、《独断》："诸侯之妃曰夫人。夫人之言扶也。"一世妇、《周礼》注："世妇，谓宫卿之官，掌女宫之宿戒。"《独断》："公侯有夫人，有世妇。"左右妇、三姬、二良人。立一世子、三卿、九大夫、二十七上士、八十一下士，亦有五通大夫，张编修曰："通大夫、上下士，所谓通佐也。此不言人数，下文次国、小国云五上士、十五下士，计共二十五人，与前言六十人不相应。天子通佐二百二十人，诸侯不应若是之少，且非三三相复之率。疑当云'五通大夫、十五上士、四十五下士，凡六十五人'。言六十者，举大数也。或前文脱'五'字。"立上下士。上卿位比天子之元士，今八百石，今八百石者，以汉法况之。《国策》："自三百里石吏而效之、子之。"注："《大事记》：'以石计禄，始见于此。'"下卿六百石，上士四百石，下士三百石。夫人一傅、母，三伯，三丞。世妇、左右妇、三姬、二良人，各有师保。世子，一上傅、丞。士宿卫公者，比公者比上卿者，有三人；下卿六人，比上下士者，如上下之数。夫人卫御者，上"王后"作"御卫"。上下御各五人；世妇、左右妇，上下御各五人；二卿，御各五人。世子上傅，上下史各五人；丞，史各五人；三卿、九大夫、上士，史各五人；下士，史各五人；通大夫、士，上下史各五人；卿，臣二人。此公侯之制也。公侯贤者，为州方伯。《王制》："二百一十国以为州，州有伯。"注："凡长，皆因贤侯为之。殷之州长曰伯。"锡斧钺，置虎贲百人。庄元年注："礼有九锡：一曰车马，二曰衣服，三曰乐则，四曰朱户，五曰纳陛，六曰虎贲，七曰弓矢，八曰铁钺，九曰秬鬯，皆所以劝善扶不能。言命不言服者，重命不重其财物。礼：百里不过九命，七十里不过七命，五十里不过五命。"故伯七十里，七七四十九，以开方言之。三分除其一，定得田方十里者二十八，与方十里者六十六，定率得十万九千二百一十二口，为次国口军三，而立次国。一夫人、世妇、左右妇、三良人、二孺子。立一世子、三卿、九大夫、二十七上士、八十一下士，与五通大夫、五上士、十五下士。其上卿位比大国之下卿，今六百石，下卿四百石，上士三百石，下士二百石。夫人一傅、母，三伯，三丞。世妇、左右妇、三良人、二御人，官本案："御，各本误作'卿'。"各有师保。世子，一下士原注："一作'上下'。"傅。士宿卫公者，比上卿者三人，下卿六人，比上下士，如上下官本案："他本下衍'士'字。"之数。夫人御卫者，上下士御各五人；世妇、左右妇，上下御各五人；二御，各五人。世子上傅，上下史各五人；丞，史各五人；三卿、九大夫，上下史各五人；下士，史五人；通大夫，上下史各五人；卿，臣二人。故子、男方五十里，五五二十五，为方十里者六十六，定率得四万疑有误。口，为小国口军三，而立小国。夫人、"夫人"上，当有"一"字。世妇、左右妇、三良人、二孺子。立一世子、三卿、九大夫、二十七上士、八十一下士，与五通大夫、五上士、十五下士。其上卿比次国之下卿，今四百石，下卿三百石，上士二百石，下士百石。夫人一傅、母，官本案："母，他本误作'氏'。"三伯，三丞。世妇、左右妇、三良人、一御官本案："他本作'二卿'，误。"人，各有师保。世子，一上下傅。官本案："傅，他本误作'传'。"士宿卫公者，比上卿者三人，下卿六人。夫人卢注："旧本缺'夫人'二字，赵校增。"御卫者，上下御各五人；世妇、左右妇，上下御各五人；二御人，各五人。世子上傅，上下史各五人；三卿、九大夫，上下史各五人；士，各五人；通原注："一作'五'。"大夫，上下史亦各五人；卿，臣三人。此周制也。《春秋》合伯、子、男为一等，故附庸字者地方三十里，三三而九，而、如通。三分而除其一，定得田方十里者六十，定率得一万四千四百口，为口师三，而立一宗妇、二妾、一世子、宰丕、丞官本案："丞，他本作'承'。"一、士一、秩士五人。宰视子、男下卿，今三百石。宗妇有师保，御者三人，妾各二人。世子一傅。士宿卫君者比上卿、下卿一人，上下各如其数。世子傅，上下史各五人，下良五。有误。称名善者，地方半字君之地，九半，四分除其一，定得田方十里者三，定率得七千二百口。一世子宰，今二百石。下四半三半二十五。三分除其一，定得田方十里者一，与方里者五十，定率得三千六百口。一世子宰，今百石，史五人，宗妇、官本案："他本此下有一'士'字。"仕卫、世子臣。下阙。

仁义发[1]第二十九

《春秋》之所治，人与我也。所以治人与我者，仁

● [1] "发"，宜改"法"。聚珍本、续经解本、本书原目录作"法"。

与义也。以人❶安人，以义正我；故仁之为言人也，《礼记·中庸》："仁者，人也。"注："人也，读如'相人偶'之'人'，以人意相存问之言。"《春秋元命包》："仁者情志，好生爱人，故其为人以仁。其立字，二人为仁。"注："二人，言不专于己念施与也。"义之为言我也，言名以别矣。仁之于人、义之于我者，不可不察也。众人不察，乃反以仁自裕，而以义设人。诡其处而逆其理，鲜不乱矣。原注："一作'必乱'。"是故人莫欲乱，而大抵常乱。凡以暗于人我之分，而不省仁义之所在也。是故《春秋》为仁义法，仁之法在爱人，不在爱我；官本案："他本误作'我爱'。"义之法在正我，不在正人。我不自正，虽能正人，弗与为义；人不被其爱，官本案："爱，他本作'泽'。"虽厚自爱，不予为仁。昔者，晋灵公杀膳宰以淑饮食，弹大夫以娱其意，官本案："弹，他本误作'殚'。"非不厚自爱也，然而不得为淑人者，不爱人也。质于爱民以下，至于鸟兽昆虫莫不爱。《礼记》注："昆，明也。明虫者，阳而生，阴而藏也。"师古曰："昆，众也。昆虫，言众虫也。又，许慎《说文》云：'三虫为蟲❷，读与昆同，谓虫之总名。'两义并通。而郑康成以'昆虫'为'明虫'，失之矣。"不爱，奚足谓仁？官本案："他本阙'不爱'二字，'奚'作'其'，'谓'作'为'。"仁者，爱人之名也。酅，《传》无大之之辞，

---

❶ "人"，聚珍本作"仁"。
❷ "三虫为蟲"，续经解本作"二虫为蚰"。

官本案："传，他本误作'得'。"**自为追**，原注："一作'近'。"**则善其所恤远也。兵已加焉，乃往救之，则弗美；未致，豫备**原注："一作'卫'。"**之，则美之，**卢注："两'美'字，俱当作'大'。"**善其救害之先也。**僖二十六年《经》："齐人侵我西鄙。公追齐师，至酅，弗及。"《传》："其言至酅弗及何？侈也。"注："侈，犹大也。大公能却强齐之兵。弗者，不之深者也。言齐人畏公士卒精猛，引师而去之，深远，不可得及，故曰侈。"**夫救早而先之，则害无由起，而天下无害矣。然则观物之动，而先觉其萌，绝乱塞害于将然而未行之时，《春秋》之志也，其明至矣。**官本案："至，他本作'智'。"**非尧、舜之智，知礼之本，孰能当此？故救害而先知之，明也。公之所恤远，如"而"通。《春秋》美之。详其美恤远之意，则天地之间，然后快其仁矣。非三王之德，选贤之精，孰能如此？是以知明先，以仁厚远。远而愈贤，近而愈不肖者，爱也。故王者爱及四夷，霸者爱及诸侯，安者爱及封内，危者爱及旁侧，亡者爱及独身，独身者，虽立天子诸侯之位，一夫之人耳，无臣民**原注："一作'人'。"**之用矣。如此者，莫之亡而自亡也。《春秋》不言伐梁者，而言梁亡，盖爱独及其身者也。故曰：仁者爱人，不在爱我，此其法也。义云者，非谓正人，谓正我。虽有乱世枉上，莫不欲正人，奚谓义？昔者，楚灵王讨陈、蔡之贼，齐桓公执袁涛涂之罪，非不能正人也，然而《春秋》弗予，不得为义者，我不正也。阖庐能正楚、蔡之难矣，**官本案："楚，他本作'陈'。"**而《春秋》夺之义辞，以其身不正也。潞子之于诸侯，无所能正，《春秋》予之有义，其身正也，趋而利也。原注："一无此四字。"故曰：义在正我，不在正人，此其法也。夫我无之求诸人，我有之而诽原注："一作'非'。"诸人，人之所不能受也。其理逆矣，何可谓义？义者，谓宜在我者；官本案："谓，他本误作'得'。"宜在我者，而后可以称义。《中庸》："义者，宜也。"疏："宜，谓于事得宜，即是其义。"故言义者，合我与宜以为一言，以此操之，义之官本案："他本无'之'字。"为言我也。故曰：有为而得义者，谓之自得；有为而失义者，谓之自失；人好义者，谓之自好；人不好义者，谓之不自好。以此参之，义，我也，明矣。是义与仁殊，仁谓往，义谓来；仁大远，义大近。爱在人，谓之仁；义在我，谓之义。仁主人，义主我也。故曰：仁者，人也；义者，我也，此之谓也。君子求仁义之别，以纪人我之间，然后辨乎内外之分，而著于顺逆之处也。是故内治反理以正身，据祉原注："一作'礼'。"以劝福；原注："一作'赗'。"外治推恩以广施，宽制以容众。孔子谓冉子曰：官本案："他本无'曰'字。""治民者，先富之而后加教。"语樊迟曰："治身者，先难后获。"以此之谓治身之与治民，所先后不同焉矣。《诗》云："饮之食之，教之诲之。"先饮食而后教诲，谓治人也。又曰："坎坎伐辐，彼君子兮，不素餐兮！"《韩诗》曰："何谓素餐？素者，质也。人但有质朴，而无治民之材，名曰素餐。"先其事，后其食，谓之治身也。《春秋》刺上之过，而矜下之苦；小恶在外弗举，在我书而诽原注："一作'非'。"之。隐元年注："所传闻之世，外小恶不书。"二年注："《春秋》王鲁，明当先自详正，躬自厚而薄责于人，故略外也。"凡此六者，以仁治人，义治我，躬自厚而薄责于外，此之谓也。师古曰："躬，谓身亲行之。"且《论》已见之，而人不察。曰：君子攻其恶，不攻人之恶。非仁之宽与？自攻其恶，非义之全与？此之谓仁造人，义造我，何以异乎？故自称其恶，谓之情；称人之恶，谓之贼。求诸己，谓之厚；求诸人，谓之薄。自责以备，谓之明，责人以备，谓之惑。是故以自治之节治人，是居上不宽也；以治人之度自治，是为礼不敬也。为礼不敬，则伤行而民不❶尊；居上不宽，则伤厚而民弗亲。弗亲则弗信，弗尊则弗敬。二端之正佹于上，官本案："正佹，他本作'政诡'。"而僻行之则诽于下。仁义之处，可无论乎？夫目不视，弗见；心弗论，不得。虽有天下之至味，弗嚼，弗知其旨也；《韩诗外传》："虽有旨酒嘉殽，不尝，不知其旨；虽有善道，不学，不达其功。故学然后知不足，教然后知不究。"《释文》："嚼，字若反。《广雅》云：'茹也。'字书云：'咀也。'《说文》以为'噍'字。"虽有圣人之至道，弗论，不知其义也。

---

❶ "不"，聚珍本、续经解本作"弗"。

必仁且智❶第三十

莫近于仁，莫急于智。《淮南子》："凡人之性，莫贵于仁，莫急于智。仁以为质，智以行之。"不仁而有勇力财能，原注："财，一作'材'。"则狂而操利兵也；不智而辨❷慧狷给，则迷而乘良马也。《吕氏春秋》："辨而不当论，信而不当理，勇而不当义，法而不当务，惑而乘骥也，狂而操吴干将也。大乱天下者，必此四者也。"《淮南子》："故不仁而有勇力果敢，则狂而操利剑；不智而辨慧狷给，则乘骥而不式。"故不仁不智而有材能，将以其材能，以辅其邪狂之心，而赞其僻违之行，适足以大其非，而甚其恶耳。其强足以覆过，其御足以犯诈，其慧足以惑愚，其辨足以饰非，其坚足以断辟，其严足其拒谏，此非无材能也，其施之不当，而处之不义也。有否心者，不可藉便埶，官本案："埶，他本误作'执'。"师古曰："埶，古'势'字。"其质愚者，不与利器，论之所谓不知人也者，恐不知别此等也。仁而不知，音智。则爱而不别也；知音智。而不仁，则知而不为也。故仁者所以爱人类也，

---

❶ "智"，聚珍本、本书原目录作"知"。
❷ "辨"，聚珍本作"辩"。

智者所以除其害也。

何谓仁？仁者，恻❶怛爱人，谨翕不争，好恶敦伦，无伤恶之心，无隐忌之志，无嫉妒之气，无感愁之欲，无险诐之事，无辟违之行，故其心舒，原注："一作'伦'。"其志平，其气和，其欲节，其事易，其行道，故能平易和理而无事❷也，如此者，谓之仁。

何谓之知？音智。先言而后当。凡人欲舍行为，皆以其知，音智。先规而后为之，其规是者，其所为得其所事，当其行，遂其名，荣其身，故利而无患，福及子孙，德加万民，汤武是也。其规非者，其所为不得其事，其事不当官本案："他本无下'其事'。"其行，不遂其名，辱害及其身，绝世无复，残类灭宗亡国是也。故曰：莫急于智❸。知者音智。见祸福远，其知利害蚤，师古曰："蚤，古'早'字。"物动而知其化，事兴而知其归，见始而知其终，言之无敢哗，立之而不可废，取之而不可舍，前后不相悖，终始有类，思之而有复，及之而不可厌，其言寡而足，约而喻，简而达，省而具，少而不可益，多而不可损，其动中伦，原注："一作'礼'。"其言当务，如是者，谓之知。音智。其大略之类，天地之物，有不常之变者，谓之异，小者谓之灾，灾常先至，而异乃随之，灾者，天之谴也，异者，天之威也，《春秋

---

❶ "恻"，聚珍本作"憯"。
❷ "事"，聚珍本、续经解本作"争"。
❸ "智"，聚珍本作"知"。

握诚图》："孔子作《春秋》，陈天人之际，记异考符。"谴之而不知，乃畏之以威，《诗》云："畏天之威。"殆此谓也。凡灾异之本，尽生于国家之失，国家之失官本案："他本阙❶下'国家之失'四字。"乃始萌芽，《汉书·律历志》云："孳萌于子，纽牙❷于丑。"盖凡物见端之始。而天出灾异❸以谴告之；谴告之，而不知变，乃见怪异以惊骇之；惊骇之，尚不知畏恐，其殆❹咎乃至。以此见天意之仁，而不欲害❺人也。《白虎通》："人❻所以有灾变何？所以谴善❼人君，觉悟其行，欲行悔过循德❽，深思虑也。《援神契》曰：'行有点缺，气逆于天，情感变出，以戒人也。'"

谨案：灾异以见天意，天意有欲也、有不欲也，所欲、所不欲者，人内以自省，宜有惩于心，外以观其事，宜有验于国，故见天意者之于灾异也，畏之而不恶也，以为天欲振吾过，《国语》注："振，救也。"救吾失，故以此报我也。卢注："报，旧本作'救'，非。"《春秋》之法，上变古易常，应是而有天灾者，谓幸国。僖三年《经》："六月，雨。"注："僖公饬过求己，六月澍雨；宣公复古行中，其年谷大丰。明天人相与报应之际，不可不察其

---

❶ "阙"，聚珍本作"脱"。
❷ "牙"，龙溪本作"芽"。
❸ "异"，聚珍本作"害"。
❹ "殆"，聚珍本、续经解本作"殃"。
❺ "害"，聚珍本作"陷"。
❻ "人"，《白虎通·灾变》、续经解本作"天"。
❼ "善"，《白虎通·灾变》作"告"。
❽ "欲行悔过循德"，《白虎通·灾变》作"欲令悔过修德"。

意。"案，变古有灾，复古可以救灾也。**孔子曰："天之所幸有为不善，而屡极。"楚庄王以天不见灾，**卢注："楚庄王以，旧本作'且庄王曰'，误。"**地不见孽，则祷之于山川曰：**郑注："求福曰祷。"《春秋感精符》："地为山川。山川之精，上为星辰，各应其州域，分野为国，作精符验也。""**天其将亡予邪❶！不说吾过，极吾罪也。"**以此观之，天灾之应过而至也，异之显明可畏也，官本案："畏，他本误作'谓'。"**此乃天之所欲救也，《春秋》之所独幸也，庄王所以祷而请也，圣主贤君尚乐受忠臣之谏，而况受天谴也。**《说苑》："楚庄王见天不见妖而地不见孽，则祷于山川曰：'天其忘余欤？'此能求过于天，不逆谏矣。"

《春秋繁露》卷八终　　　　　　金陵洪万盈锓

---

❶ "邪"，聚珍本作"耶"。

卷九

身之养重于义❶第三十一

天之生人也，使之生义与利。官本案："之，他本作'人'。"利以养其体，义以养其心。心不得义，不能乐；体不得利，不能安。义者，心之养也；利者，体之养也。体莫贵于心，故养莫重于义。义之养生人，大于利矣。何❷以知之？今人有大义❸而甚无利，虽贫与贱，尚荣❹其行卢注："荣，俗间本多作'容'，钱据计台本校正。"以自好，而乐生，原宪、曾、闵之属是也。《史记》："原宪，字子思。郑玄曰：'鲁人。'曾参，南武城人，字子舆。闵损，字子骞。郑玄曰：'鲁人。'"人甚有利而大无义，虽甚富，则羞辱大恶，恶深，祸患重，非立死其罪者，即旋伤殃忧尔，莫能以乐生而终其身，刑戮官本案："他本脱'身'字。"夭折之民是也。贾逵《解诂》："短折曰夭。"夫人有义者，原注："人，一作'民'。"虽贫能自乐也；官本案："他本'能'字在'虽'字上。"而大无义者，官本案："他本作'无大'。"虽富莫能自

---

❶ "身之养重于义"，本书原目录作"身之养"。

❷ "何"，聚珍本作"奚"。

❸ "有大义"，聚珍本作"大有义"。

❹ "荣"，聚珍本作"容"。

存。吾以此实义之养生人大于利而厚于财也。官本案：
"而，他本误作'中'。"民不能知，而常反之，皆忘义
而徇❶利，去理而走邪，以贼其身，而祸其家。此非其自
为计不忠也，则其知之所不能明也。今握枣《古今注》：
"棘实曰枣。"与错金案，以金银饰物曰错。《食货志》有错
刀，直乙❷千。契刀无缕，而错刀用金缕之，故名错也。以示
婴儿，《释名》："人始生曰婴儿。胸前曰婴，抱之婴前，乳
养之也。"必取枣而不取金也，握一斤金《索隐》："《平
准书》臣瓒注云：'秦以一镒为一金，汉以一斤为一金'，是
其义也。"案，周制，十六两为斤。秦更斤曰镒，汉又复镒为
斤。与千万之珠官本案："他本无'之'字。"《说文》：
"珠，蚌之阴精也。"以示野人，野人必取金而不取珠也。
故物之于人，小者易知也，其大者难见也。今利之于人
小，而义之于人大者，无怪民之皆趋利而不趋义也。师古
曰："趋，读曰趣，谓趣向之也。"固其所暗也。圣人事明
义以照耀其所暗，《说文》曰："照，明也。耀，照也。"
故民不陷。《诗》云："示我显德行。"笺云："示道我以
显明之德行。"此之谓也。先王显德以示民，民乐而歌之
以为诗，说而化之以为俗。故不令而自行，不禁而自止。
从上之意，不待使之，若自然矣。故曰：圣人天地动、四
时化者，非有他也，其见大义❸，故能动，动故能化，化

---

❶ "徇"，聚珍本作"殉"。

❷ "乙"，《汉书·食货志》、续经解本作"五"。

❸ "大义"，聚珍本作"义大"。

故能大行，化大行故法不犯，法不犯故刑不用，刑官本案：
"他本下衍一'有'字。"不用则尧、舜之功德。此大治之
道也，先圣传授而复也。故孔子曰："谁能出不由户？何
莫由斯道也。"案，出，谓出室也。凡宫室之制，外为堂，内
为室。室之南壁，东为户，西为牖。凡所以通出入者，堂前则有
门，堂后则有闱。入者以向堂为至，故或可以不由门；出者以室
为始，故不能不由户。今不示显德行，民暗于义不能照，迷
于道不能解，固欲大严憯以必正之，直残贼天民，而薄主德
耳，其势不行。仲尼曰："国有道，虽加刑，无刑也；官本
案："他本'也'字在'无'字上。"国无道，虽杀之，不可
胜也。"其所谓有道、无道者，示之以显德行与不示尔。

对胶西王越大夫不得为仁❶第三十二

本传作江都王。

命令相曰：《董仲舒传》："以仲舒为江都相，事易
王。"《汉书·百官公卿表》："景帝中五年，令诸侯王不
得复治国，天子为置吏，改丞相曰相。""大夫蠡、《越世
家》注："太史公曰：'《素王妙论》曰：蠡，南阳人。《列

---

❶ "对胶西王越大夫不得为仁"，本书原目录作"对胶西王"。

仙传》曰：蠡，徐人。'"《正义》曰："《会稽兴❶录》云：'范蠡，字少伯。楚宛三户人，佯狂倜傥负俗。'《越绝书》云：'在越为范蠡，在齐为鸱夷❷子皮，在陶曰朱公。'又云：'居楚曰范伯。'"**大夫种、**《越世家》注："《正义》曰：'《吴越春秋》云：大夫种，姓文，名种，字禽。荆平王时，为宛令。'"**大夫庸、**师古曰："泄庸也。"**大夫繇、**原注："音泽。"**大夫车成，**卢注："繇，即'皋'字，谓皋如也。车成，即'苦成'。"**越王与此五大夫谋伐吴，遂灭之，雪会稽之耻，卒为霸主。范蠡去之，**《越世家》："当是时，越兵横行于江淮东，诸侯毕贺，号称霸主。范蠡遂去。"**种死之。**《越世家》："或谗种且作乱，越王乃赐种剑，曰：'子教寡人伐吴七术，寡人用其三而败吴，其四在子。子为我从先王试之。'种遂自杀。"**寡人以此**官本案："以此，他本误作'此以'。"**二大夫者为皆贤。孔子曰：'殷有三仁。'**微子、箕子、比干，同称三仁。**今有❸越王之贤，与蠡、种之能，此三人者，寡人亦以为越有三仁。其于君何如？**卢注："本传以泄庸与种、蠡，同为三仁。"**桓公决疑于管仲，寡人决疑于君。"仲舒伏地再拜，对曰："仲舒知褊而学浅，不足以决之。虽然，王有问于臣，**卢注："王，旧本讹作'主'。案，春秋时，大夫称主，仲舒必不对王称主。"**臣不敢不悉以对，礼也。臣**

---

❶ "兴"，《史记·越王勾践世家》作"典"。

❷ "鸱夷"，《史记·越王勾践世家》、畿辅本作"鸱夷"。

❸ "有"，聚珍本作"以"。

仲舒闻：昔者，鲁君问于柳下惠曰：师古曰："鲁大夫展禽也。柳下，所食菜邑之名。惠，谥也。" '我欲攻齐，如何❶？' 柳下惠对曰：'不可。' 退而有忧色，曰：'吾闻之也：谋伐国者，不问于仁人也。此何为至于我？' 但见问而尚羞之，而况乃与为诈以伐吴乎？官本案："他本'为诈'作'诈伪'。" 其不宜明矣。以此观之，越本无一仁，而安得三仁？仁人者，正其道不谋其利，修其理不急其功。《汉书》作"正其谊，不谋其利；明其道，不计其功"。致无为而习俗大化，可谓仁圣矣，三王是也。《春秋》之义，贵信而贱诈，诈人而胜之，虽有功，君子弗为也。是以仲尼之门，五尺之童子言羞称五伯，师古曰："伯，读曰霸。" 为其诈以成功，苟为而已矣❷，《荀子》："然而仲尼之门人，五尺之竖子，言羞称乎五伯。" 又《仲尼篇》："诈心以胜矣。" 故不足称于大君子之门。张宴❸曰："仲尼之门，故称大也。" 五伯者比于他诸侯为贤者，比于圣贤❹，何贤之有？譬犹碔砆比于美玉也。臣仲舒伏地再拜以闻。"《山海经》曰："会稽之上多砆石。" 郭璞注曰："武砆❺，石似玉。今长沙临湖❻县出之，青地、白文，色葱笼❼，不分了也。"

---

❶ "如何"，聚珍本作"何如"。

❷ "矣"，聚珍本作"也"。

❸ "宴"，《汉书·董仲舒传》、续经解本作"晏"。

❹ "圣贤"，聚珍本作"仁贤"。

❺ "武砆"，《山海经·南山经》作"砆武"，续经解本作"武夫"。

❻ "湖"，《山海经·南山经》、续经解本作"湘"。

❼ "葱笼"，《山海经·南山经》、续经解本作"茏葱"。

观德第三十三

天地者，万物之本、先祖之所出也。《班固传》注：
"《礼统》：天地者，元气之所生，万物之祖也。"广大
无极，其德炤明，历年众多，永永无疆。天出至明，原
注："一作'照'。"众知❶类也，其伏无不照也；地出
至晦，星日为明，不敢暗。君臣、父子、夫妇之道取之
此。大礼之终也，臣子三年不敢当，官本案："年，他本
误作'子'。"文九年《传》："缘孝子之心，则三年不忍
当也。"虽当之，必称先君，必称先人，不敢贪至尊也。
百礼之贵，皆编于月，官本案："于，他本作'之'。"月
编于时，隐六年《经》："秋七月。"《传》："此无事，
何以书？《春秋》虽无事，首时过则书。首时过，何以书？
《春秋》编年，四时具，然后为年。"时编于君，君编于
天。天之所弃，天下弗祐，王本"下"误作"子"。桀、
纣是也；天子之所诛绝，臣子弗得立，蔡世子、逢丑父
是也；王父、父所绝，官木案："他本无下'父'字。"子
孙不得属，鲁庄公之不得念母、卫辄之辞父命是也。故
受命而海内顺之，犹众星之共北辰、《尔雅》："北极谓

---

❶ "知"，聚珍本作"之"。

之北辰。"注："北极五星,第一星太子,第二星太乙之坐,第三星庶子,第四星后妃,第五纽星,即极星,天之枢也。"**流水之宗沧海也。**《禹贡》:"江、汉朝宗于海。"**况生天地之间,法太祖先人之容貌,则其至德,取象众名尊贵,**官本案:"贵,他本作'贤'。"**是以圣人为贵也。泰伯,至德之侔天地也,上帝为之废適易姓而子之让。其至德海内怀归之,泰伯三让而不敢就位。**范宁曰:"泰者,善大之称。伯者,长也。周泰王之元子,故曰泰伯。"郑康成曰:"泰王见季历贤,又生文王,有圣人表,故欲立之而未有命。泰王有疾,泰伯因適吴越采药。泰王殁而不反,季历为丧主,一让也;季历赴之,不来奔丧,二让也;终丧之后,遂断发文身,三让也。"**伯邑考知群心贰,自引而激,顺神明也。**《尚书中候》:"文王废考,立发为太子。"**至德以受命,豪英高明之人辐辏归之。**《说文》:"辐,辏也。"《老子》:"三十辐共一毂。"辏,辐聚共毂。《释文》:"辐,音福。本亦作'輹',音服。马云:'车下缚也。'郑云:'伏菟。'"**高者列为公侯,下至卿大夫,济济乎哉!皆以德序。是故吴鲁同姓也,**官本案:"他本无'故'字。"**钟离之会,不得序而称君,**杜预注:"钟离,楚邑,淮南县。"服虔曰:"钟离,州来西邑也。"**殊鲁而会之,谓❶其夷狄之行也;**成十五年《传》:"曷为殊会吴?外吴也。曷为外也?《春秋》内其国而外诸夏,内诸夏而外夷狄。"**鸡父之战,吴不得与中国为礼;**昭二十三年

---

❶ "谓",聚珍本、续经解本作"为"。

《传》：“此偏战也，曷为以诈战之辞言之？不与夷狄之主中国也。”**至于伯莒、黄池之行，变而反道，乃爵而不殊；**官本案：“他本无‘伯’字。”《水经注》：“柏举，京相璠曰：‘汉东地矣。’”《国策》注：“陈留外黄池县，有黄沟。”杜预注：“陈留封丘县南，近济水。”定四年《经》：“蔡侯以吴子及楚人战于伯莒。”《传》：“吴何以称子？夷狄也，而忧中国。”哀十三年《经》：“公会晋侯及吴子于黄池。”《传》：“吴何以称子？吴主会也。吴主会，则曷为先言晋侯？不与夷狄之主中国也。其言及吴子何？会两伯之辞也。不与夷狄之主中国，则曷为以会两伯之辞言之？重吴也。曷为重吴？吴在是，则天下诸侯莫敢不至也。”《春秋考异邮》：“黄池之会，齐、晋前驱，滕、薛扶毂，鲁、卫骖乘。”**召陵之会，鲁君在是，而不得为主，避齐桓也；**僖四年《经》：“楚屈完来盟于师，盟于召陵。”《传》：“其言来何？与桓为主也。”注：“以从内文，知与桓公为天下伯主❶。”杜预注：“召陵，颍❷川县也。”《水经注》：“阚骃曰：召者，高也。其地丘墟，井深数丈，故以名焉。”**鲁桓即位十三年，齐、宋、卫、燕举师而东，纪、郑与鲁戮力而报之，后其日，**王本“日”讹作“己”。**以鲁不得遍避纪侯与郑厉公也。**桓十三年《经》：“公会纪侯、郑伯。己巳，及齐侯、宋公、卫侯、燕人战，齐师、宋师、卫师、燕师败绩。”《传》：“曷为后日？恃外也。其恃外奈何？

---

❶ “伯主”，《春秋公羊传注疏》卷一〇作“霸主”。

❷ “颍”，续经解本、畿辅本作“颖”。

得纪侯、郑伯，然后能为日也。"《春秋》常辞，夷狄不得与中国为礼。至邲之战，夷狄反道❶，中国不得与夷狄为礼，避楚庄也；宣十二年。邢、卫、鲁之同姓也，狄人灭之，《春秋》为讳，官本案："为，他本作'得'。"卢注："旧本作'《春秋》不为讳'，衍'不'字，删。"避齐桓也。僖元年《传》："邢已亡矣。孰亡之？盖狄灭之。曷为不言狄灭之？为桓公讳也。曷为为桓公讳？上无天子，下无方伯，天下诸侯有相灭亡者，桓公不能救，则桓公耻之。"二年《传》："孰城？城卫也。曷为不言城卫？灭也。孰灭之？盖狄灭之。曷为不言狄灭之？为桓公讳也。"当其如此也，唯德是亲，其皆先其亲。是故周之子孙，其亲等也，而文王最先；隐元年《传》："王者孰谓？谓文王也。"注："文王，周始受命之王。"四时等也，而春最先；隐元年《传》："春者何？岁之始也。"十二月等也，而正月最先；隐元年《传》："何言乎王正月？大一统也。""夫王者始受命改制，布政施教于天下，自公侯至于庶人，自山川至于草木昆虫，莫不一一系于正月，故云政教之始。"德等也，则先亲亲；《春秋》变周之文，从殷之质，质家先亲亲。鲁十二公等也，而定、哀最尊；定元年《传》："定、哀多微辞。"注："上以讳尊隆亲。"卫俱诸夏也，善稻之会，王本从《左氏》作"善道"，今据《公羊》改正。杜预注："善道，地阙。"独见❷内之，为其与我同姓也；襄五

---

❶ "反道"，聚珍本、续经解本作"反背"。

❷ "见"，聚珍本作"先"。

年《经》："仲叔蔑、卫叔孙林父会吴于善稻。"案，殊会吴，不殊会卫，是独见内也。**吴俱夷狄也，柤之会，**《土地名》："柤，宋地。今彭城偪阳县西北有柤水沟，去偪阳八十里。"**独先外❶之，为其与我同姓也；**襄十年。**灭国十五有余，独先诸夏；**首记"齐师灭谭"，是先记诸夏之灭人。**鲁、晋俱诸夏也，讥二名，独先及之；**定六年："季孙斯、仲孙忌率师围运。"《传》曰："此仲孙何忌也，曷为谓之仲孙忌？讥二名。二名，非礼也。"哀十三年《传》："此晋魏曼多也，曷为谓之晋魏多？讥二名。二名，非礼也。"**盛伯、郜子俱当绝，而独不名，为其与我同姓兄弟也；**文十二年《传》："盛伯者何？失地之君也。何以不名？兄弟辞也。"僖二十年《传》："郜子者何？失地之君也。何以不名？兄弟辞也。"杜预注："郜，姬姓国。"**出外者众，以母弟出，独大恶之，为其亡母背骨肉也；**昭元年《经》："秦伯之弟针出奔晋。"《传》："秦无大夫，此何以书？仕诸晋也。曷为仕诸晋？有千乘之国，而不能容其母弟，故君子谓之出奔也。"**灭人者莫绝，卫侯毁灭同姓独绝，贱其本祖而忘先也。**僖二十五年《传》："卫侯毁何以名？绝。曷为绝之？灭同姓也。"**亲等，从近者始。立適以长，**隐元年《传》："立適以长，不以贤。"**母以子贵**隐元年《传》。**先。**原注："或有'母'字。"**甲戌、己丑，陈侯鲍卒，书所见也，而不言其暗者。**桓五年《经》："五年，春正月，甲戌。己丑，陈侯鲍卒。"《传》："曷为以二日卒之？

---

❶ "外"，聚珍本作"内"。

忱。甲戌之日亡，己丑之日死而得。君子疑焉，故以二日卒之也。"**陨石于宋五，六鹢退飞，耳闻而记，目见而书，或徐或察，**官本案："察，他本误作'蔡'。"**皆以其先接于我者序之。**僖十六年《经》："正月戊申朔，霣石于宋五。是月，六鹢退飞，过宋都。"《传》："曷为先言霣而后言石？霣石，记闻。闻其磌然，视之则石，察之则五。曷为先言六而后言鹢？六鹢退飞，记见也。视之则六，察之则鹢，徐而察之则退飞。"**其于会朝、聘之礼亦犹是。诸侯与盟者众矣，而仪父独渐进；**隐元年《传》："此其可褒奈何？渐进也。"案，"会"下当有"盟"字。**郑僖公方来会我而道杀，《春秋》致其意，谓之如会；**襄七年《传》："郑伯髡原何以名？伤而反，未至乎舍而卒也。未见诸侯，其言如会何？致其意也。"**潞子离狄而归党，以得亡，**武进李庶常兆洛曰："亡，王本误作'上'。"**《春秋》谓之子，以领其意。**宣十五年《传》："潞何以称子？潞子之为善也，躬足以亡尔。虽然，君子不可不记也。离于夷狄，而未能合于中国。晋师伐之，中国不救，狄人不有，是以亡也。"《汉书·功臣表》："《春秋》列潞子之爵，许其慕诸夏也。"**包来、**隐八年，盟于包来。杜预注："浮来，纪邑。东莞县北有邳乡，邳乡西有公来乡，号曰邳来间。"案，《释文》："'浮'与'包'古音通也。"**首戴、**僖五年，会王世子于首戴。杜预注："首止，卫地。陈留襄邑县东南，有首乡。"**洮❶、**僖八年，盟于洮。杜预注："洮，曹地。"**践土**僖二十八年，盟

---

❶ "洮"，聚珍本作"黄池"。

于践土。《国语》注："践土，郑地名，在河内。"**与操之会：陈❶去我，谓之逃归；**襄七年《经》："陈侯逃归。"杜预注："鄟❷，郑地。"**郑处而不来，**官本案："处，他本作'去'。"**谓之乞盟；**僖八年《经》："郑伯乞盟。"**陈侯后至，**官本案："后，他本误作'俊'。"**谓之如会；**僖二十八年《传》："其言如会何？后至❸也。"**莒人疑我，贬而称人。**隐八年《传》："公曷为与微者盟？称人，则从不疑也。"**诸侯朝鲁者众矣，**官本案："他本脱一'朝'字。"**而滕、薛独称侯；**隐十一年。**州公化我，夺爵而无号；**桓六年《传》："寔来者何？犹言是人来也。孰谓？谓州公也。曷为谓之实来？慢之也。曷为慢之？化我也。"**吴楚国先聘我者见贤；**襄二十九年《传》："吴无君、无大夫，此何以有君、有大夫？贤季子也。"庄二十三年《经》："荆人来聘。"《传》："荆何以称人？始能聘也。"**曲棘与鞸之战，先忧我者见贤。**官本案："他本'贤'作'尊'。"昭二十五年《传》："曲棘者何？宋之邑也。诸侯卒其封内，不地，此何以地？忧内也。"成二年《传》："曹无大夫，公子手何以书？忧内也。"杜预注："陈留外黄县城中有曲棘里，宋地。"圈称《陈留志》曰："外黄，于《春秋》为宋之曲棘里，故宋之别都矣。"

---

❶ "陈"，聚珍本作"陈郑"。
❷ "鄟"，《左传正义》卷三〇作"鄟"。
❸ "后至"，《春秋公羊传注疏》卷一二作"后会"。

奉本第三十四

礼者，继天地，体阴阳，《礼记序》："夫礼者，经天纬地，本之则太乙之初。"又，"赋清浊以醇醨，感阴阳而迁变"。而慎主客，序尊卑、贵贱、大小之位，而差内外、远近、新旧之级者也，以德多为象。万物以广博众多、历年久者为象。其在天而象天者，莫大日月，继天地之光明，莫不照也。《春秋感精符》曰："日者，阳之精，耀魄光明，所以察下也；月者，阴之精，地之理也。"蔡邕云："法象莫大乎天地，变通莫大乎四时，县象著明莫大乎日月。"星莫大于大辰，昭十七年《经》："冬，有星孛于大辰。"《传》："其言于大辰何？在大辰也。大辰者何？大火也。大火为大辰，伐为大辰，北辰亦为大辰。"注："大火谓心，伐谓参伐也。大火与伐，天所以示民时早晚，天下所取正，故谓之大辰。辰，时也。北辰，北极，天之中也，常居其所。迷惑不知东西者，须视北辰，以别心、伐所在。心者，天子明堂，布政之宫。"《尔雅》："大辰，房、心、尾也。大火谓之大辰。"注："龙星明者，以为时候，故曰大辰。火，心也，在中最明，故时候主焉。"疏："大辰，房、心、尾之总名也。辰，时也。郭云：'龙星明者，以为时候，故曰大辰。'《春秋》昭十七年'冬，有星孛于大辰'是也。大火谓之大辰者，大火，大辰之次名也。李巡云：'大火，苍龙宿心，以候四时。'郭云：'大火，心也，在中最明，故时候主焉。'《左传》曰'心为大火'是也。"案，《汉书·律历志》："东方角、亢、氐、房、心、尾、箕，此东方之宿也。"《月令章句》："日为阳宗，月为阴宗，北辰为星宗。"**北斗常星，北斗常星，**官本案："他本缺下'北斗常星'四字。"**部星三百，卫星三千，大火二十六星，伐十三星，**官本案："三，他本作'六'。"《天文志》："参，白虎宿三星。直下有三星，锐曰伐。"《毛传》："参，伐也。"**北斗七星，**《史记·天官书》"北斗七星"，《索隐》曰："《春秋运斗极❶》云：'斗，第一天枢，第三璇，第三玑，第四权，第五衡，第六开阳，第七摇光。第一至第四为魁，第五至第七为杓，合而为斗。'《文耀钩》云：'斗者，天之喉舌。'"**常星九辞**字误。**二十八宿，**《淮南子》："星分度：角十二，亢九，氐十五，房五，心五，尾十八，箕十一四分一，斗二十六，牵牛八，须女十二，虚十，危十七，营室十六，东壁九，奎十六，娄十二，胃十四，昴十一，毕十六，觜巂二，参九，东井三十，舆鬼四，柳十五，星七，张、翼各十八，轸十七，凡二十八宿也。"**多者宿二十八九。其犹著百茎而共一本，**《大传》："著之为言蓍也，百年一本生百茎。此草木之寿，亦知吉凶者，圣人以问鬼神。"**龟千载而人宝，**《白虎通》："龟之为言久也。"《初学记》《皇览》："《逸

---

❶ "极"，《史记·天官书》、续经解本作"枢"。

礼》：'龟者，阴虫之老也。龟三千岁，游于卷耳之上，老者先知，故君子举事必考之。'"是以三代传决疑焉。《白虎通》："天子下至士，皆有蓍龟者，重事决疑，示不自专。"**其得地体者，莫如山阜。人之得天、得众者，**官本案："天，他本误作'失'。"**莫如受命之天子，下至公、侯、伯、子、男。海内之心，悬于天子；强❶内之民，统于诸侯。日月食，并吉凶，**《左氏正义》曰："日食者，月掩之也，互相出入：或月在日表，从外而入内；或月在日里，从内而出外。道有交错，故日食也。"张衡《灵宪》曰："当日之冲，光常不合，是谓暗虚。在星则星微，遇月则月食。是言日夺月光，故月食也。若是日夺月光，则应每望常食。而望亦有不食者，由其道度异也。日月异道，有时而交，交则相犯，故日月递食。交在望前，朔则日食，望则月食；交在望后，望则月食，后月朔则日食；交正在朔，则日食既前，后望不食；交正在望，则月食既前，后朔不食。大率一百七十三日有余而道始一交，非交则不相侵犯，故朔、望不常有食也。道不正交，则日斜照月，故月光更盛；道若正交，则日冲当月，故月光即灭。譬如火斜照水，日斜照镜，则水镜之光旁照他物；若使镜正当日，水正当火，则水镜之光不能有照。日之夺月，亦犹正也。日月同会，道度相交，月掩日光，故日食；日夺月光，故月食。言月食是日光所冲，日食是月体所映，故日食常在朔，月食常在望也。"**不以其行。有星孛于东方，**哀十三

---

❶ "强"，聚珍本、续经解本、龙溪本作"疆"，为是。

年。于大辰，昭十七年。入北斗❶，文十四年。常星不见，庄七年。地震，昭十九年。梁山、沙鹿崩，僖十四年。宋、卫、陈、郑灾，昭十八年。王公大夫篡弑者，《春秋》皆书以为大异。不言众星之莳入、霣雨，原隰之袭崩，《尔雅》："广平曰原，下隰❷曰隰。"李注："谓土地宽博而平正，名之曰原；土地窊下，但当名为隰。"一国之小民死亡，不决疑于众草木也。唯田邑之称，多者主名。❸桓九年❹《传》："田多邑少称田，邑多田少称邑。"君将不言臣，臣不言师。隐五年《传》："君将，不言率师，书其重者也。"王夷《孔丛子》："夷，伤也。"服虔曰："金创为夷。"君获，不言师败。成十六年《传》："败者称师，楚何以不称师？王痍也。王痍者何？伤乎矢也。然则何以不言师败绩？末言尔。"注："凡举师败绩，为重众。今亲伤人君，当举伤君为重。"隐六年《传》："讳获也。"注："君获，不言师败绩也。"孔子曰："唯天为大，唯尧则之。"则之者，大也。"巍巍乎其有成功也"，师古曰："言尧所行，皆法天。巍巍者，高貌。"言其尊大以成功也。齐桓、晋文不尊周室，不能霸；三代圣人不则天地，不能至王。自原注："一作'皆'。"此而观之，可以知天地之贵矣。官本案："贵，他本误作'责'。"夫流深者其水不测，尊至者其敬无穷。是故天之所加，虽为灾害，犹

---

❶ "入北斗"，聚珍本作"北斗入"。

❷ "隰"，《尔雅·释地》、续经解本作"湿"。

❸ 苏舆案："桓元年，讳周田称许田，是田著主名之例。"

❹ "九年"，《春秋公羊传注疏》卷四、畿辅本作"元年"。

承而大之，其钦无穷，震夷伯之庙是也。僖十五年："己卯晦，震夷伯之庙。"《传》："晦者何？冥也。震之者何？雷电击夷伯之庙者也。夷伯者，曷为者也？季氏之孚也。季氏之孚，则微者。其称夷伯何？大之也。曷为大之？天戒之，故大之也。何以书？记异也。"天无错舛之灾，地有震动之异。天子所诛绝，所败师，虽不中道，而《春秋》者不敢阙，谨之也。故师出者众矣，莫言还。至师及齐师围郕，郕降于齐师，案，"郕"当从《公羊》作"成"。独言还。庄九年●《经》："夏，师及齐师围成，成降于齐师。秋，师还。"《传》："还者何？善辞也。此灭同姓，何善尔？曰：师病矣。曷为病之？非师之罪也。"其君劫外，不得已，故可直言也。至于他师，皆其君之过也，而曰非师之罪，是臣下之不为君父受罪，官本案："他本'下'误作'莫'。"罪不臣子莫大焉。夫至明者，其照无疆；至晦者，其暗无疆。今《春秋》缘鲁以言王义，句。杀去声。隐、桓以为远祖，句。宗定、哀以为考妣，至尊且高，官本案："且，他本误作'尚'。"至显且明，其基壤之所加、润泽之所被，条条无疆。前是常数十年，邻之幽人近其墓而高明。张宴曰："幽人，神人也。"刘庶常曰："语当有脱误。"大国齐、宋离不言会；原注："一无'不'字。"案，无"不"字者是。隐元年注："于所传闻之世，内离会书，外离会不书；于所闻之世，见治升平，内诸夏而外夷狄，书外离会。"微国之君，卒葬之礼，录而辞繁；哀三

---

❶ "庄九年"，《春秋公羊传注疏》卷七作"庄八年"。

年《经》："冬十月癸卯，秦伯卒。"注："哀公著治太平之终。小国卒、葬，极于哀公者，皆卒日葬月。"**远夷之君，内而不外。**昭十五年注："戎曼称子者，入昭公，见王道太平，百蛮贡职，夷狄皆进至其爵。"**当此之时，鲁无鄙疆，**卢本以"疆"作"彊"，属下读，大谬。无鄙疆，言王化所及者远。**诸侯之伐哀者皆言我。**哀八年《经》："吴伐我。"十年❶《经》："春，齐国书帅师伐我。"案，不言西鄙、北鄙，只言我，以见鲁无鄙疆，化及天下之象也。**邾娄庶其、鼻我、邾娄大夫，其于我无以亲，以近之故，乃得显明；**襄二十三年《传》："邾娄鼻我者何？邾娄大人也。邾娄无大夫，此何以书？以近书也。"注："所传闻世，见治始见❷，外诸夏，录大略小，大国有大夫，小国略称人。所闻之世，内诸夏，治小如大，廪廪近升平，故小国有大夫，治之渐也。见于邾娄者，自近始也。"**隐、桓亲《春秋》之先人也，益师卒而不日；**隐元年《经》："益师卒。"《传》："何以不日？远也。"注："孔子所不见。"**于稷之会，言成宋乱，以远外也；**桓二年《经》："公会齐侯、陈侯、郑伯于稷，以成宋乱。"《传》："内大恶，讳。此其目言之何？远也。"卢注："旧本'于稷之会'下，有'不日'二字，因上而误衍也；又脱'成宋'二字，今订补。"**黄池之会，以两伯之辞，言不以为外，以近内也。**哀十三年。○《春秋公羊》二十一年："邾庶其以漆、闾丘来奔。"《左氏》

---

❶ "十年"，《春秋公羊传注疏》卷二八作"十一年"。
❷ "始见"，《春秋公羊传注疏》卷二〇作"始起"。

曰："庶其，非卿也。"《公羊》曰："邾庶其者何？邾娄大夫也。"二十三年"邾娄鼻我来奔"，杜注："卑我❶是庶其之党，同有窃邑叛君之罪。"《公羊》作"鼻我，邾娄大夫也"，《穀梁》作"畀"❷。官本案："以上七十九字，据文义，乃旧时《繁露》注，原本、他本俱误作正字。今校正。"

《春秋繁露》卷九终　　　　　　金陵洪万盈锓

---

❶ "卑我"，《左传正义》卷三五、续经解本作"畀我"。
❷ "畀"，聚珍本作"畀我"。

卷十

深察名号第三十五

《荀子》："故智者为之分别制名以指实，上以明贵贱，下以辨同异。贵贱明，同异别，如是则志无不喻之患，事无困废之祸。此所为有名也。"《尹文子》曰："形以定名，名以定事，事以验名。察其所以然，则形名之与事物无所隐其理矣。名有三科：一曰命物之名，方圆、白黑是也；二曰毁誉之名，善恶、贵贱是也；三曰况谓之名，贤愚、爱憎是也。"

治天下之端，在审辨大；辨大之端，在深察名号。《释名》："名，明也，名实使事分明也。号，呼也，以其善恶呼名之也。"**名者，大理之首章也。录其首章之意，以窥其中之事，则是非可知，**官本案："知，他本误作'之'。"**逆顺自著，其几通于天地矣。是非之正，取之逆顺；逆顺之正，取之名号；名号之正，取之天地。天地为名号之大义也。**《释名》："天，显也，在上高显也。天，坦也，坦然高而远也。春曰苍天，阳气始发，色苍苍也。夏曰昊天，其气布散，皓皓也。秋曰旻天，旻，闵也。物就枯落，可闵伤也。冬曰上天，其气上腾，与地绝也。《易》谓之乾，乾，健也，健行不息也；又谓之玄，玄，悬也，如悬在上也。地，底也，其体底下，载万物也；亦言谛也，五土所生，莫不信谛也。《易》谓之坤，坤，顺也，上顺乾也。"《说文通论》："《易》曰：'天一地二。'《老子》云：'天大，地大。'故于文，一、大为天。天之为言颠也，无所与高也。地者，迤也。迤而高也，山岳、丘陵、坟衍也；迤而卑，卑湿、污潢也。故曰地有二形：高、下、平。故于文，土、迤为地也。"**古之圣人，謞而效天地谓之号，**原注："謞，火角切。"案，《庄子·逍遥游》"謞者"注："音孝。李：'虚交反。'简文云：'若箭去之声。'司马云：'若谨謞声。'"**鸣而命施谓之名。名之为言鸣与命也，号之为言謞而效也。謞而效天地者为号，鸣而命者为名。名号异声而同本，皆鸣号而达天意者也。天不言，使人发其意；弗为，使人行其中。名则圣人所发天意，不可不深观也。受命之君，天意之所予也。故号为天子者，宜事天如父，事天以孝道也；**《白虎通》："王者父天母地，为天之子也。"**号为诸侯者，宜谨视所侯❶奉之天子也；**官本案："也，他本作'者'。"《白虎通》："侯者，候也，候顺逆也。"**号为大夫者，宜厚其忠信，敦其礼义，使善大于匹夫之义，足以化也。**官本案："大，他本误作'天'。"《白虎通》："大夫之为言大扶，扶进人者也。"**士者，事也；**《白虎通》："士者，事也，任事之称也。"**民者，瞑也。**《毛诗》笺："民者，冥也。"《正义》曰："民者，冥也。《孝经援神契》文，以其冥冥无知。"**士不及化，可

---

❶ "侯"，聚珍本作"俟"，聚珍本注为"案，他本'俟'作'候'"。

使守事从上而已。官本案："他本下衍'丑'字。"五号自赞，各有分，分中委曲，曲有名，名众于号，号其大全。瞑也者，名其别离分散也，号凡而略，名详而目。目者，偏❶辨其事也；凡者，独举其大事也。官本案："他本无'大'字。"享鬼神者号官本案："他本无'者'字。"一，曰祭；祭之散名：**春曰祠，夏曰礿，秋曰尝，冬曰烝**。桓八年《传》："春曰祠，夏曰礿，秋曰尝，冬曰烝。"注："荐尚韭、卵。祠，犹食也，犹继嗣也。春物始生，孝子思亲，继嗣而食之，故曰祠，因以别死生。荐尚麦、鱼。始熟可礿，故曰礿。荐尚黍、肫。尝者，先辞也。秋，谷成者非一，黍先熟，可得荐，故曰尝。荐尚稻、雁。烝，众也，气盛貌。冬，万物毕成，所荐众多，芬芳备具，故曰烝。"**猎禽兽者号**《礼记》疏："《尔雅》：'二足而羽谓之禽，四足而毛谓之兽。'禽者，擒也。言鸟力小，可擒捉而取之。兽者，守也。言其力多，而易可擒❷，先须围守，然后乃获，故曰兽也。"**一，曰田；田之散名：春苗，秋蒐，冬狩，夏狝**。桓四年《传》："春曰苗，秋曰蒐，冬曰狩。"注："田者，蒐狩之总名也。古肉食，衣皮服，捕禽兽，故谓之田。取兽于田，故曰狩。《易》曰：'结绳网以田鱼。'苗，毛也。明当见物，取未怀任者。蒐，简择也，简择幼稚，取其大者。狩，犹兽也。冬时，禽兽长大，遭兽可取。不以夏田者，春秋

---

❶ "偏"，聚珍本作"遍"。

❷ "而易可擒"，《礼记正义》卷一、续经解本作"不易可擒"。龙溪本作"而不可擒"。

制也。"卢注："案，此从《公羊》说，故与《左氏传》《尔雅》异。夏狄二字，当是后人妄加。以为衍文，可也。"**无有不皆中天意者。物莫不有凡号，号莫不有散名如是。**《荀子》："散名之加于万物者，则从诸夏之成俗，曲期远方、异俗之乡则因之而为通。散名之在人者：生之所以然者谓之性，性之和所生，精合感应，不事而自然谓之性。性之好恶、喜怒、哀乐谓之情，情然而心为之择谓之虑；心虑而能为之动谓之伪，虑积焉，能习焉而后成谓之伪；正利而为谓之事，正义而为谓之行。所以知之在人者谓之知，知有所合谓之智；智所以能之在人者谓之能，能有所合谓之能。性伤谓之病，即遇谓之命。是故散名之在人者也，是后王之成名也。"**是故事各顺于名，名各顺于天，天人之际，合而为一。同而通理，动而相益，顺而相受，谓之德道。**《诗》曰："维号斯言，有伦有迹。"**此之谓也。**《毛诗》作"有伦有脊"。

深察王号之大意，其中有五科：《后汉·桓谭传》："校定科比。"注："科，谓事条。"**皇科、方科、匡科、黄科、往科。合此五科以一言，谓之王。王者，皇也；王者，方也；王者，匡也；王者，黄也；王者，往也。是故王意不普大皇，则道不能正直而方；道不能正直而方，则德不能匡运周遍；**《尔雅》："皇、匡，正也。"**德不匡运周遍，则美不能黄；美不能黄，则四方不能往；四方不能往，则**官本案："此下，他本衍'可'字。"**不全于王。**《周易乾凿度》："王者，天下所归往。《易》曰：'在师中，吉，无咎。王三锡命。'师者众也。言有盛德，行中和，顺民心，天下归往之，莫不美，命为王也。"**故曰：天覆无**

外，地载兼爱，风行令而一其威，雨布施而均其德，王术之谓也。

深察君号之大意，其中亦有五科：元科、原科、权科、温科、群科。合此五科以一言，谓之君。君者，元也；君者，原也；官本案："他本缺'君者原也'四字。"君者，权也；君者，温也；君者，群也。是故君意不比于元，则动而失本；动而失本，则所为不立；所为不立，则不效于原；不效于原，则自委舍；卢注："委舍，即委卸也。"自委舍，则化不行。用权于变，则失中适之宜；失中适之宜，则道不平、德不温；道不平、德不温，则众不亲安；众不亲安，则离散不群；离散不群，则不全于君。名生于真，非其真，弗以为名。名者，圣人之所以真物也，名之为言真也。故凡百讥有黮黮者，各反其真，则黮黮者还昭昭耳。《文选》注："《声类》曰：'黮，深黑色。'"欲审曲直，莫如引绳；《荀子》："木直中绳，𫐓以为轮，其曲中规。虽有槁暴，不复挺者，𫐓使之然也。故木受绳则直。"欲审是非，莫如引名。名之审于是非也，犹绳之审于曲直也。诘其名实，观其离合，则是非之情不可以相谰已。原注："力旦切，诬言相加。"案，《汉书·文三王传》："'王阳病抵谰。'师古曰：'谰，诬诲❶也。''谰，音来宣反。'"今世暗于性，言之者不同，胡不试反性之名？性之名，非生与？音余。如其生之自然之资，谓之性。性者，质也，《孝经钩命诀》："性者，

---

❶ "诲"，《汉书·文三王传》、续经解本作"讳"。

生之质。若木性则仁，金性则义，火性则礼，土性则信，水性则智也。"诘性之质于善之名，能中之与？音余。既不能中矣，而尚谓之质善，何哉？性之名不得离质，离质如毛，则非性已，不可不察也。《春秋》辨物之理，以正其名，名物如其真，不失秋毫之末。文颖曰："豪❶，秋乃成好。"师古曰："豪成之时，端即❷纤细。"故名霣石，则后其五；言退鹢，则先其六，圣人之谨于正名如此。君子于其言，无所苟而已，五石、六鹢之辞是也。《孔丛子》："平原君曰：'至精之说，可得闻乎？'答曰：'其说皆取之经传，不敢以意。《春秋》记六鹢退飞，睹之则六，察之则鹢。'"《文心雕龙》："《春秋》辨理，一字见义。五石、六鹢，以详略成文；雉门、两观，以先后见旨。"僖十六年。柜众恶于内，原注："柜，疑衽，如甚切，榍也。"弗使得发于外者，心也，故心之为名柜也。人之受气苟无恶者，心何柜哉？吾以心之名得人之诚。人之诚有贪有仁，仁、贪之气，两在于身。身之名取诸天，天两，有阴阳之施，《释名》："阴，荫也，气在内，奥荫也。阳，扬也，气在外发扬也。"身亦两，有贪、仁之性；天有阴阳禁，身有情欲柜，与天道一也。是以阴之行不得干春、夏，而月之魄常厌于日光，乍全乍伤。天之禁阴如此，《月令》

---

❶ "豪"，龙溪本、续经解本作"毫"。下"豪成"龙溪本同，续经解本作"毫成"。

❷ "即"，《汉书·高帝纪》作"极"。

疏："月是阴精，日为阳精，故《周含❶》云：'日犹火，月犹水，火则外光，水则髀景。'故月光生于日所照，魄生于日所蔽。当日则光盈，就日则光尽❷。"**安得不损其欲而辍其情以应天？天所禁，而身禁之，故曰身犹天也。禁天所禁，非禁天也。**官本案："他本'非'下无'禁'字。"**必知天性不乘于教，终不能框。察实以为名，无教之时，性何遽若是？**卢注："旧本'性'字下，有'禁天所禁非天也'七字，系因上文而衍，本无者是。何遽，旧本作'何据'，下篇又作'何处'，皆讹，今改正。"**故性比于禾，**《说文》曰："禾，嘉谷也。至二月始生，八月而熟，得时之中，故谓之禾。"**善比于米：米出禾中，而禾未可全为米也；**官本案："米，他本误作'美'。"《淮南子》曰："孔子见禾三变，始于粟，生于苗，成于穗，乃叹曰：'我其禾乎？'"**善出性中，而性未可全为善也。善与米，人之所继天而成于外，非在天所为之内也。**官本案："在天，他本误倒。"**天之所为，有所至而止，止之内谓之天性，止之外谓之人事，事在性外，而性不得不成德。民之号，取之瞑也，使性而已善，则何故以瞑为号？以瞀者言❸，**官本案："他本'者'字在'言'字下。"**弗扶将，颠陷猖狂，**《庄子》："猖狂妄行。"《广韵》："狂，病也。心不能审得失之地，则谓之狂。"**安能善？性有似目，目卧幽**

---

❶ "周含"，《礼记正义》卷一四、续经解本作"周髀"。下文"水则髀景"应为"水则含景"。含、髀位置倒。

❷ "光尽"，《礼记正义》卷一四、续经解本作"明尽"。

❸ "以瞀者言"，苏舆案，当作"以瞑言者"。

而瞑，《释名》："目，默也，默而内识也。"《文选》李善注："瞑，古'眠'字。"**待觉而后见。**宣六年注："由人得知曰知之，己知曰觉焉。"❶**当其未觉，可谓有见质，而不可谓见。今万民之官**本案："他本误以下文'言无验之说'至'故谨于正名，名非'四百六字，移在此处。"**性，有其质而未能觉，譬如瞑者待觉，教之然后善。当其未觉，可谓有质❷，而不可谓善，与目之瞑而觉，一概之比也。静心徐察之，其言可见矣。性而"如"通。瞑之未觉，天所为也。效天所为，为之起号，故谓之民。民之为言，固犹瞑也，**官本案："犹，他本误作'有'。"**随其名号，以入其理，则得之矣。**官本案："矣，他本作'也'。"**是正名号者于天地，天地之所生，谓之性情。性情相与为一瞑。情亦性也，谓性已善，奈其情何？故圣人莫谓性善，累其名也。身之有性情也，若天之有阴阳也，言人之质而无其情，犹言天之阳而无其阴也。**《孝经钩命诀》："情生于阴，欲以待念也；性生于阳，以就理也。阳气者仁，阴气者贪，故情有利欲，性有仁也。"**穷论者，无时受也。名性不以上，不以下，以其中名之。**卢注："绝句。本或作'中民之性'，连下读。下篇如此，然此处非也。"**性如茧、如卵，卵待复❸而为雏，茧待缲而为丝，**《韩诗外传》："茧之性为丝，弗得女工燔以沸汤，抽其统理，不成为丝；卵之

---

❶ "由人得知曰知之，己知曰觉焉"，《春秋公羊传注疏》卷一五、续经解本作"由人曰知之，自己知曰觉焉"。

❷ "有质"，续经解本作"有善质"。

❸ "复"，续经解本作"覆"。

性为雏，不得良鸡覆伏孚育，积日累久，则不成为雏。夫人性善，非得明王圣主扶携，内之以道，则不成君子。"**性待教而为善，此之谓真天。天生民性有善质而未能善，于是为之立王以善之，此天意也。民受未能善之性于天，而退受成性之教于王，王承天意以成民之性为任者也。**官本案："他本'之'下有'善'字，他本无'者'字。"**今案其真质而谓民性已善者，是失天意而去王任也。万民之性苟性已善，"性"字当衍。则王者受命尚何任**官本案："何，他本误作'可'。"**矣？**官本案："矣，他本误作'也'。"**其设民不正，故弃重任而违大命，非法言也。**官本案："法，他本误作'吾'。"**《春秋》之辞，内事之待外者，从外言之。今万民之性，待外教然后能善，善当与教，不当与性。与性则多累而不精，自成功而无圣贤，此世长者之所误出也，**官本案："者，他本作'古'。"**《韩子》曰："厚重日尊，谓之长者。"非《春秋》为辞之术也。不法之**官本案："他本误接末行'所始如之何'十一字于此下。"**言，无验之说，君子之所外，何以为哉？或曰："性有善端，心有善质，尚安非善？"应之曰："非也。茧有丝，而茧非丝也；卵有雏，而卵非雏也。比类率然，有何疑焉？"天生民有六经❶，言性者不当异，然其或曰性也善，或曰性未善，则所谓善者，各异意也。性有善端，动之爱父母，善于禽兽，则谓之善，此孟子之言。

---

❶ "六经"，刘师培《春秋繁露斠补》作"大经"。以《论衡·本性篇》引作"大经"佐证，可据。

循三纲五纪，《白虎通》："三纲者，何谓也？谓君臣、父子、夫妇也。六纪者，谓诸父、兄弟、族人、诸舅、师长、朋友也。故君为臣纲，父为子纲，夫为妻纲。"通八端之理，忠信而博爱，敦厚而好礼，乃可谓善，此圣人之善也。是故孔子曰："善人，吾不得而见之，得见有恒者，斯可矣。"由是观之，圣人之所谓善，亦未易当也，非善于禽兽则谓之善也，使动其端善于禽兽则可谓之善，善奚为弗见也？夫善于禽兽之未得为善也，犹知于草木而不得名知于，官本案："知于，他本作'之有'。"万民之性善于禽兽而不得名善，知之名官本案："知之，他本倒。"乃取之圣。圣人之所命，天下以为正。正朝夕者视北辰，《诗》疏："《匠人》云：'水地以县，置槷以县，视以影。为规，识日出之影与日入之影，昼参诸日中之影，夜考之极星，以正朝夕。'"注云："于四角立植而县以水，望其高下。高下既定，乃为位而平也❶。于所平之地中央，树八尺之臬，以县正之。视之以其影，将以正四方也。日出日入之影，其端则东西正也。又为规以识之者，为其难审也。自日出而昼❷，其影端，以至日入既，则为规，测影两端之内，规之。规之交，乃其审也。度两交之间，中屈之以指臬，则南北正也。日中之影，最短者也。极星，谓北辰也。"正嫌疑者视圣人。圣人以为无王之世，不教之名，民莫能当善。善之难当如此，而谓万民之性皆能当之，过矣。质于禽兽之性，则万民之性善

---

❶ "平也"，《毛诗正义》卷三之一、续经解本作"平地"。
❷ "昼"，《毛诗正义》卷三之一、续经解本作"画"。

矣；质于人道之善，则民性弗及也。万民之性善于禽兽者许之，圣人之所谓善者勿许。吾质之命性者，异孟子。孟子下质于禽兽之所为，故曰性已善；吾上质于圣人之所善，故谓性未善。谓性善，则民思尽性矣；谓性未善，则民思化性为善矣。上质、下质虽不同，其待上明善则一也。善过性，圣人过善。《春秋》大元，故谨于正名。名非所始，如之何谓未善、已善也？张编修曰："救世之论，与孟子并行不悖。"

实性第三十六

刘向序《荀子》："孟子者，亦大儒，以人之性善。孙卿，后孟子百余年。孙卿以为人性恶，故作《性恶》一篇，以非孟子。至汉兴，江都相董仲舒亦大儒，作书，美孙卿。"

孔子曰："名不正，则言不顺。"今谓性已善，官本案："性，他本误作'善'。"不几于无教而如其自然，又不顺于为政之道矣。且名者性之实，实者性之质。质卢注："次'质'字，旧误作'之'。《大典》本作'也'，何本作'质之'二字。今案，止当作'质'字为是。"无教之时，何遽❶能善？善如米，性如禾，禾虽出米，而禾未可

---

❶ "何遽"，聚珍本作"何处"。

谓米也；性虽出善，而性未可谓善也。米与善，人之继天而成于外也，非在天所为之内也。天所为，有所至而止，止之内谓之天，止之外谓之王教。王教在性外，而性不得不遂，故曰：性有善质，而未能为善。岂敢美辞，其实然也。天之所为，止于茧麻与禾。以麻为布，《格物论》曰："麻，枲属。皮绩为布，子可食。"以茧为丝，以米为饭，以性为善，此皆圣人所继天而进也，非情性质朴之能至也，《荀子》："故曰：性者，本始材朴也。"故不可谓性。正朝夕者视北辰，正嫌疑者视圣人。圣人之所名，天下以为正。今案圣人之言中，本无性善名，而有善人吾不得见之矣。使万民之性皆已能善，官本案："已，他本作‘以’。"善人者何为不见也，观孔子言此之意，以为善难当甚，而孟子以为万民性皆能当之，过矣。圣人之性，不可以名性；斗筲之性，又不可以名性；名性者，中民之性。中民之性如茧如卵，卵待复二十日，而后能为雏；《埤雅》："今鸡、鹜孚卵，鸡二十日而化。"茧待缲以涫汤，《史记·龟策传》："肠如涫汤。"音官，沸也。而后能为丝；性待渐于教训，而后能为善。善，教诲之所然也，非质朴之所能至也，故不谓性。性者，宜知名矣，无所待而起生，而所自有也。善所自有，则教训已非性也。是以米出于粟，而粟不可谓米；《春秋说题辞》："粟，助阳扶性。粟之为言续也。粟五变：一变而以阳生，为苗；二变而秀，为禾；三变而祭然❶，谓之粟；四变入臼，米出甲；

----

❶ "三变而祭然"，《太平御览》卷八四〇作"三变而粲然"。

五变而蒸，饭可食。阳以一立而为法，故粟积大一分，穗长一尺，文以七列，精以五六立，故其字为粟。**❶**西者，金所立；米者，阳精，故西字合米而为粟。"玉出于璞，而璞不可谓玉；《孟子》："今有璞玉于此。"音朴，玉未琢者。善出于性，而性不可谓善；其比多在物者为然，在性者以为不然，何不通于类也？卵之性未能作雏也，茧之性未能作丝也，麻之性未能为缕也，《春秋说题辞》："麻生于夏。夏，衣物成礼仪，故麻可以为衣。阳成于三，物以化，故麻三变，缕布加也。"粟之性未能为米也。《春秋》别物之理以正其名，名物必各因其真，真其义也，真其情也，乃以为名。名霣石，则后其五，退飞，则先其六，此皆其真也。圣人于言，无所苟而已矣。性者，天质之朴也；善者，王教之化也。无其质，则王教不能化；无其王教，则质朴不能善。质而不以善性，其名不正，故不受也。张编修曰："'无其质'二句，与孟子、荀子义俱大同，固知三子言性，其归一也。"

诸侯第三十七

《白虎通》："必复封诸侯何？重民之至也。善恶比而

---

❶ "文以七列，精以五六立，故其字为粟"，《太平御览》卷八四〇作"文以七烈，精以五立，故其字，西、米为粟"。

易知，故择贤而封之，使治其民，以著其德、极其才，上以尊天子，备辅藩，下以子养百姓，施其道。开贤者之路，谦不自专，故列土封贤，因而象之，象贤重民也。"

生育养长，成而更生，官本案："他本脱'而'字。"终而复始，其事所以利活民者无已，官本案："他本'者'下有'而'字。"天虽不言，其欲赡足之意可见也。古之圣人官本案："古，他本误作'士'。"见天意之厚于人也，故南面而君天下，必以兼利之。为其远者，目不能见；其隐者，耳不能闻。于是千里之外，割地分民，而建国立君，官本案："国，他本误作'间'。"使为天子视所不见，听所不闻。朝夕召而问之也，诸侯为言犹诸候❶也。

五行对第三十八

《释名》："五行者，五气也，于其方各施行也。"《字鉴》："对，都内切，答也，古作'對'。汉文帝以为言多非诚，故去口从土。"

---

❶ "候"，龙溪本、畿辅本同。聚珍本作"侯"。续经解本、汇函本、苏舆《春秋繁露义证》作"候"。《周礼注疏·夏官·职方氏》"侯服"疏曰："侯之言候，为王斥候。"

河间献王《汉书》："河间献王德，以孝景二年立，修学好古，实事求是。"《十道志》："瀛州河间郡，《禹贡》冀州之域。舜十二州，并为❶之境。春秋时，属燕国。秦并天下，为河间郡。汉为河间国。"问温城董君曰：沈孝廉曰："《汉·志》：'信都国，有昌城县。'《续·志》：'安平国阜城，故昌城。'《元和志》：'阜城，汉属信都国。'所云'温城董君'，疑是'昌城'之误。盖广川为国，而昌城其县也。""《孝经》曰：'夫孝，天之经，地之义。'《孝经钩命诀》："《孝经》者，篇题就号也，所以表指括意，序中书名出义，见道日著。一字包十八章，为天地喉襟，道要德本。"何谓也？"对曰："天有五行：木、火、土、金、水是也。木生火，火生土，土生金，金生水。水为冬，《白虎通》："水，位在北方。北方者，阴气，在黄泉之下，任养万物。水之为言濡也，阴化沾濡，任生木。冬之为言终也，其位在北方。"金为秋，《白虎通》："金在西方。西方者，阴始起，万物禁止。金之为言禁也。秋之为言'愁亡'也，其位西方。"土为季夏，《白虎通》："火❷，在中央者。土吐含万物，土之为言吐也。何知东方生？《乐记》曰：'春生，夏长，秋收，冬藏。'土所以不名时，地，土别名也，比于五行最尊，故不自居部职也。《元命包》曰：

---

❶ "并为"，《太平御览》卷一六一作"为并州"，续经解本作"并州"。

❷ "火"，《白虎通·五行》、续经解本作"土"。《白虎通·五行》："土在中央。中央者土，土主吐含万物，土之为言吐也。"

'土无位而道在，故太乙不兴化❶，人主不任部职。'"**火为夏**，《白虎通》："火在南方。南方者，阳在上，万物垂枝。火之为言委随也，言万物布施。火之为言化也，阳气用事，万物变化也。夏言大也，位在南方。"**木为春**。《白虎通》："木在东方。东方者，阴阳气始动，万物始生。木之为言触也。春之为言偆偆动也，位在东方。"**春主生，夏主长，季夏主养，秋主收，冬主藏。藏，冬之所成也。是故父之所生，其子长之；父之所长，其子养之；父之所养，其子成之。诸父所为，其子皆奉承而续行之，**《盐铁论》文学曰："始江都相董生推言阴阳，四时相继。父生之，子养之；母成之，子藏之。故春生仁，夏长德，秋成义，冬藏礼。此四时之序，圣人之所则也。"**不敢不致如父之意，尽为人之道也。故五行者，五行也。**卢注："上'行'，如字；下'行'，下孟反。"**由此观之，父授之，子受之，乃天之道也。故曰：'夫孝者，天之经也。'此之谓也。"王曰："善哉！天经既得闻之矣，愿闻地之义。"对曰："地出云为雨，起气为风。**《春秋元命包》："阴阳聚而为云，和而为雨，阴阳怒而为风。"案，《御览》引《繁露》"阴阳二气之初蒸也，若有若无，若实若虚。团攒聚合，其体稍重，乘虚而坠。风多则合速，故雨大而疏；风少则合迟，故雨细而密"，为今《繁露》所无。**风雨者，地之所为。**官本案："他本'所'误作'为'。"**地不敢有其功名，必上之于天命，若从天命者，故曰天风、天雨也，莫曰地风、**

---

❶ "兴化"，续经解本作"与化"。

地雨也。勤劳在地，名一归于天，《春秋元命包》："地者，易也。言养物怀任，交易变化，含土应节，故其立字，加于'乙'者为'地'。土无位而道在，故太乙不与化，人主不任职。地出云起雨，以合从天下。动劳出于地，功归于主。"非至有义，其孰能行此。故下事上，如地事天也，可谓大忠矣。土者，火之子也，五行莫贵于土，土之于四时，无所命者，不与火分功名。木名春，火名夏，金名秋，水名冬，忠臣之义，孝子之行取之土。土者，五行最贵者也，其义不可以加矣。五声莫贵于宫，五味莫美于甘，五色莫贵于黄，此谓孝者地之义也。"王曰："善哉！"

阙文第三十九

阙文第四十

《春秋繁露》卷十终　　　　　　　金陵洪万盈锓

卷十一

为人者天[1]第四十一

官本案："他本'天'下衍'地'字。"

　　为生不能为人，为人者天也。人之人本于天，卢注："人之人，当作'人之为人'。"天亦人之曾祖父也，此人之所以上类天也。人之形体，化天数而成；人之血气，化天志而仁；官本案："仁，他本作'行'。"人之德行，化天理而义；人之好恶，化天之暖清；人之喜怒，化天之寒暑；人之受命，化天之四时。人生有喜怒哀乐之答，春秋冬夏之类也。隐元年注："昏斗指东方曰春，指南方曰夏，指西方曰秋，指北方曰冬。"喜，春之答也；怒，秋之答也；乐，夏之答也；哀，冬之答也。天之副在乎人，人之情性有由天者矣，故曰受，由天之号也。为人主也，道莫明省身之天，如天官本案："他本无'天'字。"出之也。使其出也，答天之出四时，而必忠其受也，官本案："受，他本作'爱'。"则尧、舜之治无以加。是可生、可杀，而不可使为乱。故曰："非道不行，非法不言。"此之谓也。

　　《传》曰：唯天子受命于天，天下受命于天子，一

---

❶ "为人者天"，本书原目录作"为人者"。

国则受命于君。君命顺，则民有顺命；君命逆，则民有逆命。故曰："一人有庆，万民赖之。"此之谓也。《甫刑》："一人有庆，兆民赖之。"《独断》："天子曰兆民，诸侯曰万民也。"

《传》曰：政有三端，父子不亲，则致其爱慈；大臣不和，则敬顺其礼；百姓不安，则力其孝弟。孝弟者，所以安百姓也。力者，勉行之，身以化之。天地之数，不能独以寒暑成岁，必有春夏秋冬；圣人之道，不能独以威势成政，必有教化。故曰："先之以博爱，教之以仁也；难得者，君子不贵，教以义也；虽天子必有尊也，教以孝也；必有先也，教以弟也。"此威势之不足独恃，官本案："他本无'之'字。"而教化之功不大乎？

《传》曰：天生之，地载之，圣人教之。君者，民之心也；民者，君之体也。心之所好，体必安之；君之所好，官本案："好，他本作'命'。"民必从之。故君民者，贵孝弟而好礼义，重仁廉而轻财利。躬亲职此于上而万民听，生善于下矣。故曰："先王见教之可以化民也。"此之谓也。

衣服容貌者，所以悦目也；《韩诗外传》作"《传》曰：衣服容貌者，所以说目也"，此亦当有"传曰"二字。声言应对者，《说苑》作"声音"，《外传》作"应对言语者"。所以悦耳也；好恶去就者，《说苑》作"嗜欲好恶"。所以悦心也。故君子衣服中而容貌恭，《说苑》《外传》作"容貌得"。则目悦矣；言理应对逊，《说苑》作"言语顺，应对给"，《外传》作"言语逊，应对给"。则

耳悦矣；好仁厚而恶浅薄，就善人而远僻鄙，《说苑》作
"就仁，去不仁"。则心悦矣。故曰："行意可乐，容止
可观。"此之谓也。此段❶旧在《五行对》"王曰：善哉"
之下，张编修曰："此非本篇文，与下篇一类。"

五行之义第四十二

天有五行：一曰木，《宋微子世家》郑注："此数，
本诸阴阳所生之次也。"《春秋元命包》："木者，阳精，生
于阴，故水者，木之母也。木之为言触也，气动跃也。其字，
八推十为木。八者，阴，合十者，阳数。"《释名》："木，
冒也，华叶自覆冒也。"《说文通论》："水非土不处，水土
之气相谋而生木。"二曰火，《春秋元命包》："火之为言
委随也，故其立字，人散二者为火也。"《释名》："火，化
也，消化物也；亦言毁也，物入中，皆毁坏也。"三曰土，
《春秋元命包》："土之为言吐也，子成父道，吐气精以辅
也。阳立于三，故成土。其立字，十夹一为土。"《释名》：
"土，吐也，能吐生万物也。"四曰金，《释名》："金，
禁也。其气刚严，能禁制也。"《说文通论》："土受化以
生。天柔而地刚，刚柔相和，其精为金。"五曰水。《春秋

---

❶ "叚"，续经解本、畿辅本、龙溪本作"段"。

元命包》："水之为言演也，阴化淖濡，流施潜行也。故其立字，两人交一以中出者为水。一者，数之始；两人，譬男女之阴阳交，物以一起也。"《释名》："水，准也，准平物也。"木，五行之始也；水，五行之终也；土，五行之中也，此其天次之序也。木生火，火生土，土生金，金生水，水生木，此其父子也。木居左，金居右，火居前，水居后，土居中央，此其父子之序，相受而布。是故木受水而火受木，土受火，金受土，水受金也。诸授之者，皆其父也；受之者，皆其子也。常因其父以使其子，天之道也。是故木已生而火养之，金已死而木❶藏之，火乐木而养以阳，水克金而丧以阴，土之事天竭其忠。故五行者，乃孝子、忠臣之行也。《白虎通》："五行者，何谓也？谓金、木、水、火、土也。言行者，欲言为天行气之义也。地之承天，犹妻之事夫，臣之事君也。谓其位卑，卑者亲事。故自周于一行，尊于天也。"五行之为言也，犹五行欤？是故以得辞也。圣人知之，故多其爱而少严，厚养生而谨送终，就天之制也。以子而迎成养，如火之乐木也；丧父，如水之克金也；事君，若土之敬天也；可谓有行人矣。五行之随，各如其序；五行之官，各致其能。是故木居东方而主春气，火居南方而主夏气，金居西方而主秋气，水居北方而主冬气；是故木主生而金主杀，火主暑而水主寒，使人必以其序，官人必以其能，天之数也。土居中央，为之天润。土者，天之股肱也。其德茂美，不可名以一

---

❶ "木"，聚珍本、续经解本作"水"。

时之事，故五行而四时者，土兼之也。《白虎通》："土所以王四季何？木非土不生，火非土不荣，金非土不成，水非土不高。土，扶微助衰，历成其道，故五行更王，亦须土也。王四季，居中央，不名时。"金、木、水、火虽各职，不因土，方不立，若酸、咸、辛、苦之不因甘肥不能成味也。甘者，五味之本也；土者，五行之主也。五行之主土气也，犹五味之有甘肥也，不得不成。是故圣人之行，莫贵于忠，土德之谓也。人官之大者，不名所职，相其是矣；天官之大者，不名所生，土是矣。

阳尊阴卑第四十三

《五行志》："周道敝，孔子述《春秋》，则'乾''坤'之阴阳，效《洪范》之咎征，天人之道粲然著矣。汉兴，承秦灭学之后。景、武之世，董仲舒治《公羊春秋》，始推阴阳，为儒者宗。"《乾凿度》："阳得正于上，阴得正于下。尊卑之象，定礼之序也。"

天之大数，毕于十旬。李庶常曰："下两'旬'字，属下。旬者，均也。"旬天地之间，十而毕举；旬生长之功，十而毕成。十者，天数之所止也。官本案："他本作'之数'。"古之圣人，因天数之所止以为数，纪十如

"而"通。更始。民世世传之，而不知省其所起。知省其所起，则见天数之所始；见天数之所始，则知贵贱逆顺所在；知贵贱顺逆所在，则天地之情著，卢注："'则'下，旧本有'知'字，衍。"圣人之宝出矣。是故阳气以正月始出于地，生育养长于上，至其功必成也，官本案：他本"也"作"矣"。卢注："'必'与'毕'通。"而积十月。人亦十月而生，合于天数也。《大戴礼·易本命》："天一，地二，人三。三三而九，九九八十一，一主日，日数十，故人十月而生。"是故天道十月而成，卢注："旧本脱'天道'二字，今补。"人亦十月而成，合于天道也。故阳气出于东北，入于西北，发于孟春，毕于孟冬，《月令》注："孟，长也。日月之行，一岁十二会。圣王因其会而分之，以为大数焉。观斗所建，命其四时。"而物莫不应是。阳始出，物亦始出；阳方盛，物亦方盛；阳初衰，物亦初衰。物随阳而出入，数随阳而终始，三王之正随阳而更起。以此见之，贵阳而贱阴也。故数日者，据昼而不据夜；数岁者，据阳而不据阴，不得达之义。是故春秋之于昏礼也，达宋公而不达纪侯之母。纪侯之母宜称而不达，宋公不宜称而达，隐二年《传》："昏礼不称主人。然则曷称？称诸父兄、师友。宋公使公孙寿来纳币，则其称主人何？辞穷也。辞穷者何？无母也。然则纪有母乎？曰：有。有则何以不称母？母不通也。"注："母命不得达。"卢注："旧本作'达未宋公而不达宋公不宜称而达'，误。今案❶《公羊

---

❶ "案"，续经解本作"据"。

传》增正。"达阳而不达阴，以天道制之也。西汉杜邺《日食对》："臣闻：阳尊阴卑。卑者随尊，尊者兼卑，天之道也。是以男虽贱，名其为家阳❶；女虽贵，犹为其国阴。故礼明三重❷之义，虽有文母之德，必系于子。《春秋》不书纪侯之母，阴义杀也。"丈夫虽贱皆为阳，妇人虽贵皆为阴。阴之中亦相为阴，阳之中亦相为阳。诸在上者皆为其下阳，诸在下者各为其上阴。阴犹沈也，蔡邕《月令章句》曰："阴者，密云也。沈者，云之重也。"何名何有？皆并一于阳，昌力而辞功。故出云起雨，必令从之下，命之曰天雨。不敢有其所出，上善而下恶，恶者受之，善者不受。张编修曰："此下，当接下篇'土若地'至'此见天之近阳而远阴'。"土若地，义之至也。官本案："至，他本作'主'。"是故《春秋》君不名恶，臣不名善，善皆归于君，恶皆归于臣。臣之义比于地，故为人臣者，视地之事天也，《文选》注："《墨守》曰：'君者，臣之天也。'"为人子者视土之事火也。虽居中央，亦岁七十二日之王，官本案："七，他本误作'亡'。"《家语》："天有五行：水、火、金、木、土。分时化育，以成万物。"注："一岁三百六十日，五行每行主七十二日。化生长育，一岁之功，万物莫敢不成。"傅❸于火，以调和养长，然而弗名者，皆并功于火，火得以盛，不敢与天❹分功美，官本案："他本

---

❶ "名其为家阳"，《汉书·杜邺传》作"各为其家阳"。
❷ "重"，《汉书·杜邺传》作"从"。
❸ "傅"，聚珍本作"传"。
❹ "天"，聚珍本作"父"。

无'功'字。"**孝之至也。**《荀爽传》："火生于木，木盛于火，故其德为孝。"注："火，木之子；夏，火之位。木至夏而盛，故为孝。"**是故孝子之行，忠臣之义，皆法于地也。地事天也，犹下之事上也。地，天之合也，物无合会之义。是故推天地之精，**官本案："他本无'他❶'字。"**运阴阳之类，以别顺逆之理，安所加以不在？在上下，在大小，在强弱，在贤不肖，**师古曰："肖，似也。不肖者，言无所象类，谓不材之人也。"**在善恶。恶之属尽为阴，善之属尽为阳。阳为德，阴为刑，**《管子》曰："日掌阳之为德，月掌阴之为刑。"《淮南子》："日冬至，则斗北中绳，阴气极，阳气萌，故曰冬至为德。日夏至，则斗南中绳，阳气极，阴气萌，故曰夏至为刑。"《大戴礼》子曰："有天德，有地德，有人德，此谓三德。三德率行，乃有阴阳。阳为德，阴为刑。"**刑反德而顺于德，亦权之类也。**犹权之反于经，然后有善也。**虽曰权，皆在权成。**官本案："皆在，他本作'在皆'。"**是故阳行于顺，阴行于逆。逆行而顺，顺行而逆者，阴也。是故天以阴为权，以阳为经。阳出而南，阴出而北。经用于盛，权用于末。以此见天之显经隐权，前德而后刑也。故曰：阳，天之德；阴，天之刑也。阳气煖而阴气寒，阳气予而阴气夺，阳气仁而阴气泪❷，阳气宽而阴气急，阳气爱而阴气恶，阳气生而阴气杀。是故阳常居实位而行于盛，阴常居空虚而行于末。天之好仁而**

---

❶ "他"，汇函本、续经解本、畿辅本、龙溪本作"地"。

❷ "泪"，聚珍本、汇函本、续经解本作"戾"。

近，恶戾之变而远，大德而小刑之意也。先经而后权，贵阳而贱阴也。故阴，夏入居下，不得任岁事；冬出居上，置之空处也。养长之时，伏于下，远去之，弗使得为阳也；无事之时，起之空处，使之备次陈、守闭塞也。官本案："使，他本误作'备'。"此见天之近阳而远阴，官本案："见，他本作'有'。"大德而小刑也。是故人主近天之所近，远天之所远；大天之所大，小天之所小。是故天数右阳而不右阴，务德而不务刑。刑之不可任以成世也，犹阴不可任以成岁也。为政而任刑，谓之逆天，非王道也。

王道通三❶第四十四

《说文通论》："王者则天之明，因地之义，通人之情，一以贯之。故于文，'丨'贯'三'为王。王者，居中也，皇极之道也；三者，天、地、人也。"

古之造文者，《孝经援神契》："仓颉文字者，总而为言，包意以名事也。分而为义，则文者，祖文❷字者，子孙得之自然，备其文理。象形之属，则谓之文。"《法苑珠林》：

---

❶ "王道通三"，本书原目录作"王道通"。
❷ "文"，《太平御览》卷七四九作"父"。

"造书凡有三人：长名曰梵，其书右行；次曰佉卢，其书左行；少者仓颉，其书下行。"三画而连其中，谓之王。三画者，天、地与人也，而连其中者，通其道也。取天地与人之中以为贯而参通之，非王者孰能当是？《说文》："王，天下所归往也。董仲舒曰：'古之造文者，三画而达其中，谓之王。三者，天、地、人而参通之者，王也。'孔子曰：'一贯三为王。'"故王者唯天之施，施其时而成之，法其命如"而"通。循之诸人，法其数而以起事，治其道而以出法，治其志而归之于仁。仁之美者在于天。天，仁也。卢注："旧本作'大仁'，又一本作'夫仁'，皆误。"天覆育万物，既化而生之，有"又"同。养而成之，事功无已，终而复始，凡举归之以奉人，察于天之意，无穷极之仁也。人之受命于天也，取仁于天而仁也。是故人之受命天之尊，父兄子弟之亲，有忠信慈惠之心，有礼义廉让之行，有是非顺逆之治。官本案："有，他本作'者'。"文理灿然而厚，知官本案："知，他本作'之'。"广大有而博，惟人道可以参天。天常以爱利为意，官本案："意，他本作'义'。"以养长为事，官本案："他本无'长'字。"春秋冬夏皆其用也。王者亦常以爱利天下为意，以安乐一世为事，卢注："本或脱'一'字。"好恶喜怒而备用也。然而主好恶喜怒，乃天之春夏秋冬也，其居煖清寒暑而以变化成功也。天出此物者，时则岁美，不时则岁恶。人主出此四者，义则世治，不义则世乱。是故治世与美岁同数，乱世与恶岁同数，以此见人理之副天道也。天有寒有暑，《书》疏："暑是热之极，寒

275

是冷之极。"张编修曰："此下当接上篇'夫喜怒'至'而人资诸天'为一篇。"夫喜怒哀乐之发，与清煖寒暑，其实一贯也。喜气为暖而当春，怒气为清而当秋，乐气为太阳而当夏，哀气为太阴而当冬。四气者，天与人所同有也，《法苑珠林》引《繁露》作"春喜气，故生；秋怨❶气，故杀；夏乐气，故养；冬哀气，故藏。四者，天人同有之"。非人所能畜也，官本案："能，他本作'当'。"故可节而不可止也。节之而顺，止之而乱。人生于天，而取化于天。喜气取诸春，乐气取诸夏，怒气取诸秋，哀气取诸冬，四气之心也。四肢之答各有处，官本案："他本无'答'字。"如四时；寒暑不可移，若肢体；肢体移易其处，谓之壬人；寒暑移易其处，谓之败岁；喜怒移易其处，谓之乱世。明王正喜以当春，正怒以当秋，正乐以当夏，正哀以当冬。上下法此，以取天之道。春气爱，秋气严，夏气乐，冬气哀。爱气以生物，严气以成功，乐气以养生，哀气以丧终，天之志也。是故春气暖者，天之所以爱而生之；秋气清者，天之所以严而成之；夏气温者，天之所以乐而养之；冬气寒者，天之所以哀而藏之。春主生，夏主养，冬主藏，秋主收。生溉其乐以养，死溉其哀以藏，为人子者也。故四时之比，父子之道；天地之志，君臣之义也；阴阳理，人之法也。阴，刑气也；阳，德气也。阴始于秋，阳始于春。春之为言，犹偆偆也；秋之为言，犹湫湫也。偆偆者，喜乐

---

❶ "怨"，畿辅本、《法苑珠林》卷七、《太平御览》卷一作"怒"。

之貌也；湫湫者，忧悲之状也。是故春喜、夏乐、秋忧、冬悲，悲死而乐生。以夏养春，以冬丧秋，大人之志也。是故先爱而后严，乐生而哀终，天之当也。而人资诸天，天固如此，然而无所之，如其身而已矣。人主立于生杀之位，与天共持变化之势，物莫不应天化。天地之化如四时，所好之风出，则为煖气，而有生于俗；所恶之风出，则为清气，而有杀于俗；喜则为暑气，而有养成也；怒则为寒气，而有闭塞也。人主以好恶喜怒变习俗，官本案："习俗，他本作'俗习'。"而天以煖清寒暑化草木。喜乐时而当则岁美，不时而妄则岁恶。天地人主一也。然则人主之好恶喜怒，乃天之煖清寒暑也，不可不审其处而出也。当暑而寒，当寒而暑，必为恶岁矣；官本案："矣，他本作'也'。"人主当喜而怒，当怒而喜，必为乱世矣。是故人主之大守在于谨藏而禁内，使好恶喜怒，必当义乃出，若煖清寒暑之必当其时乃发也。人主掌此而无失，官本案："他本下有'而'字。"使乃好恶喜怒未尝差也，如春秋冬夏之未尝过也，可谓参天矣。深藏此四者而勿使妄发，可谓天❶矣。

天容第四十五

《淮南子》："天道玄默，无容无则。"

---

❶ "天"，汇函本、续经解本作"大"。

天之道，有序而时，有度而节，变而有常，反❶而有相奉，微而至远，踔而致精，一而少积蓄，广而实，虚而盈。圣人视天而行，是故其禁而审好恶喜怒之处也，欲合诸天之非其时官本案："他本无'之'字。"不出燠清寒暑也；其告之以政令而化风之清微也，欲合诸天之颠倒其一而以成岁也；其羞浅末华虚官本案："浅末，他本误作'满末'。"而贵敦厚忠信也，欲合诸天之默然不言而功德积成也；其不阿党偏私而美泛爱兼利也，欲合诸天之所以成物者少霜而多露也；《释名》："霜，丧也。其气惨毒，物皆丧也。露，虑也，覆虑物也。"其内自省以是而外显，不可以不时。人主有喜怒，不可以不时。可亦为时，时亦为义，喜怒以内❷合，其理一也。故义不义者，时之合类也，而喜怒乃寒暑之别气也。

天辨人在❸第四十六

难者曰："阴阳之会，《占梦》疏："案《堪舆》，皇帝❹问

---

❶ "反"，聚珍本作"及"。
❷ "内"，聚珍本、续经解本作"类"。
❸ "天辨人在"，聚珍本、续经解本、龙溪本作"天辨在人"，本书原目录作"天辨"。
❹ "皇帝"，《周礼注疏》卷二五作"黄帝"。

天老事云：‘四月，阳建于巳，破于亥；阴建于未，破于癸。’是为阳破阴，阴破阳，故四月有癸亥，为阴阳交会。言未破亥❶者，即是未与丑对而近癸也。交会，惟有四月、十月也。”一岁再遇于南方者以中夏，遇于北方者以中冬。冬丧物之气也，则其会于是何？”“如金木水火，各奉其所主以从阴阳，相与一力而并功。其实非独阴阳也，然而阴阳因之以起，助其所主。故少阳因木而起，助春之生也；太阳因火而起，助夏之养也；少阴因金而起，助秋之成也；太阴因水而起，助冬之藏也。《索隐》：“《物理论》：‘北极，天之中，阳气之北极也。极南为太阳，极北为太阴。太阴则无光，太阳则能照，故为昏明、寒暑之极也。’”《月令章句》：“天之道，阴阳各有少、太，是生四时：少阳为春，太阳为夏，少阴为秋，太阴为冬也。”阴虽与水并气而合冬，其实不同，故水独有丧而阴不与焉。是以阳阴会于中冬者，非其丧也。官本案：“其，他本作‘者’。”春，爱志也；夏，乐志也；秋，严志也；冬，哀志也。故爱而有严，乐而有哀，四时之则也。喜怒之祸，哀乐之义，不独在人，亦在于天；而春夏之阳，秋冬之阴，不独在天，亦在于人。人无春气，何以博爱而容众？人无秋气，何以立严而成功？人无夏气，何以盛养而乐生？人无冬气，何以哀死而恤丧？天无喜气，亦何以暖而春生育？天无怒气，亦何以清而秋就杀❷？天无乐气，亦何以竦❸阳

---

❶ “亥”，《周礼注疏》卷二五作“癸”。

❷ “就杀”，聚珍本作“杀就”。

❸ “竦”，汇函本、聚珍本同，续经解本、龙溪本、畿辅本作“竦”。竦，疑“疏”异体“疎”之误。

而夏养长？官本案："竦，他本作'疏'。"天无哀气，亦何以激阴而冬闭藏？故曰：天乃有喜怒哀乐之行，人亦有春秋冬夏之气者，合类之谓也。匹夫虽贱，可以见刑德之用矣。《意林·风俗通》："《论语》云：'匹夫匹妇。'《传》云：'一昼一夜成一日，一男一女成一室。'案，古人男女作衣，用二匹。今人单衣，故言匹夫。"是故阴阳之行，终各六月，远近同度而所在异处。阴之行，春居东方，秋居西方，夏居空右，冬居空左，夏居空下，冬居空上，此阴之常处也；阳之行，春居上，冬居下，此阳之常处也。阴终岁四移而阳常居实，非亲阳而疏阴，任德而远刑与？""天之志，常置阴空处，稍取之以为助。故刑者德之辅，阴者阳之助也。阳者，岁之主也，天下之昆虫随阳而出入，天下之草木随阳而生落，天下之三王随阳而改正，天下之尊卑随阳而序位。《乾凿度》："万物随阳而出，故上六欲九五拘系之、维持之，明被阳化而阴随从之也。"《礼记》："昆虫未蛰。"郑玄曰："昆，明也。明虫者，阳而生，阴而藏。"幼者居阳之所少，老者居阳之所老，贵者居阳之所盛，贱者当阳之所衰。藏者，言其不得当阳，而当阳者，臣、子也，当阳者，君、父是也。故人主南面，以阳为位也。《乾凿度》："不易也者，其位也。天在上，地在下。君南面，臣北面。父坐，子伏，此其不易也。"阳贵而阴贱，天之制也。卢注："制，旧本作'刑'，误。"礼之尚右，非尚阴也，敬老阳而尊成功也。"

阴阳位第四十七

阳气始出东北而南行，就其位也；西转而北入，藏其休也。阴气始❶东南而北行，官本案："他本无'而'字。"亦就其位也；西转而南入，屏其伏也。是故阳以南方为位，以北方为休；阴以北方为位，以南方为休。阳至其位而大暑热，阴至其位而大寒冻。《魏台访议》："冬至，阳动于下，推阴而上之，故寒于上；夏至，阴动于下，推阳而之上，故大热于上。"阳至其休而入化于地，阴至其伏而避德于下。是故夏出长于上，冬入化于下者，阳也；夏入守虚地于下，冬出守虚位于上者，阴也。阳出实入实，阴出空入空，天之任阳不任阴，好德不好刑，如是也。故阴阳终岁各一出。

《春秋繁露》卷十一终　　　　　　金陵洪万盈锓

---

❶ "始"，续经解本下有"出"，与上句对举。

卷十二

阴阳终始第四十八

宋本、诸本皆阙数句。

天之道，终而复始。《淮南子》："夏日至，则阴乘阳，是以万物就而死。冬日至，则阳乘阴，是以万物仰而生。昼者，阳之分；夜者，阴之分。是以阳气胜，则日修而夜短；阴气胜，则日短而夜修。帝张四维，运之以斗。月徙一辰，复反其所。正月指寅，十二月指丑，一岁为匝，终而复始。"故北方者，天之所终始也，阴阳之所合别也。冬至之后，阴俛而西入，师古曰："俛，即'俯'字也。"阳仰而东出，出入之处常相反也。多少调和之适，常相顺也。有多而无溢，有少而无绝。春夏阳多而阴少，秋冬阳少而阴多。多少无常，未尝不分而相散也。以出入相损益，以多少相溉济也。多胜少者倍入，官本案："倍，他本误作'借'。"入者损一，官本案："一，他本误作'益'。"而出者益二。天所起，一官本案："'益二'以下六字，他本阙。"动而再倍，常乘反衡再登之势，以就同类❶官本案："他本阙以上五字。"之相报。故其气相侠，而以变化相输也。

---

❶ "以就同类"，聚珍本作"以就同类，与"。

《春秋》之中，官本案："他本阙'输也'以下六字。"阴阳之气俱相并也。中春以生，中秋以杀。由此见之，官本案："他本阙'生中'以下六字。"天之所起，其气积；天之所废，其气随。官本案："他本缺'随'字。"故至春，少阳东出就木，与之俱生；至夏，太阳南出就火，与之俱煖。此非各就其类而与之相起与？少阳就木，太阳就火，火木相称，官本案："木，他本作'不'。"各就其正，此非正其伦与？至于秋时，少阴兴，而不得以秋从金，从金而伤火功，虽不得以从金，亦以秋出于东方，俯其处而适其事，以成岁功，此非权与？阴之行，固常居虚，而不得居实，至于东❶，而止空处，太阳乃得北就其类，而与水起寒。是故天之道，有伦、有经、有权。此篇旧本缺二十四字，今依官本补全。

阴阳义第四十九

　　天道之常，一阴一阳。阳者，天之德也；阴者，天之刑也。迹阴阳终岁之行，以观天之所亲而任。成天之功，犹谓之空，空者之实也。故清溧之于岁也，官本案："溧，他本误作'漂'。"《广韵》曰："溧冽，寒风也。"

❶ "东"，聚珍本、续经解本作"冬"。

若酸咸之于味也，仅有而已矣。圣人之治，亦从而然。天之少阴用于功，太阴用于空。人之少阴用于严，而太阴用于丧。丧亦空，空亦丧也。是故天之道以三时成生，以一时丧死。死之者，谓百物枯落也；丧之者，谓阴气悲哀也。天亦有喜怒之气、哀乐之心，与人相副。以类合之，天人一也。春，喜气也，故生；秋，怒气也，故杀；夏，乐气也，故养；冬，哀气也，故藏。四者，天人同有之，有其理而一用之，与天同者大治，与天异者大乱。故为人主之道，莫明于在身之与天同者而用之，使喜怒必当义乃出，如寒暑之必当其时乃发也；使德之厚于刑也，如阳之多于阴也。是故天之行阴气也，少取以成秋，其余以归之冬；圣人之行阴气也，少取以立严，其余归之丧。丧亦人之冬气，故人之太阴不用于刑而用于丧，天之太阴不用于物而用于空。空亦为丧，丧亦为空，其实一也，皆丧死亡之心也。

阴阳出入上下❶第五十

天道大数，相反之物也，不得俱出，阴阳是也。春出阳而入阴，秋出阴而入阳，夏右阳而左阴，冬右阴而左

---

❶ "阴阳出入上下"，本书原目录作"阴阳出入"。

阳。阴出则阳入，阳入则阴出，阴右则阳左，阴左则阳右。是故春俱南，秋俱北，而不同道；夏交于前，冬交于后，而不同理。并行而不相乱，浇滑而各持分，此之谓天之意。而何以从事？天之道，初薄大冬，阴阳各从一方来而移于后。阴由东方来西，阳由西方来东，至于中冬之月，相遇北方，合而为一，谓之曰❶至。别而相去，阴适右，阳适左。官本案："他本脱下'适左'二字。"适左者，其道顺；适右者，其道逆。逆气左上，顺气右下，故下煖而上寒。以此见天之冬，右阴而左阳也，官本案："阴，他本误作'气'。"上所右而上所左❷也。冬月尽，而阴阳俱南还。阳南还出于寅，阴南还入于戌，《尚书考灵曜》："仲夏，日出于寅，入于戌。"此阴阳所始出地入地之见处也。至于仲❸春之月，《月令》注："仲，中也。仲春者，日月会于降娄，而斗建卯之辰也。"阳在正东，阴在正西，谓之春分。春分者，阴阳相半也，故昼夜均而寒暑平。《诗》疏："案，《乾象历》及诸历法与今太史所候，皆云：'冬至，则昼四十五，夜五十五；夏至，则昼六十五，夜三十五；春、秋分，则昼五十五半，夜四十四半。从春分至于夏至，昼渐长❹，增九刻半；从夏至至于秋分，所减亦如之。从秋分至于冬至，昼渐短，减十刻半；从冬至至于春分，

---

❶ "曰"，续经解本作"日"。下"日至"同。

❷ "上所左"，聚珍本、续经解本、畿辅本作"下所左"。

❸ "仲"，聚珍本、续经解本作"中"。

❹ "长"，龙溪本作"短"。

所加亦如之。'历言昼夜，考❶以昏明为限。马融、王肃注
《尚书》，以为日永则昼漏六十刻，夜漏四十刻；日短❷，则
昼漏四十刻，夜漏六十刻；日中、宵中，则昼夜各五十刻者，
以《尚书》有日出、日入之语，遂以日见为限。《尚书纬》谓
刻为商。郑作《士昏礼目录》，云：'日入三商为昏。'举
全数以言耳。其实日见之前、日入之后，距昏、明各有二刻
半。昼尽❸五刻以裨夜，故于历法，皆多校五刻也。"**阴日损
而随阳，阳日益而鸿，**《拾遗记》："鸿，大也。"**故为
煖热。**官本案："煖，他本误作'烧'。"**初得大夏之月，
相遇南方，合而为一，谓之曰至。别而相去，阳适右，
阴适左，适左由下，**官本案："左，他本误作'下'。"**适
右由上，**官本案："右，他本误作'左'。"**上暑而下寒。
以此见天之夏，右阳而左阴也，上其所右，下其所左。
夏月尽，而阴阳俱北还，阳北还而入于申，阴北还而入
于辰，**《尚书考灵曜》："仲冬，日出于辰，入于申。"**此
阴阳之所始出地入地之见处也。至于中秋之月，**《月令》
注："仲秋者，日月会于寿星，而斗建酉之辰也。"**阳在正
西，阴在正东，谓之秋分。**《河图》曰："地有四游。冬
至，地上行，北而西三万里；夏至，地下行，南而东三万里；
春、秋二分，是其中矣。"《月令》疏："郑注《考灵曜》
云：'地盖厚三万里。春分之时，地正当中。自此，地渐渐而

---

❶ "考"，续经解本作"者"。若为"者"，则断句当在"者"后。
❷ "日短"，畿辅本作"夜短"。
❸ "昼尽"，《毛诗正义》卷五之一作"减昼"。

下，至夏至之时，地下游万五千里，地之上畔与天中平。夏至之后，地渐渐向上，至秋分，地正当天之中央。自此，地渐渐而上，至冬至，上游万五千里，地之下畔与天中平。自冬至后，地渐渐而下。'此是地之升降于三万里之中。但浑天之体虽绕于地，地则中央正平，天则北高南下。北极高于地三十六度，南极下于地三十六度。然则北极之下，常见不没。南极之上三十六度，常没不见。南极去北极一百二十一度余。若逐曲计之，则一百八十一度余。若以南北中半言之，谓之赤道，去南极九十一度余，去北极亦九十二度余❶。此是春、秋分之日道也。"**秋分者，阴阳相半也，故昼夜均而寒暑平。阳日损而随阴，阴日益而鸿，故至于季秋而始霜，至于孟冬而始寒，**《月令》注："季秋者，日月会于大火，而斗建戌之辰也。孟冬者，日月会于析木之津，而斗建亥之辰也。"**小雪而物咸成，**卢注："旧本'寒'上有'大'字，衍。又'小雪'误作'下雪'。"**大寒而物毕藏，**《御览》："《三礼义宗》：'十月立冬为节者，冬，终也。立冬之时，万物终成，因为节名。小雪为中者，气叙转寒，雨变成雪，故以小雪为中。十二月小寒为节者，亦形于大寒，故谓之小，言时寒气犹未是极也。大寒为中者，上形于小，故谓之大。十一月，一阳交初起，至此始彻，阴气出地方，寒气并在上。寒气之逆极，故谓大寒也。'"**天地之功终矣。**

---

❶ "九十二度"，《礼记正义》卷一四、畿辅本作"九十一度"。

天道无二第五十一

　　天之常道，相反之物也，不得两起，故谓之一。一而不二者，天之行也。阴与阳，相反之物也，故或出或入，或左或右❶。春俱南，秋俱北，夏交于前，冬交于后，并行而不同路，交会而各代理，此其文与？天之道，有一出一入，一休一伏，其度一也，然而不同意。阳之出，常县于前，而任岁事；阴之出，常县于后，而守空虚。师古曰："县，古'悬'字。"阳之休也，功已成于上，而伏于下；阴之伏也，不得近义，而远其处也。天之任阳不任阴，好德不好刑，如是。故阳出而前，阴出而后，尊德而卑刑之心见矣。阳出而积于夏，任德以岁事也；阴出而积于冬，错行❷于空处也，必以此察之。天无常于物，而一于时，时之所宜，而一为之。故开一塞一、起一废一，至毕时而止。卢注："'至'字上，旧本有'而'字，衍。"终有"又"通。复始于一❸，一者，一也。是故天凡在阴位者，皆恶乱善，不得主名，天之道也。故常

---

❶ "或左或右"，聚珍本作"或右或左"。
❷ "错行"，聚珍本作"错刑"。
❸ "于一"，聚珍本作"其一"。

一而不灭，天之道。事无大小，物无难易，反天之道无成者。是以目不能二视，耳不能二听，一手不能二事。一手画方，一手画圆，莫能成。《新论》："使左手画方，右手画圆，令一时俱成，虽执规矩之心、回刾劂之手而不能者，用心不两用，则手不并运也。"人为小易之物，而终不能成，反天之不可行，如是。是故古之人，物而书文，心止于一中❶者，谓之忠；持二中者，谓之患。《晏子春秋》："景公问曰：'忠臣之事君也，何若？'晏子对曰：'一心可以事百君。'"《六书精蕴》："一中为忠，二中为患。"患，人之中不一者也，卢注："旧本脱'心'字、'中'字，今增。又，下两'中'字，旧讹'忠'，今改正。"不一者，故患之所由生也。是故君子贱二而贵一。人孰无善？善不一，故不足以立身；治孰无常？常不一，故不足以致功。《诗》云："上帝临汝，无二汝心。"知天道者之言也。《毛诗》作"尔心"。

煖燠孰多第五十二

天之道，出阳为煖以生之，出阴为清以成之。是故

---

❶ "心""中"，聚珍本无。

非薰也不能有育，非溧❶官本案："他本误作'漂'，下同。"也不能有熟，岁之精也。知心而不省薰与溧孰多者，用之必与天戾。与天戾，虽劳不成。是自正月至于十月，而天之功毕。计是间者，官本案："他本无'者'字。"阴与阳官本案："他本'阴与阳'误作'与阴阳'。"各居几何？薰与溧其曰❷孰多？官本案："他本'其'下衍'者'字。"距物之初生，至其毕成，露与霜其下孰倍？故从中春生❸于秋，气温柔和调。乃季秋九月，阴乃始多于阳，天乃于是时出溧下霜。出溧下霜，而天降物天，王本作"大"。固已皆成矣。故九月者，天之功大究于是月也，十月而悉毕。故案其迹，数其实，清溧之日少少耳。功已毕成之后，阴乃大出。天之成功也，少阴与而太阴不与，少阴在内，而太阴在外，故霜加物，而雪加于空。官本案："他本无'于'字。"徐整《长历》："历，北斗当昆仑，气连注天下，春夏为雨露，秋冬为霜雪。"空者，亶地而已，卢注："'亶'与'但'同。"不逮物也。师古曰："逮，及也。"功已毕成之后，物未复生之前，太阴之所常出也。虽曰阴，亦以太阳资化其位，而不知所受之。故圣王在上位，天覆地载，风令雨施。雨施者，布德均也；《帝通纪》云："雨者，天地之施也。"风令者，言令直也。《后汉·张鲁❹传》："臣闻：风为号令，动物通气。"

---

❶ "溧"，聚珍本、续经解本作"溧"。
❷ "曰"，聚珍本、汇函本、续经解本、畿辅本作"日"。
❸ "生"，续经解本作"至"。
❹ "鲁"，《后汉书·张奂列传》作"奂"。

注："《翼氏风角》曰：'凡风者，天地之号令，所以谴告人君者也。'"《诗》云："不识不知，顺帝之则。"《大雅·皇矣》之诗，笺："其为人，不识古，不知今，顺天之法而行之。"言弗能知识，而效天之所为云尔。禹水汤旱，非常经也，适遭世气之变，而阴阳失平。尧视民如子，民视尧如父❶。《尚书》曰："二十有八载，《释名》："《尚书》，尚，上也。以尧为上始，而书其时事也。"《尚书璇玑钤❷》："尚者，上也。书者，如也。上天垂文象、布节度书也，如天行书，务以天言之，因而谓之书；加尚以尊之。"是谓《尚书》篇题号。《六艺论》云："左史所记为《春秋》，右史所记为《尚书》。是以《玉藻》云：'动则左史书之，言则右史书之。'"《释文》："夏曰岁，商曰祀，周曰年，唐、虞曰载。"**放勋乃殂落，**《释文》："许云：'反功也。'马云：'放勋，尧名。'皇甫谧同一曰：'放勋，尧字。'"**百姓如丧考妣。**《尔雅》："父为考，母为妣。"注："《礼记》：'生曰父、母、妻，死曰考、妣、嫔。'"**四海之内，**《王制》疏："《周礼》则九服。夷、镇、蕃三服，谓之四海。之内❸，谓要服以内。案，《尔雅·释地》云：'九夷、八狄、七戎、六蛮，谓之四海。'孙炎云：'海之言晦，晦闻❹于礼义。'此言四海之内，谓夷狄之内也。"**阏密八音**卢注："'阏'与'遏'同。"《释

---

❶ "父"，聚珍本作"父母"。

❷ "铃"，宜作"钤"。续经解本、畿辅本作"钤"。

❸ "之内"，《礼记正义》卷一一作"四海之内"。

❹ "闻"，《礼记正义》卷一一作"暗"。

文》："八音，谓金，钟也；石，磬也；丝，琴、瑟也；竹，箫笛也；匏，笙也；土，埙也；革，鼓也；木，柷、敔也。"三年。"三年阳气厌于阴，阴气大兴，此禹所以有水名也。桀，天下之残贼也；汤，天下之盛德也。天下除贱贼而得盛德，大善者再，是重阳也，故汤有旱之名。《帝王世纪》曰："汤伐桀后，大旱七年，川、洛以竭。使人持三足鼎，祝于山川，曰：'政不节耶？使人急耶？谗夫昌耶？宫室荣耶？女谒行耶？何不雨之疾耶？'"何注同此。皆适遭之变，非禹、汤之过。毋以适遭之变，疑平生之常，则所守不失，则正道益明。

基义第五十三

凡物必有合。合必有上，必有下，必有左，必有右，必有前，必有后，必有表，必有里。有美必有恶，有顺必有逆，有喜必有怒，有寒必有暑，有昼必有夜，此皆其合也。阴者，阳之合；妻者，夫之合；子者，父之合；臣者，君之合。物莫无合，而合各有阴阳。阳兼于阴，阴兼于阳；夫兼于妻，妻兼于夫；父兼于子，子兼于父；君兼于臣，臣兼于君。君臣、父子、夫妇之义，皆与❶诸阴阳

❶ "与"，聚珍本作"取"。

之道。君为阳，臣为阴；父为阳，子为阴；夫为阳，妻为阴。《春秋汉含孳》："水火交感，阴阳以设，夫妇象也。妻象太阴，臣法金位。"注："金，阴中之刚，故喻臣位。水能纯柔，纯柔，妻象也。"阴道无所独行，其始也不得专起，其终也不得分功，有所兼之义。是故臣兼功于君，子兼功于父，妻兼功于夫，阴兼功于阳，地兼功于天。举而上者，抑而下也，有屏而左也，卢注："'屏'下旧衍'进'字，转讹而为'送'。今删去。"有引而右也，有亲而任也，有疏而远也，有欲日益也，有欲日损也。益而用而损其妨，有时损少而益多，有时损多而益少。少而不至绝，多而不至溢。阴阳二物，终岁各壹出，壹其出，远近同度而不同意，阳之出也，常县于前而任事；阴之出也，常县于后而守空处。师古曰："县，古'悬'字。"此见天之亲阳而疏阴，任德而不任刑也。是故仁义制度之数，尽取之天。天为君而覆露之，地为臣而持载之。阳为夫而生之，阴为妇而助之；春为父而生之，夏为子而养之，秋为死而棺之，冬为痛而丧之。王道之三纲，可求于天。天出阳为煖以生之，地出阴为清以成之，不煖不生，不清不成。然而计其多少之分，则煖暑居百而清寒居一，德教之与刑罚犹此也。故圣人多其爱而少其严，厚其德而简其刑，以此配天。天之大数，毕❶有十旬。旬天地之数，十而毕举；旬生长之功，十而毕成。天之气徐，乍寒乍暑，故寒不冻，暑不暍，《汉·武帝纪》："元封四年夏，

---

❶ "毕"，聚珍本作"必"。

大旱，民多喝死。"音谒，伤暑也。以其有余徐来，不暴卒也。《易》曰："'履霜坚冰'，盖言逊也。"《易》："履霜，坚冰至，驯致其道。"郑注："履，读为礼。驯，从也。"然则上坚不逾等，果是天之所为，弗作而成也，人之所为，亦当勿作而极也。凡有兴者，稍稍上之，以逊顺往，使人心说而安之，无使人心恐而不安❶。故曰：君子以人治人，懂而愿，此之谓也。圣人之道，同诸天地，荡诸四海，变习易俗。

阙文第五十四

《春秋繁露》卷十二终　　　　　　　金陵洪万盈锓

---

❶ "不安"，聚珍本作"不使"。

卷十三

四时之副第五十五

此篇他本缺，今据官本补入。

天之道，春煖以生，夏暑以养，秋清以杀，卢注："秋清，本作'秋凉'，今据下文改。"冬寒以藏，煖暑清寒，异气而同功，皆天之所以成岁也。圣人副天之所行以为政，故以庆副煖而当春，以赏副暑而当夏，以罚副凉❶而当秋，以刑副寒而当冬，庆赏罚刑，异事而同功，皆王者之所以成德也。庆赏罚刑，与春夏秋冬，以类相应也，如合符，《说文》曰："符，信也。汉制：以竹，长六寸，分而相合。"《前书》："文帝二年，初与郡守为铜虎符、竹使符。"《音义》曰："铜虎符第一至第五，发兵遣使，符合，乃听之。竹使符以竹五寸，镌刻篆书，亦第一至第五也。"故曰："王者配天，谓其道。"天有四时，王有四政，四政若四时，通类也，天人所同有也。庆为春，赏为夏，罚为秋，刑为冬。《陆宣公奏议》："臣闻：圣人作则，皆以天地为本，阴阳为端。庆赏者，顺阳之功，故行于春夏；刑罚者，法阴之气，故用之秋

---

❶ "副凉"，畿辅本同，汇函本、续经解本、龙溪本作"副清"。

冬。事或惡，民人必罹咎。"庆赏罚刑之不可不具也，如春夏秋冬不可不备也；庆赏罚刑，当其处不可不发，若煖清寒暑，当其时不可不出也；庆赏罚刑各有正处，如春夏秋冬各有时也。四政者不可以相干也，犹四时不可相干也；四政者不可以易处也，犹四时不可易处也。故庆赏罚刑有不行于其正处者，《春秋》讥也。

人副天数第五十六

此篇首，他本阙三百九十六字，今据官本补入。《春秋元命包》："阴阳之性以一起，人副天道，故生一子。"

天德施，地德化，人德义。天气上，地气下，人气在其间。春生夏长，百物以兴；秋杀冬收，百物以藏。故莫精于气，莫富于地，莫神于天。天地之精所以生物者，莫贵于人。人受命乎天也，故超然有以倚。物疢疾莫能为仁义，唯人独能为仁义；物疢疾莫能偶天地，唯人独能偶天地。人有三百六十节，偶天之数也；《子华子》："倮虫三百六十，盈宇宙之间，人为之长。一人之身，为骨凡三百有六十，精液之所朝夕也，气息之所吐吸也，心意知虑之所识也，手足之所运动而指股之所信屈也，皆与天地之大数，通体而为一，故曰：'天地之间人为贵。'"形体骨肉，偶地之厚也；上有耳目聪明，日月之象也；《淮南子》："是故耳目者，日月也。"**体有空窍理脉，川谷之象也；**《乐动声仪》："窍为之候何？窍能泻水，亦能流濡。"**心有哀乐喜怒，神气之类也。观人之体，**一句。**何高物之甚，而类于天也。物旁折取天之阴阳以生活耳，而人乃烂然有其文理。是故凡物之形，莫不伏从旁折天地而行，人犹题直立端尚正，正当之。是故所取天地少者旁折之，所取天地多者正当之，此见人之绝于物而参天地。是故人之身，首妢员，**原注："妢，音分。"**象天容也；**《春秋元命包》："头者，人❶所居。上员，象天，气之府也。岁必十二，故人头长一尺二寸。"**发，象星辰也；耳目戾戾，象日月也；**《孝经援神契》："发法星辰，目法日月。"**鼻口呼吸，象风气也；**《乐动声仪》："鼻为之候何？鼻，出入气，高而有窍。山亦有金石累积，亦有孔穴，出云布雨，以润天下，雨则云消。鼻能出纳气也。"《说文》："呼，出息也。吸，入息也。"《大传》："故曰：呼吸也者，阴阳之交接，万物之终始。"郑注："吁荼，气出而温；呼吸，气入则寒。"**胸中达知，象神明也；腹胞实虚，象百物也。百物者最近地，故要"腰"同。以下，地也。天地之象，以要为带。颈以上者，精神尊严，明天类之状也；颈以下者，丰薄❷卑辱，土壤之比也；**《春秋元命包》："腰而上者为天，尊高，阳之状；腰而下者为

---

❶ "人"，《太平御览》卷三六三作"神"。
❷ "丰薄"，聚珍本、龙溪本作"丰厚"。

地，丰厚，阴之象。数合于四，故腰周四尺。"足步而方，地形之象也。《孝经援神契》："足方，象地。"是故礼带置绅，必直其颈，以别心也。带而上者尽为阳，带而下者尽为阴，《物理论》："言天者，拟之人。故自脐以下，人之阴也。"各其分。阳，天气也；阴，地气也。官本案："他本以上皆阙。"故阴阳之动，使人足病，喉痹起，《春秋考异邮》曰："痹在喉，寿命凶。"则地气上为云雨，而象亦应之也。天地之符，阴阳之副，常设于身。身犹天也，数与之相参，故命与之相连也。天以终岁之数成人之身，故小节三百六十六，副日数也；大节十二分，副月数也；内有五藏，副五行数也；《白虎通》："人有五藏六府，何法？法五行六合也。"《释文》："案，心、肺、肝、胆、肾，谓之五藏。"外有四肢，副四时数也；《孝经援神契》："四肢，法四时。"乍视乍瞑，副昼夜也；《白虎通》："人目何法？法日月明也。日照昼，月照夜。"乍刚乍柔，副冬夏也；乍哀乍乐，副阴阳也；心有计虑，副度数也；行有伦理，副天地也。此皆暗肤著身，官本案："肤，他本作'虑'。"与人俱生。比而偶之弇合，《释文》："弇，古'掩'字。"于其可数也，副数；句。不可数者，副类。皆当同而副天，一也。《法苑珠林》引《繁露》作"天亦喜怒之气，哀乐之心，与人相副。以类合之，天人一也"。是故陈其有形，以著其无形者；拘其可数者，以著其不可数者，卢注："旧本脱'著其不可数者'六字，今订补。"此言道之亦宜以类相应，犹其形也，以数相中也。

同类相动第五十七

《春秋元命包》曰："猛虎啸，谷风起，类相动也。"

今平地注水，去燥就湿；均薪施火，去湿就燥。《荀子》："均薪施火，火就燥；平地注水，水流湿。夫类之相从也，如此之著也。"百物去其王本倒。所与异，而从其所与同。故气同则会，声比则应，其验皦然也。试调琴瑟而错之，《风俗通》："案，《世本》：'神农作琴。'今琴长四尺五寸，法四时五行也；七弦者，法七星也。宓羲作瑟，八尺一寸，四十五弦。《黄帝书》：'泰帝使素女鼓瑟而悲，故破其瑟为二十五弦。'"鼓其宫则他宫应之，鼓其商而他商应之。五音比而自鸣，非有神，其数然也。美事召美类，恶事召恶类，《吕氏春秋》："类固相招，气同则合，声比则应。鼓宫而宫动，鼓角而角动。平地注水，水流湿；均薪施火，火就燥。"类之相应而起也，如马鸣则马应之，牛鸣则牛应之。卢注："牛鸣则牛应之，各本皆脱。今案文义，有此乃完。《韩诗外传》一：'马鸣而马应之，牛鸣而牛应之，非知也，其势然也。'政与此处相类。"帝王之将兴也，其美祥亦先见；其将亡也，妖孽亦先见。《礼记·中庸》："国家将兴，必有祯祥；国家将亡，必有妖孽。"疏：

"妖，於骄反。《说文》作'娱'，云：'衣服、歌谣、草木之怪，谓之娱。'孽，鱼列反，《说文》作'孽'，云：'禽兽、虫蝗之怪，谓之蠥。'"**物固以类相召也，故以龙致雨，**《吕氏春秋》："以龙致雨。"注："龙，水物，故致雨。"**以扇逐暑，**《方言》："扇，自关而东谓之箑，自关而西谓之扇。"**军之所处，以棘楚。**《吕氏春秋》："师之所处，必生棘楚。"案，棘，小枣。楚，木名，亦谓之荆。《老子》作"师之所处，荆棘生焉"。高诱曰："军师训罚，以杀伐为首；棘楚以戮人，喜生战地，故生其处也。"**美恶皆有从来，以为命，莫知其处所。天将阴雨，人之病故为之先动，是阴相应而起也。天将欲阴雨，又使人欲睡卧者，阴气也。有忧，亦使人卧者，是阴相求也；有喜者，使人不欲卧者，是阳相索也。水得夜益长数分，东风而酒湛溢，**《淮南子》："故东风至而酒湛溢。"注："东风，木风也。酒湛，清酒也。米物下湛，故曰湛。木味酸，酸风入酒，故酒醉而湛者沸溢，物类相感也。"**病者至夜而疾益甚，鸡至几明皆鸣而相薄，**《春秋说题辞》："鸡为积阳，南方之象。火，阳精，炎上，故阳出鸡鸣，以类感也。"**其气益精。故阳益阳而阴益阴，阴阳之气，因❶可以类相益损也。天有阴阳，人亦有阴阳。天地之阴气起，而人之阴气应之而起；人之阴气起，而天地之阴气亦宜应之而起，其道一也。明于此者，欲致雨则动阴以起阴，欲止雨则动阳以起阳，故致雨，非神也，**官本案："神，他本误作

---

❶ "因"，聚珍本作"固"。

'初'。"而疑于神者，其理微妙也。非独阴阳之气可以类进退也，虽不祥祸福所从生，亦由是也。《书》正义："《易·文言》云：'云从龙，风从虎，水流湿，火就燥。'是物各以类相应，故知天气顺人所行，以示其验也。"无非已先起之，而物以类应之而动者也。故聪明圣神，内视反听，《商鞅列传》："反听之谓聪，内视之谓明。"言为明圣内视反听。故独明圣者知其本心皆在此耳。故琴瑟报，弹其宫，他宫自鸣而应之，此物之以类动者也。其动以声而无形，人不见其动之形，则谓之自鸣也。又相动无形，则谓之自然。其实非自然也，有使之然者。官本案："他本'使'下有'人'字。"物固有实使之，其使之无形。《尚书传》言："周将兴之时，有大赤鸟❶衔谷之种，而集王屋之上者，武王喜，诸大夫皆喜。周公曰：'茂哉！茂哉！天之见此以劝之也。'"《尚书大传》文止此。《释文》："茂，勉也。"恐恃之。《尚书中侯❷》曰："有火自天，止于王屋，流为赤乌。五至，以谷俱来。"《玉符瑞图》："赤乌，武王时衔谷至屋上，兵不血刃而服殷。"

---

❶ "鸟"，续经解本、龙溪本作"乌"。
❷ "侯"，宜作"候"。

五行相胜第五十八

《汉书·艺文志》："阴阳者，顺时而发，推刑德，随斗击，因五胜，假鬼神而为助者。"师古曰："五胜，五行相胜也。"沈约《宋书》："五德更王，惟有二家之说：邹衍以相胜立体，刘向以相生为义。然相胜之说❶，于事为长。若曰❷张苍黜秦，则汉水、魏土、晋木、宋金；若曰贾谊取秦，则汉土、魏木、晋金、宋火也。"

木者，司农也。司农为奸，朋党比周，以蔽主明，《管子》："人君唯毋听群徒比周，则群臣朋党，蔽美扬恶。然则国之情伪，不见于上。如是，则朋党者处前，寡党者处后。夫朋党者处前，贤不肖不分，则争夺之乱起，而君在危殆之中矣。故曰：群徒比周之说胜，则贤不肖不分。"**退匿贤士，绝灭公卿，教民奢侈，宾客交通，不劝田事，博戏斗鸡，**《荆楚岁时记》："斗鸡，镂鸡子，斗鸡子。案，《左传》有季郈斗鸡，其来远矣。其斗卵，则莫知所出。《董仲舒书》云：'心如宿卵，为体内藏，以据其刚。'仿佛斗理

---

❶ "说"，《宋书·律历志中》作"义"。
❷ "曰"，《宋书·律历志中》作"同"。下同。

也。”**走狗弄马，**《仪礼❶》疏：“大者为犬，小者为狗。”《说文》：“孔子曰：‘狗，叩也。叩气吠以守。’”**长幼无礼，大小相殇，并为寇贼，横恣绝理，司徒诛之，齐相❷是也。**齐相，谓管仲。**行霸任兵，侵蔡，蔡溃，**僖四年《传》：“溃者何？下叛上也。国曰溃，邑曰叛。”**遂伐楚，楚人降伏，以安中国。**木者，君之官也。夫木者农也，农者民也，不顺如“而”通。叛，则命司徒诛其率正矣，故曰金胜木。

火者，司马也。《白虎通》：“司马主兵。言马者，马，阳物，乾之所为，行兵用焉，不以伤害为度，故言马也。”**司马为谗，**师古曰：“谗，相谮也。”**反言易辞，以谮诉人，**刘兆《公羊》注：“旁言曰谮。”庄元年注：“如其事曰诉，加诬曰谮。”**内离骨肉之亲，外疏忠臣，贤圣旋亡，谗邪日昌，鲁上大夫季孙是也。专权擅势，薄国威德，反以怠恶谮诉其群臣，劫惑其君。**《说文》：“人欲去，以力胁止，曰劫。”**孔子为鲁司寇，据义行法，季孙自消，堕费、郈城，兵甲有差。**师古曰：“堕，音灰。”定十二年《经》：“季孙思❸、仲孙何忌帅师堕费。”《传》：“曷为帅师堕郈、帅师堕费？孔子行乎季孙，三月不违，曰：‘家不藏甲，邑无百雉之城。’于是帅师堕郈，帅师堕费。”杜预曰：“东平无盐县东南郈乡亭。”**夫火者，大朝，有邪**

---

❶ “仪礼”，《礼记正义》卷三作“礼记”。

❷ “齐相”，聚珍本作“齐桓”。

❸ “思”，《春秋公羊传注疏》卷二六作“斯”。

谗荧惑其君，《索隐·孔子世家》"荧惑"："谓经营而惑乱也。"《盐铁论》："夫苏秦、张仪，荧惑诸侯。"**执法诛之。执法者，水也，故曰水胜火。**官本案："各❶本脱'曰水胜火'四字。"《白虎通》："天地之性，众胜寡，故水胜火也。"

土者，土，王本误作"士"，上有"故"字，系上篇"故曰水胜火"之"故"字，因脱"曰水胜火"四字，"故"字遂误连"土"字，与上篇接写。今据官本改。**君之官也，其相司营。**官本案："他本脱下'司营'二字。"**司营为神，主所为皆曰可，主所言皆曰善。谰顺主指，**师古曰："谰，古'讕'字也。"《说文通论》："讕者，陷也，陷君于恶也。"《管子》："人君唯毋听讕谀饰过之言，则败。奚以知其然也？夫谰臣者，常使其主不悔其过，不更其失者也，故主惑而不自知也。如是，则谋臣死而谰臣尊矣。故曰：讕谀饰过之说胜，则巧佞者用。"**听从为比，**《国语》注："比，阿党也。"**进主所善，以快主意，导主以邪，陷主不义。大为宫室，多为台榭，**郑注《月令》："阇谓之台，有木者谓之榭。"《正义》曰："案，《释宫》云：'阇谓之台。'李巡云：'积土为之，所以观望。'郭景纯云：'积土四方。'又云：'无室曰榭。'李巡云：'但有大殿，无室，名曰榭。'郭景纯云：'榭，今之堂煌。'"**雕文刻镂，五色成光。**《淮南子》："夫雕琢刻镂，伤农事者也。"《尔雅》："玉谓之雕，金谓之镂，木谓之刻。"《吴越春秋》：

---

❶ "各"，聚珍本作"他"。

"分以丹青，错画文章，婴以白璧，镂以黄金，状类龙蛇，文彩生光。"赋敛无度，以夺民财；多发徭❶役，《食货志》董仲舒曰："秦法，月为更卒，已复为正。一岁屯戍，一岁力役，三十倍于古。汉兴，循而未改。"以夺民时；作事无极，以夺民力。百姓愁苦，叛去其国，楚灵王是也。作乾溪之台，三年不成，百姓罢弊师古曰："罢，读曰疲。"而叛反，其身弑。夫土者，君之官也，君大奢侈，过度失礼，官本案："失，他本误作'大'。"民叛矣。其民叛，其君穷矣，故曰木胜土。《白虎通》："专胜散，故木胜土。"

金者，司徒也。《白虎通》："司徒主人，不言徒者❷，徒，众也，重民。"司徒为贼，内得于君，外骄军士，专权擅势，诛杀无罪，侵伐暴虐，攻战妄取，令不行，禁不止，将率不亲，士卒不使，高诱曰："在军❸曰士，步曰卒。"兵弱地削，令君有耻，则司马诛之，楚杀其司徒得臣是也。得臣数战破敌，内得于君，骄蹇不恤其下，卒不为死❹，当敌而弱，以危楚国，僖二十八年注："不氏者，子玉得臣，楚之骄蹇臣，数道其君侵中国，故贬之也。"司马诛之。金者，司徒。司徒弱不能使士众，则司马诛之，故曰火胜金。《白虎通》："精胜坚，故火胜金。"

---

❶ "徭"，续经解本作"繇"。
❷ "不言徒者"，《白虎通·封公侯》作"不言人，言徒者"。
❸ "军"，《淮南子·览冥训》作"车"。
❹ "死"，聚珍本作"使"。

水者，司寇也。司寇为乱，足恭小谨，巧言令色，**巧，好；令，善也。**听谒受赂；**案，《一切经音义》："赂，遗也。谓以物相请谒也。"《玉篇》："金玉曰货，布帛曰赂。"**阿党不平，慢令急诛，诛杀无罪，**《月令》："是察阿党，则罪无有掩蔽。"注："阿党，谓治狱吏以私恩曲桡相为也。"**则司营诛之，营荡是也。为齐司寇，太公封于齐，**《史记》："太公吕尚者，东海上人。"谯周曰："姓姜，名牙，炎帝之裔，伯夷之子❶。"《索隐》曰："牙是字，尚是其名。"**问焉以治国之要，**官本案："焉，一作'为'。"**营荡对曰："任仁义而已。"太公曰："任仁义奈何？"营荡对曰："仁者爱人，义者尊老。"太公曰："爱人尊老奈何？"营荡对曰："爱人者，有子不食其力；尊老者，妻长而夫拜之。"太公曰："寡人欲以仁义治齐，今子以仁义乱齐，寡人立而诛之，以定齐国。"**《韩子》作"太公诛狂矞、华仕❷昆弟二人"，《荀子》作"太公诛华仕"。营荡，未闻。**夫水者，执法司寇也。执法附党不平，依法刑人，则司营诛之，故曰土胜水。**《白虎通》："实胜虚，故土胜水。"**

---

❶ "之子"，《史记·齐太公世家》作"之后"。

❷ "华仕"，《韩非子·外储说》作"华士"。

五行相生第五十九

《白虎通》："五行所以更王何？以其转相生，故有终始也。"《博物志❶》："自古帝王五运之次，有二说：邹衍以五行相胜为义，刘向则以相生为义。汉、魏共尊刘说。"

天地之气，合而为一，分为阴阳，判为四时，列为五行。《释名》："四时，四方各一时之期也。物之生死，各应节期而止也。五行者，五气也，于其方各施行也。"**行者，行也，其行不同，故谓之五行。五行者，五官也，比相生而问❷相胜也。**《春秋运斗枢》："四时，王者休，王所胜者死，相所胜者囚。假令春之三月木王，水生木，水休；木胜土，土死。木王，火相。王所生者相，相所胜者囚。火胜金，春三月，金囚。"**故谓治，逆之则乱，顺之则法。**

东方者木，农之本。司农尚仁，进经术之士，道之以帝王之路，将顺其美，匡救其恶，《说苑》："二曰心虚❸白意，进善通道，勉主以礼义，喻王以长策，将顺其美，

----

❶ "博物志"，宜作"续博物志"。

❷ "问"，聚珍本作"间"。

❸ "心虚"，《说苑·臣术》作"虚心"。

匡救其恶。功成事立，归善于君，不敢独伐其劳。如此者，良臣也。"**执规而生，**《诗》笺："规者，正圆之器也。规主仁恩也，以恩亲正君曰规。《春秋传》曰：'近臣尽规。'"《孝经援神契》云："春执规，夏持衡，秋执矩，冬持权。"《律历志》以冬智为权，夏礼为衡，秋义为矩，春仁为规，中央土信为绳。《淮南子》："执规而制春。"张晏曰："春❶为仁，仁者生，生者圜，故为规。"**至温润下，**官本案："下，他本误作'不'。"**知地形肥饶美恶，立事生则，因地之宜，召公是也。**《史记》："召公奭与周同姓，姓姬氏。"《索隐》曰："召者，畿内采地。奭始食于召，故曰召公。"**亲入南亩之中，**《国语》注："贾侍中云：'一耦之发，广尺、深尺为亩❷，百步为亩。'昭谓：'下曰畎，高曰亩。亩，垅也。'"《大田解》曰："田事喜阳而恶阴，东南向阳则茂盛，西北傍阴则不实，故《信南山》诗云'南东其亩'也。案，《诗》屡言南亩，郑注《遂人》云'以南亩图之'是也。"**观民垦草发淄，**《国语》注："发田曰垦。"**耕种五谷。**《周书》曰："神农之时，天雨粟，神农耕而种之。"**积蓄有余，家给人足。仓库充寔❸，**《天文集》曰："廪星主仓。"蔡邕《月令章句》："谷藏曰仓。"《释名》："库，舍也，物所在之舍也。"《后汉·百官志》："大司农，卿一人，中二千石。"本注曰："掌诸钱谷、金

---

❶ "春"，《汉书·魏相传》作"木"。

❷ "亩"，续经解本作"畎"。

❸ "寔"，续经解本、聚珍本作"实"。

帛、诸货币。郡国四时上月旦见钱谷簿，其通未毕，各具别之。边郡诸官请调度者，皆为报给，损多益寡，取相给足。"**司马实谷。**王本作"食谷"，误。**司马，本朝也。本朝者，火也，故曰木生火。**

　　南方者火也，本朝司马尚智，进贤圣之士，《大戴礼》："贤能失官爵，功劳失赏禄。爵禄失，则士卒疾怨，兵弱不用，曰不平也。不平，则饬司马。"**上知天文，其形兆未见，其萌芽未生，昭然动见存亡之机，得失之要，治乱之源，豫禁未然之前，**师古者❶："萌芽者，言始有端绪，若草之始生。"《说苑》："一曰萌芽未动，形兆未见，昭然独见存亡之几、得失之要，豫禁乎不然之前，使主超然立乎显荣之处，天下称孝焉。如此者，圣臣也。"**执矩而长，**《淮南子》："执衡而制夏。"此"矩"字误。张宴曰："火为礼，礼者齐，齐者平，故为衡。"**至忠厚仁，辅翼其君，周公是也。**《史记》："周公旦者，周武王弟也。"谯周曰："以太王所居周地为其采邑，故谓周公。"《索隐》曰："谥曰周文公，见《国语》。"**成王幼弱，周公相，诛管叔、蔡叔，以定天下。**《史记》："管叔、蔡叔群弟疑周公，与武庚作乱，畔周。周公奉成王命，伐，诛武庚、管叔，放蔡叔。"**天下既宁，以安君。官者，司营。司营者，土也，故曰火生土。**

　　中央者土，君官也。司营尚信，卑身贱体，夙兴夜寐，称述往古，以厉主意，官本案："主，他本误作

―――――――――――

❶　"者"，宜作"曰"。

'生'。"**明见成败，微谏纳善，防灭其恶，绝原塞隙，**音乞，裂也。《说苑》："三曰卑身贱体，夙兴夜寐，进贤不解，数称于往古之德行事，以厉主意，庶几有益，以安国家、社稷、宗庙。如此者，忠臣也。"**执绳而制四方，**《淮南子》："执绳而制四方。"张宴曰："土为信，信者诚，诚者直，故为绳。"**至忠厚信，以事其君，**官本案："他本'以'字在'信'字上，脱'事'字。"**据义割恩，太公是也。应天因时之化，威武强御以成。大理者，司徒也。司徒者，金也，故曰土生金。**《周礼·司寇》疏："案，上代以来，狱官之名则异。是以《月令》'乃命大理'，郑注云：'有虞曰士，夏曰大理，周曰大司寇。'"

西方者金，大理，司徒也。司徒尚义，孔安国曰："主徒众，教以礼义。"**臣死君而众人死父。亲有尊卑，位有上下，各死其事，事不逾矩，执权而伐。**《淮南子》："执矩而治秋。"此"权"字误。张宴曰："金为义者成❶，成者方，故为矩。"**兵不苟克，取不苟得，义而后行，至廉而威，质直刚毅，子胥是也。**原注："疑是'胥'字。"官本案："'胥'本当作'肯'，即'胥'字。"案，李善注曰："古字'胥'作'肯'。"**伐有罪，讨不义，是以百姓附亲，边境安宁，寇贼不发，邑无讼狱，则亲安。执法者，司寇也。司寇者，水也，故曰金生水。**

北方者水，执法，司寇也。司寇尚礼，君臣有位，长

---

❶ "金为义者成"，《汉书·魏相传》、续经解本作"金为义，义者成"。

幼有序，朝廷有爵，乡党以齿，升降揖让，俯伏拜谒，折旋中矩，立而磬折，拱则抱鼓，《考工》："一柯有半，谓之磬❶折。"注："人带以下，四尺五寸。磬折立，则上俯。"《新书》："顾颐正视，正肩正背，臂如抱鼓，足间二寸，端面摄缨，端股整足。体不摇肘，曰经立；因以微磬，曰共立；因以磬折，曰肃立；因以垂佩，曰卑立。立容也。"**执衡而藏**，《淮南子》："执权而治冬。"此"衡"字误。张宴曰："水为智，智者谋，谋者重，故为权。"**至清廉平，路❷遗不受，请谒不听**，《管子》："人君惟毋听请谒任举，则群臣皆相为请。然则请谒得于上，党与成于乡。如是，则货财行于国，法制设❸于官，群臣务佼而求用，然则无爵而贵，无禄而富。故曰：请谒任举之说胜，则绳墨不正。"**据法听讼，无有所阿，孔子是也。为鲁司寇，断狱屯屯**，《荀子》："仲尼将为司寇，沈犹氏不敢朝饮其羊，公慎氏出其妻，慎溃氏逾境而徙；鲁之粥牛马者不豫贾，必蚤正以待之也。"**与众共之，不敢自专。是死者不恨，生者不怨，百工维时，以成器械**。何注："攻守之器曰械。"《大传》注："器械，礼乐之器及兵甲也。"《释文》："《三仓》云：'械，器之总名。'《说文》云：'无所盛曰械。'"**器械既成，以给司农**。者❹农者，田官也。《广韵》："农，田农也。《说文》：'农，耕也。'亦官名，《汉书》曰：

---

❶ "磬"，《周礼注疏》卷四二作"磬"。

❷ "路"，聚珍本、续经解本作"赂"。

❸ "设"，《管子·立政九败解》作"毁"。

❹ "者"，聚珍本、续经解本作"司"。

'治粟内史，秦官也。景帝更名大司农。'"田官者木，故曰水生木。

五行顺逆第六十

木者春，生之性，农之本也。劝农事，无夺民时，使民岁不过三日，行什一之税，进经术之士。挺群禁，卢注："挺，旧本作'诞'。今案，《月令》云'挺重囚'，《淮南子》亦作'挺'，《后汉·臧宫传》'宜小挺缓'，皆训宽。今改正。下同此。"出轻系，高诱曰："轻系，不及于刑者，解出之。"去稽留，除桎梏，《郑志》："《蒙》初六注云：'在足曰桎，在手曰梏。'"《博雅》："杽谓之梏，械谓之桎。"开闭❶阖，《尔雅》："阖，谓之扉。"通障塞。高诱曰："障，壅也；塞，绝也。"恩及草木，则树木华美而朱草生；恩及鳞虫，则鱼大为，卢注："为，成也。《淮南·天文训》有'介虫不为''鱼不为'，《续汉书·律历志》注引《易纬》，亦有此语。"鳣鲸不见，《颜氏家训》云："鳣鱼，纯灰色，无文。"臣瓒曰："鳣鱼无鳞，口在腹下。"《中华古今注》："鲸鱼者，海鱼也。大者长千里，小者数十丈，一生数万子。常以五月、六月就岸边生

---

❶ "闭"，续经解本作"门"。

子，至七、八月导从其子还大海中。鼓浪成雷，喷沫为雨，水族惊畏，皆逃匿，莫敢当者。"**群龙下。**《埤雅》："龙八十一鳞，具九九之数。九，阳也。龙亦卵生，思抱。有鳞曰蛟龙，有翼曰应龙，有角曰虬龙。盖虫莫智于龙。龙之德，不为妄者，能与巨巨，能与细细，能与高高，能与下下。"《大戴礼》："鳞虫之精者曰龙。"**如人君出入不时，走狗试马，驰骋不反宫室，**"宫室"上，应有二字。**好淫乐，饮酒沈湎，**《韩诗》："齐颜色，均众寡，谓之沈；闭门不出者，谓之湎。"**纵恣不顾政治，事多发役，以夺民时，作谋增税，**官本案："税，他本误作'瑞'。"**以夺民财，**"财"下，当有"则民"二字。**病疥搔、温体、足胻痛。**原注："胻，去声。"《史记·龟策传》："壮士斩其胻。"《索隐》："劲，音衡，即脚胫。"**咎及于木，则茂木枯槁，**《老子》："人生也柔弱，其死也坚强。万物、草木生也柔脆，其死也枯槁。"**工匠之轮多伤败。**《五行志》："若乃田猎驱骋，不反宫室；饮食沈湎，不顾法度；妄兴繇役，以夺民时；作为奸诈，以伤民财，则木失其性矣。盖工匠之为轮矢者多伤败，及木为变怪，是为木不曲直。"**毒水潦群，漉陂如"而"通渔，**《风俗通》："谨案，陂者，繁也。言因下钟水，以繁利万物也。"**咎及鳞虫，**官本案："他本无'及鳞'二字。"**则鱼不为，群龙深藏，鲸出见。**

　　火者夏，成长，本朝也。举贤良，进茂才，官得其能，《周礼·乡大夫》注："能者，谓若今举茂才。"疏："茂才，即秀才也。应劭曰：'旧言秀才，避光武讳，改称茂才。'"《史记正义》曰："能者，兽，形色似熊，足似鹿。为物，坚中而强力。人之有贤才者，皆谓之能也。"**任得其力，赏有功，封有德，出货财，振困乏**，《管子》："所谓振困者，岁凶，庸人訾厉，多死丧。弛刑罚，赦有罪，散仓粟以食之，此之谓振困。"**正封疆**，《史记正义》曰："封，聚土也；疆，界也。谓界土❶封记也。"《古今注》："封疆画界者，封土为台，以表识疆境也。画界者，于二封之间，又为堰埓，以画分界域也。"**使四方。恩及于火，则火顺人而甘露降。恩及羽虫，则飞鸟大为，黄鹄出见**，《国策》"黄鹄"注："鸿也。"《埤雅》："鸿鹄一举千里。"**凤凰翔。**《埤雅》："凤，神鸟也，俗呼鸟王。羽虫三百六十，而凤为之长。"师古曰："凤，一名鹢，其雌曰皇。"**如人君惑于谗邪，内离骨肉，外疏忠臣，至杀世子，诛杀不辜，逐功臣，以妾为妻，弃法令**，《五行志》："《传》曰：'弃法律，逐功臣，杀太子，以妾为妻，则火不炎上。'"《大传》"逐功臣"注："功臣，制法律者也。"**妇妾为政，赐予不当，则民病血，壅肿，目不明。咎及于火，则大旱，必有火灾。摘巢探彀**，《国语》注："生哺曰彀，未孚曰卵。"王本"探"作"采"。**咎及羽虫，则飞鸟不为，冬应不来，枭鸮群鸣**，《埤雅》："枭，食母。《说文》：'不孝鸟也，故日至，捕枭磔之。其字从鸟，头在木上。'"《埤雅》："鸮鸣，其民有祸。《证俗》云：'祸鸟也。'"**凤凰高翔。**宣元年注："摘巢毁卵，则凤凰不翔。"

　　土者夏中，成熟百种，君之官。《圣证论》："孔晁

---

❶ "界土"，《史记·商君列传》作"界上"。

云：'能吐生百谷，谓之土。'"《物理论》云："梁❶者，黍稷之总名；稻者，溉种之总名；菽者，众豆之总名。三谷各二十种，为六十种；蔬果之实助谷，各二十种，为百谷。"循宫室之制，谨夫妇之别，加亲戚之恩，恩及于土，官本案："他本无'于'字。"则五谷成韦昭曰："黍、稷、菽、麦、稻也。"而嘉禾兴。《尚书中候》："嘉禾，茎长五尺，三十五穗。"恩及倮虫，则百姓亲附，城郭充实，贤圣皆迁，仙人降。《淮南子》注："仙人，松、乔之属是也。"如人君好淫佚，妻妾过度，犯亲戚，侮父兄，欺罔百姓，师古曰："罔，谓诬蔽也。"大为台榭，五色成光，雕文刻镂，则民病心腹宛黄，舌烂痛。咎及于土，则五谷不成。《五行志》："《传》曰：'治宫室，饰台榭，内淫乱，犯亲戚，侮父兄，则稼穑不成。'"暴虐妄诛，咎及倮虫，倮虫不为，百姓叛去，圣贤放亡。《大戴礼》："倮虫三百六十，而圣人为之长。"

金者秋，杀气之始也。建立旗鼓、杖把旄钺，《释名》曰："熊虎为旗。旗，期也。将军所建，象其猛如熊虎，与众期其下也。鼓，郭也。张皮以冒之，其中空也。"《尚书》："武王右秉白旄。"《释名》："钺，豁也。所司❷莫敢当前，豁然破散也。"《字林》曰："钺，王斧也。"以诛贼残，官本案："他本'杖'误移在'诛'字下。"禁暴虐，安集。故动众兴师，必应义理，出则祠兵，官本案：

---

❶ "梁"，汇函本、续经解本、畿辅本作"粱"。

❷ "所司"，续经解本作"所向"。

"祠，他本误作'伺'。" **入则振旅，**庄八年《经》："甲午，祠兵。"《传》："祠兵者何？出曰祠兵，入曰振旅，其礼一也，皆习战也。"注："礼：兵不徒使。故将出兵，必祠于近郊，陈兵习战，杀牲飨士卒。五百人曰旅。言与祠兵礼如一，将出，不嫌不习，故以祠兵言之；将入，嫌于废之，故以振讯士众言之，互相见也。祠兵，壮者在前，难在前；振旅，壮者在后，难在后，复长幼，且卫后也。"案，《五经异义》曰："《公羊》说，'甲午，祠兵'。祠者，祠五兵：矛、戟、剑、楯、弓、鼓，及蚩尤之造兵者。" **以闲习之，因于彼狩。**闲，王误作"咸"；因，王误作"困"。**存不忘亡，安不忘危，**《白虎通》："国有三军何？所以戒非常、伐无道、尊宗庙、重社稷，安不忘危也。" **修城郭，缮墙垣，**《世本》："鲧作域郭。"《释名》："城，成也，成受国都也。郭，廓也，廓落在城外也。墙，障也，所以自障蔽也。垣，援也，人所依阻，以为援卫也。" **审群禁，饬兵甲，**师古："'饬'与'敕'同。敕，整也。"《匡谬正俗》："音与敕同，字从食、从力。" **警百官，诛不法。恩及于金石，则凉风出。恩及于毛虫，则走兽大为，麒麟至。**《大戴礼》："毛虫之精者曰麟。" **如人君好战，侵陵诸侯，贪城邑之赂，轻百姓之命，**《五行志》："《传》曰：'好战攻，轻百姓，饰城郭，侵边境，则金不从革。'"《大传》注："轻之者，不重民命。《春秋传》曰：'师出不正，反。战不正，胜也。'" **则民病喉咳嗽，**《释名》："咳，嗽也。气奔至，出入不平调，老克❶物也。嗽，促

---

❶ "老克"，《释名·释疾病》、续经解本作"若刻"。

也，用力急促也。"《易说》曰："立春，气未当至而至，则少阳脉胜，人病咳之疾也。"**筋挛，**《后汉·成武孝侯顺传》注："《东观记》曰：'病筋挛，卒。'"**鼻仇塞。**《月令》："民多鼽❶嚏。"疏："鼽，音求。《说文》云：'病塞，鼻窒。'"**咎及于金，则铸化疑滞❷，冻坚不成。**师古曰："凡金铁之属，椎打而成器者，谓之锻；销冶而成者，谓之铸。"《五行志》："若乃贪欲恣睢，务立威胜，不重民命，则金失其性。盖工冶铸金铁，金铁冰滞、涸坚不成者众，及为变怪，是为金不从革。"**四面张罔，**《释文》："黄帝作网罟。取兽曰网，取鱼曰罟。"**焚林而猎，咎及毛虫，则走兽不为，白虎妄搏，麟远出。**《艺文类聚》作"恩及羽虫，则麒麟至。张纲焚林，则麒麟去"。伏虔曰："思睿信立，白虎扰。"

水者冬，藏至阴也。宗庙祭祀之始，敬四时之祭，禘祫昭穆之序。案，郑氏义，禘、祫皆宗庙之大祭，然诸侯得祫而不得禘。祫、禘之所以分者，祫则毁庙之主皆陈于太庙，立昭、穆二尸；未毁庙之主皆升，合食于太庙而立尸。禘则太王、王季以上迁主，祭于后稷之庙；文、武以下，则穆之迁主祭于文王之庙，昭之迁主祭于武王之庙。其尸，后稷庙，稷尸一，昭、穆尸共一；文王庙，文王尸一，穆尸共一；武王庙，武王尸一，昭尸共一。未毁之庙，各于其庙祭，不升合食。祫者，合也；禘者，审谛昭穆也。审谛昭穆，故昭穆

---

❶ "鼽"，《礼记正义》卷一七、续经解本作"鼽"。下同。
❷ "疑滞"，聚珍本作"凝滞"。

各于其庙也。祫在秋，禘在夏。**天子祭天，诸侯祭土。闭门闾，大搜索，**《淮南子》注："禁旧客，出新客。《传》曰：'禁旧客，为露情也；有新客，搜出之，为观衅也。'门，城门也。闾，里门也。严闭之，守备也。"**断刑罚，执当罪，饬关梁，**《月令章句》："关在境，所以察出御入也。"**禁外徙。恩及于水，则醴泉出。恩及介虫，**《月令章句》："介者，甲也，谓龟蟹之属也。"**则鼋鼍大为，**《埤雅》："鼋，大鳖也。《淮南子》曰：'烧鼋致鳖，此以其类求之。'《博物志❶》曰：'鼍长一丈，一名士❷龙，鳞甲黑色，能横飞，不能上腾。'《晋安海物记》云：'鼍宵鸣，如桴鼓。'"**灵龟出。**《洛书灵准听》："灵龟者，玄文，五色，神灵之精也。上隆法天，下平象地。能见存亡，明于吉凶。王者不偏党，事耆老，则出。"谯周《异物志》："涪陵多大龟，其甲可以卜，其缘中又似玳瑁，俗名曰灵。"《大戴礼》："介虫之精者曰龟。"**如人君简宗庙，不祷祀，废祭祀，执法不顺，逆天时，**《五行志》："《传》曰：'简宗庙，不祷祠，废祭祀，逆天时，则水不润下。'"**则民病流肿、**《春秋潜潭巴》曰："枉矢黑，军士不勇，疾流肿。"《释名》曰："肿，寒气所钟聚也。"**水胀、痿痹、**《广韵》："痿，湿病。一曰两足不能相及。"师古曰："痿，风痹病也；痹，风湿之病。"**孔窍不通。咎及于水，雾气冥冥，**《五经通义》："阴乱则为雾，从地汁也。"《五

❶ "博物志"，《埤雅》卷二作"续博物志"。
❷ "士"，《埤雅》卷二作"土"。

行志》："若乃不敬鬼神，政令逆时，则水失其性，雾水暴出，百川逆溢，坏乡邑，溺人民，及淫雨伤稼穑，是为水不润下。"**必有大水，水为民害。咎及介虫，则龟深藏，鼋鼍响。**官本案："响，他本误作'吟'。"《庄子》："泉涸，鱼相与处于陆，相响以湿，相濡以沫。"

治水五行第六十一

《尚书》注："治水失道，乱陈其五行。"疏："水是五行之一。水性下流，鲧反塞之，失水之性。水失其道，则五行皆失矣。"

日冬至七十二日，木用事，其气燥浊而清；七十二日，火用事，其气惨阳而赤；七十二日，土用事，其气湿浊而黄；官本案："湿，他本误作'温'。"**七十二日，金用事，其气惨淡而白；七十二日，水用事，其气清寒而黑。七十二日复得木。**《淮南子》云："壬午冬至，甲子受制，木用事，火烟青。七十二日，丙子受制，火用事，火烟赤。七十二日，戊子受制，土用事，火烟黄。七十二日，庚子受制，金用事，火烟白。七十二日，壬子受制，水用事，火烟黑。七十二日而岁终，庚子受制。岁迁六日，以数推之，七十岁而复至甲子。"**木用事，则行柔惠，挺群禁。至于立**

春，出轻系，去稽留，除桎梏，开闭❶阖，通障塞，《淮南子》："甲子受制，则行柔惠，挺群禁，开阖扇，通障塞，毋伐木。"存幼孤，矜寡独，《王制》："少而无父者谓之孤，老而无子者谓之独，老而无夫者谓之寡。"《释名》："无夫曰寡。寡，倮也，倮然单独也。无父曰孤。孤，顾也，顾望无所瞻见也。无子曰独。独，鹿也，鹿鹿无所依也。"无伐木。《淮南子》注："甲，木也。木王东方，故施柔惠，蛰伏之类出由户，故开阖扇，通障塞。春，木王，故毋伐木也。"火用事，则正封疆，循田畴。《国语》注："谷地曰田，麻地曰畴。"至于立夏，举贤良，封有德，赏有功，出使四方，无纵火。《淮南子》："丙子受制，则举贤良，赏有功，立封侯，出财货。"注："火用事，象阳明，识功劳，故封建侯，出财货。"土用事，则养长老，存幼孤，矜寡独，赐孝悌，施恩泽，无兴土功。《淮南子》："戊子受制，则养老鳏寡，行麮鬻，施恩泽。"注："土用事，象土长养，故施恩泽也。"金用事，则修城郭，缮墙垣，审群禁，饬甲兵，警百官，诛不法，存长老，无焚金石。《淮南子》："庚子受制，则缮墙垣，修城郭，审群禁，饰兵甲，微百官，诛不法。"注："金用事，象金断割，故诛不法。"水用事，则闭门闾，《月令章句》："门谓城门，闾谓二十五家为闾。"大搜索，断刑罚，执当罪，饬关梁，禁外徙，官本案："徙，他本误作'徒'。"上同。无决池堤。《淮南子》："壬子受制，则闭门闾，大搜客，断刑罚，

---

❶ "闭"，聚珍本、续经解本作"门"。

杀当罪，息关梁，禁外徙。"注："水用事，象冬闭固，故禁外徙。"《国语》注："堤，防也。"

《春秋繁露》卷十三终　　　　金陵洪万盈锓

卷十四

治乱五行第六十二

火干木，蛰虫蚤出，官本案："他本下有'蚿'字。"
师古曰："蚤，古'早'字。"《淮南子》："丙子干甲
子，蛰虫早出，故霜早行。"注："水❶气温，故早出。"雷
早行。《淮南子》："'雷'作'霜'。"土干木，胎夭
卵毈，鸟虫多伤。王本"毈"误分为两字。郑注："卵，
鸟卵。"毈，《玉篇》："大乱切，不成子曰毈。"《淮南
子》："戊子干甲子，胎夭卵毈，鸟虫多伤。"金干木，有
兵。《淮南子》："庚子干甲子，有兵。"水干木，春下
霜。《淮南子》："壬子干甲子，春有霜。"土干火，则多
雷。《淮南子》："戊子干丙子，霆。"金干火，草木夷。
《淮南子》："庚子干丙子，草木夷。"注："夷，伤也。"
水干火，夏雹。《淮南子》："壬子干丙子，雹。"木干
金❷，则地动。《淮南子》："甲子干丙子，地动。"金干
土❸，则五谷伤，有殃。《淮南子》："庚子干戊子，五谷
有殃。"水干土，夏寒，雨霜。《淮南子》："壬子干戊

---

❶ "水"，《淮南子·天文训》作"木"。
❷ "木干金"，聚珍本、畿辅本作"木干火"。
❸ "金干土"，聚珍本作"金干木"。

子，夏寒，雨霜。"木干土，倮虫不为。原注："人者，倮虫之长。"《淮南子》作"甲子干戊子，介虫不为"，注："不成为介虫也。"火干土，则大旱。《淮南子》："丙子干戊子，大旱，苽封爆。"水干金，则鱼不为。《淮南子》："壬子干庚子，大刚，鱼不为。"注："不成为鱼。"木干金，则草木再生。《淮南子》："甲子干庚子，草木再死再生。"火干金，则草木秋荣。《淮南子》："丙子干庚子，草木复荣。"注："今八月、九月时，李、奈复荣生实是也。"土干金，五谷不成。《淮南子》："戊子干庚子，岁或存或亡。"木干水，冬蛰不藏。《淮南子》："甲子干壬子，冬乃不藏。"注："地气发也。"土干水，则蛰虫冬出。《淮南子》："戊子干壬子，蛰虫冬出其乡。"火干水，则星坠。《淮南子》："丙子干壬子，星坠。"注："队，陨。"金干水，则冬大寒。《淮南子》作"庚子干壬子，冬雷其乡"。

五行变救第六十三

《大传》注："君失五事，则五行相沴。违其位，复立之者，当明其变异，则知此为貌邪，言辄改过，以共御之。至司之□月，又必斋肃祭祀，以抚其神，则凶咎除矣。"

五行变至，当救之以德，施之天下，则咎除。不救以德，不出三年，天当雨石。官本案："当，他本作'雷'。"《尚书中侯》："纣末年，雨石，皆大如瓮。"木有变，春凋秋荣，一本作"多营"。秋木冰，原注："一无'秋'字。"《唐书》："凝霜封树，谓之木冰，一名树介。宁王宪有疾，见而叹曰：'此俗所谓树嫁者也。吾其死矣！'谚曰：'树嫁，达官怕。'"春多雨。此繇役众，师古曰："繇，读曰徭。"《说文》曰："戍边也。"赋敛重，百姓贫穷叛去，《月令》疏："蔡氏云：'无财曰贫，无亲曰穷。'皇氏云：'长无谓之贫穷。'"道多饥人。救之者，省繇役，薄赋敛，出仓谷，赈困穷矣。师古曰："振，起也。为给贷之，令其存立也。诸'振救''振赡'，其意皆同。今流俗作字从见❶者，非也。"火有变，冬温夏寒。此王者不明，善者不赏，恶者不出❷，不肖在位，贤者伏匿，则寒暑失序而民疾疫。《易通卦验》："春，晷长一丈一尺二分。未当至而至，多病瘭、疾疫。"疫，《说文》云："民皆病也。"救之者，举贤良，赏有功，封有德。土有变，大风至，五谷伤。此不信仁贤，不敬父兄，淫佚❸无度，宫室多营。救之者，省宫室，去雕文，举孝弟，恤黎元。《孝文本纪》注："姚察云：'古者谓人元善人❹也，因善为元，故云黎元。'"金有变，毕昴为回三覆，有

---

❶ "见"，《汉书·文帝纪》作"贝"。
❷ "出"，聚珍本、续经解本作"绌"。
❸ "淫佚"，聚珍本、续经解本作"淫泆"。
❹ "人元善人"，《史记·孝文本纪》作"人云善，言善人"。

武，多兵，《春秋佐助期》："昴毕为天街。"《史记·天官书》："昴曰髦头，毕曰罕车，主弋猎。"《正义》曰："昴七星，为髦头。毕八星，其大星曰天高，一曰边将，四夷之尉也。星明大，天下安，远夷入贡。失色，边乱。毕动，主兵❶。"《法苑珠林》："初置星宿，昴为先首，形似剃刀；次置毕，形如立叉。"《云笈七签》："昴星神，姓张，名弩小，衣绿青单衣；毕星神，姓柔，名公孙，带剑，衣白毛单衣。"**多盗寇。此弃义贪财，轻民命，重货赂，百姓趣利，多奸轨。**师古曰："趣，谓意所向。"孔安国《传》曰："寇贼在外曰奸，在内曰宄。"**救之者，举廉洁，立正直，隐武行文，束甲械。**《周礼·司甲》注："甲，今之铠也。""今古用物不同，其名亦异。古用皮，谓之甲；今用金，谓之铠"。**水有变，冬湿多雾，**《春秋元命包》："乱而为雾。雾，阴阳之气也。"《释名》曰："雾，冒也，气蒙乱，冒物也。"**春夏雨雹。**《大戴礼》："阳之专气为雹，阴之气专❷为霰。霰、雹者，一气之化也。"《释名》："雹，炮也。其所中，物皆摧折，如人所盛炮。"**此法令缓，刑罚不行。救之者，忧囹圄，案奸宄，诛有罪，萸❸五日。**"萸"与"搜"同。

---

❶ "主兵"，《史记·天官书》作"兵起"。
❷ "气专"，续经解本作"专气"。
❸ "萸"，聚珍本、续经解本、龙溪本作"萸"。

五行五事第六十四

《汉·艺文志》："五行者，五常之刑气也。《书》曰：'初一曰五行，次二曰羞用五事。'言进用五事，以顺五行也。貌、言、视、听、思，心失而五行之序乱，五星之变作，皆出于律历之数而分为一者也。"

王者与臣无礼，貌不肃敬，则木不曲直，《大传》："一曰貌。貌之不恭，是谓不肃。"注："肃，敬也。君貌不恭，则是不能敬其事也。"《尚书》疏："木有华叶之容，故貌属木。"郑注："东宫，于地为木。木直❶或曲或直，人所用为器者也。无故，生不畅茂，多有折槁，是为木不曲直。"而夏多暴风。风者，木之气也，《御览》："《礼统》：'风，萌也。养物成功，所以八风象八卦也。'"《释名》："风，泛也，其气博泛而动物也。风，放也，气放散也。"其音角也，《月令》"其音角"，注："音，谓乐器之声。三分羽益一以生角。角数六十四，属木者，以其清浊中民象也。春色❷和，则角声调。《乐记》曰：'角乱则忧，其

---

❶ "木直"，续经解本作"木性"。

❷ "春色"，续经解本作"春气"。

民怨。'凡声尊卑,取象五行。数多者浊,数少者清。大不过宫,细不过羽。"《钟律书》:"角,触也。物触地而出,戴芒角也。"**故应之以暴风。王者言不从,则金不从革,**《大传》:"二事曰言。言之不从,是谓不乂。"《尚书》疏:"言之决断,若金之斩割,故言属金。"郑注:"西宫,于地为金。金性从形,而革,人所用为器者也。无故,冶之不销,或入火飞亡,或铸之裂形,是为不从革。"**而秋多霹雳。霹雳者,金气也,**《释名》:"辟历,辟,折也,所历皆破折也。"《论衡》曰:"图画之工,图雷之状如连鼓形。又图一人若力士,谓之雷公,使左手引连鼓,右手椎之。"《春秋》"震夷伯之庙",谓劈历破之是也。霹雳,俗字也。**其音商也,**《月令》"其音商",注:"三分徵音益一以生商。商数七十二,属金者,以其浊,次宫,臣之象也。秋气和,则商气❶调。《乐记》曰:'商乱则陂,其臣❷坏。'"《钟律书》:"商之为言章也,物成孰,可章度也。"**故应之以霹雳。王者视不明,则火不炎上,**《大传》:"三事曰视。视之不明,是谓不悊。"《尚书》疏:"火外光,故视属火。"郑注:"南宫,于地为火。火性炎上,然行人所用亨饪者也。无故,因见作热,燔炽为害,是为火不炎上。"**而秋多电。电者,火气也,**《元命包》:"阴阳凝为电。"《西京杂记》:"仲舒曰:'电,其相击之光也。'"《释名》:"电,殄也,乍则殄灭也。"**其音徵也,**《月令》

---

❶ "商气",续经解本作"商声"。
❷ "臣",《礼记正义》卷一六作"官"。

"其音徵"，注："三分宫音去一以生徵。徵数五十四，属火者，以其微清，事之象也。夏气和，则徵声调。《乐记》云：'徵乱则哀，其事勤。'"《钟律书》："徵，祉也，物盛大而繁祉也。"**故应之以电。王者听不聪，则水不润下**，《大传》："四事曰听。听之不聪，是谓不谋。"《尚书》疏："水内明，故听属水。"郑注："北宫，于地为水。水性侵润❶下流，人所用灌溉者也。无故，源流竭绝，川泽以涸，是为不润下。"**而春夏多暴雨。雨者，水气也，**《释名》："雨者，羽也。如鸟羽，动则散也。"《礼统》："雨者，辅时生养均遍，故谓之雨。"**其音羽也，**《月令》"其音羽"，注："三分商去一以生羽。羽数四十八，属水者，以其为最清，物之象也。冬气和，则羽声调。《乐记》曰：'羽乱则危，其财匮。'"《钟律书》："羽，宇也。物聚藏，宇覆之也。"**故应之以暴雨。王者心不能容，则稼穑不成，**《大传》："五事曰心维思。思之不容，是谓不圣。"注："'容'当为'睿'。睿，通也。"《周礼》注："种谷曰稼，若嫁女之有所生。"《书》传："种之曰稼，敛之曰穑。"《尚书》疏："土安静而万物生，心思虑而万事成，故思属土。"**而秋多雷。雷者，土气也，**《春秋元命包》："阴阳合而为雷。"《西京杂记》："董仲舒曰：'雷，其相击之声也。'"《释名》："雷，硍也。如转物，有所硍雷之声也。"**其音宫也，**《月令》"其音宫"，注："声始于宫。宫数八十一，属土者，以其最浊，君之象也。季春之气

---

❶ "侵润"，续经解本作"浸润"。

和，则宫声调。《乐记》曰：'宫乱则荒，其君骄。'黄钟之宫最长也。十二律转相生，五音俱终于六十焉。"《钟律书》："宫，中也。居中央，畅四方，唱始施生，为四声纲也。"故应之以雷。**五事：一曰貌，**《书》传："容仪。"**二曰言，**《书》传："词章。"**三曰视，**《书》传："观正。"**四曰听，**《书》传："察是非。"**五曰思，**《书》传："心虑所行。"**何谓也？夫五事者，人之所受命于天也，而王者所修而治民也。**官本案："他本无'者'字。"**故王者为民，治则不可以不明，准绳不可以不正。**《钟律书》："衡权者，衡，平也；权，重也。衡，所以任权而均物，平轻重也，其道如底，以见准之正、绳之直。"**王者貌曰恭，**《书》传："俨恪。"**恭者，敬也；言曰从，**《书》传："是则可从。"**从者，可从；**马传："发言当使可从。"**视曰明，**《书》传："必清审。"**明者，知贤不肖，分明黑白也；听曰聪，**《书》传："必微谛。"**聪者，能闻事而审其意也；思曰容，容者，言无不容。恭作肃，**《书》传："心敬。"**从作乂，**《书》传："可以治。"师古曰："乂，治也。"**明作哲，**《书》传："照了。"**聪作谋，**官本案："聪，他本作'听'。"《书》传："所谋必成当。"**容作圣。**《书》传："于事无不通，谓之圣。"**何谓也？恭作肃，言王诚能内有恭敬之姿，而天下莫不肃矣。**刘向《五行传记》："肃，敬也。内曰恭，外曰敬。"郑注："君貌恭，则臣礼肃。"**从作乂，言王者言可从，明正从行，而天下治矣。**马传："出令而从，所以为治。"郑注："君言从，则臣职治。"**明作哲，哲者，知也。**《五行志》：“哲，智也。”**王者明，则贤者进，不肖者退，天下知善而劝之，知恶而耻之矣。**郑注：“君视明，则臣照哲❶。”哲，读作哲。**聪作谋，谋者，谋事也。王者聪，则闻事与臣下谋之，故事无失谋矣。**马传：“上聪，则下进其谋。”郑注：“君听聪，则臣进谋。”**容作圣，**张宴曰：“容通达以至于圣。”**圣者，设也。王者心宽大无不容，则圣能施设，事各得其宜也。**

王者能敬，官本案：“敬，他本误作‘欲’。”**则春气得，故肃。**官本案：“一本作‘王者能敬则肃，肃则春气得，故肃者主春’。”**肃者主春。春，阳气微，万物柔易移，弱可化。于时阴气为贼，故王者钦。钦不以议阴事，然后万物遂生，而木可曲直也。**官本案：“他本无‘可’字。”孔安国曰：“木可揉使曲直也。”**春行秋政，则草木凋；行冬政，则雪；行夏政，则杀。春失政，则**原注：“有阙文。”《淮南子》：“六合：孟春与孟秋为合，仲夏❷与仲秋为合，季春与季秋为合，孟夏与孟冬为合，仲夏与仲冬为合，季夏与季冬为合。孟春始赢，孟秋始缩，仲春始出，仲秋始内，季春大出，季秋大内。孟夏始缓，孟冬始急，仲夏至修，仲冬至短，季夏德毕，季冬刑毕。故正月失政，七月凉风不至；二月失政，八月雷不藏；三月失政，九月不下霜；四月失政，十月不冻；五月失政，十一月蛰虫冬出其乡；六月失政，十二月草木不脱；七月失政，正月大寒不解；八月失政，二月雷

---

❶ “哲”，《尚书·洪范》、畿辅本作“哲”。
❷ “仲夏”，《淮南子·时则训》、续经解本作“仲春”。

不发；九月失政，三月春风不济；十月失政，四月草木不实；十一月失政，五月下雹霜；十二月失政，六月五谷疾狂。"

王者能治则义立，义立则秋气得，故义者主秋。秋气始杀，王者行小刑罚，民不犯则礼义成。于时阳气为贼，故王者辅以官牧之事，然后万物成熟。秋，草木不荣华，《尔雅》："木谓之荣，草谓之华。"金从革也。马融曰："金之性从人，而更可消铄。"秋行春政，则华；行夏政，则乔；《尔雅》："上勾曰乔，如木楸曰乔。"注："楸树性，其上竦。"行冬政，则落。秋失政，则春大风不解，雷不发声。

王者能知，则知善恶，知善恶则夏气得，故哲者主夏。夏，阳气始盛，万物兆长，王者不掩明，则道不退塞。而夏至之后，大暑隆，万物茂育怀任，王者恐明不知贤不肖，分明白黑。于时寒为贼，故王者辅以赏赐之事，然后夏草木不霜，火炎上也。孔安国曰："言其自然之常性也。"夏行春政，则风；行秋政，则水；行冬政，则落。夏失政，则冬不冻冰，《风俗通》："壮冰曰冻。"五谷不藏，大寒不解。

王者无失谋，然后冬气得，故谋者主冬。冬，阴气始盛，草木必死，王者能闻事，审谋虑之，则不侵伐。不侵伐且杀，则死者不恨，生者不怨。冬日至之后，大寒降，万物藏于下。于时暑为贼，故王者辅之以急，断之以事，水润下也。冬行春政，官本案："春，他本误作'夏'。"则蒸；行夏政，则雷；《庄子》曰："阴阳错行，则天地大絯，于是乎有雷有霆。"行秋政，则旱。冬失政，则夏草木不实，五谷疾枯。

郊语第六十五

人之言：酞去烟，《艺文类聚》作"酞去烟，此奇怪，非人所意也。祸福利害，无有奇怪乎"。**鸱羽去眯，**原注："一作'眯'。"案，作"眯"为是。《文选》李："音米，又音美。"《字林》云："物入眼为眯。"《庄子》："播糠眯目。"**慈石取铁，**《汉书·艺文志》："兹石取铁。"《鬼谷子》："其察言也，如磁石之引针。"《抱朴子》曰："五石者，丹砂、雄黄、白矾石、曾礵也。"《淮南毕万术》："磁石，一名磁君。"**颈金取火。**原注："一作'颏'，一作'真'。"《留青日扎》："《淮南子》曰：'阳燧见日，则燃而为火。'阳燧，金也。取金猛无缘者，日高三四丈，持以向日，燥艾承之，有顷即焦，吹之得火。"**蚕珥丝于室，而弦绝于堂；**《淮南子》："蚕珥丝而商弦绝，或感之也。"注："老蚕上下丝于口，故曰咡丝。新丝出，故丝脆。商于五音，最细而急，故绝也。咡，或作'珥'。蚕老时，丝在身中，正莫❶，达见于外，如弭❷也。商，西方金音也。蚕，午火也。火壮金困，应商而已，或有新故相感

---

❶ "莫"，《淮南子·览冥训》作"黄"。

❷ "弭"，续经解本作"珥"。

者也。"**禾实于野，而粟缺于仓。**《吕氏春秋》："冬与夏不能两刑，草与稼不能两成，新谷熟而陈谷有亏。"《初学记》作"禾实于野，粟邮于仓，皆奇怪，非人意者也"。**芜黄生于燕，**《通志》："芜黄，曰无姑，曰蕨蓲，曰姑榆。《尔雅》云：'莁黄，蕨蓲，榆类也。'实似榆荚，臭如犹，可作酱。"**橘枳死于荆。**《周礼·考工》："橘逾淮而北为枳。"《淮南子》："江南橘，树之江北而化为橙。"**此十物者，皆奇而可怪，**官本案："而可，他本作'可而'。"**非人所意也。夫非人所意，然而既已有之矣，**官本案："已，他本作'以'。"**或者吉凶祸福、利不利之所从生，无有奇怪，非人所意如是者乎，此等可畏也。孔子曰："君子有三畏：畏天命，畏大人，**郑康成曰："大人，谓天子、诸侯为政者。"**畏圣人之言。"彼岂无伤害于人，而孔子徒畏之哉？以此见天之不可不畏敬，犹主上之不可不谨事。不谨事主，其祸来至显；不畏敬天，其殃来至暗。暗者不见其端，若自然也。故曰：堂堂如天殃。言不必立校，默而无声，潜而无形也。由是观之，天殃与上罚所以别者，暗与显耳。不然其来逮人，殆无以异。孔子同之，俱言可畏也。天地神明之心，与人事成败之真，固莫之能见也，唯圣人能见之。圣人者，见人之所不见者也，故圣人之言亦可畏也。奈何如"而"通。废郊礼？郊礼者，人所最甚重也。废圣人所最甚重，而吉凶利害在于冥冥不可得见之中，虽已多受其病，何从知之？故曰：问圣人者，问其所为而无问其所以为也。问其所以为，终弗能见，不如勿问。问为而为之，所不为而勿为，是与圣**

人同实也，何过之有？《诗》云："不愆不忘，_{《诗考》}引，正"愆"作"骞"。率由旧章。"旧章者，先圣人之故文章也，率由各有修从之也。此言先圣人之故文章者，_{官本案："他本脱'文章也'以下十八字。"}虽不能深见而详知其则，_{则，法则也。}犹不知其美誉之功矣。今郊事天之义，此圣人故。_{卢注："此下文脱。钱云：'《郊祭》篇中"故古之圣王，文章之最贵者也"起，当接此处。'"}故古之圣王，文章之最重者也，前世王莫不从重，栗精奉之，以事上天。至于秦而独阙然废之，_{官本案："阙，他本作'瞻'❶。"}一何其不率由旧章之大_{音泰}甚也！《文献通考》："秦始皇既并天下，三年一郊。○案，自秦始皇有三岁一郊之制，汉高、惠未尝亲郊。文帝在位二十三年，亲郊雍畤及渭阳五帝，各一而已。景帝不亲郊。武帝元光后，常三岁一郊。昭帝不亲郊。宣帝神爵以前，十三年不亲郊，以后间岁一郊。元、成如之。盖西京郊祀，若雍五畤，若甘泉太乙，皆出于方士祈福之说，而非有古人报本之意。故三代之礼制，至秦、汉荡然。礼之大者，莫重于郊。汉承秦弊，废郊礼。董生之论，其警汉深矣。"天者，百神之大君也。事天不备，虽百神犹无益也。何以言其然也？祭而地神者，_{原注："地，疑是'他'字。"}《春秋》讥之。_{僖三十一年《传》："何以书？讥不郊而望祭也。"}孔子曰："获罪于天，无所祷也。"是其法也。故未见秦国致大福如周国也。《诗》曰："唯此文王，小心翼翼，昭事上帝，允

---

❶ "瞻"，聚珍本作"旷"。

怀多福。"《诗考》："允,毛作'聿'。"**多福者,非谓人事也,事功也,谓天之所福也。《传》曰:"周国子多贤,蕃至于骈孕男者四,** 官本案:"蕃,他本误作'审';孕,他本误作'厚'。"**四产而得八男,** 官本案:"八,他本误作'人'。"**皆君子俊雄也。"**《论语》:"周有八士。"注:"包曰:'周时,四乳生八子。'"疏:"郑玄以为成王时,刘向、马融皆以为宣王时。"案,王伯厚以为文、武时人,本董子。《白虎通》曰:"质家积于仲,文家积于叔。周有八士,不积于叔何?盖以两两俱生故也。不积于伯、季,明其无二也。"**此天之所以兴周国也,非周国之所能为也。今秦与周俱得为天子,而所以事天者异于周。以郊为百神始,始入岁首,必以正月上辛日先享天,乃敢于地,先贵之义也。夫岁先之,与岁弗行也,相去远矣。天下福若无可怪者,然所以久弗行者,非灼灼见其当而故弗行也。典礼之官常嫌疑,莫能昭昭明其当也。** 官本案:"莫,他本误作'其'。"**今切以为其当与不当,可内反于心而定也。尧谓舜曰:"天之历数在尔躬。"言察身以知天也,今身有子,孰不欲其有子礼也?圣人正名,名不虚生。天子者,则天之子也。以身度天,独何为不欲其子之有子礼也?今为其天子,而阙然无祭于天,天何必善之?所闻曰:"天下和平,则灾害不生。"今灾害生,见天下未和平也。天下所未和平者,天子之教化不行也。《诗》曰:"有觉德行,四国顺之。"觉者,著也,王者有明著之德行于世,则四方莫不响应,风化善于彼矣。故曰:悦有庆**

赏，官本附案："有，疑当作'于'。"严于刑罚，疾于法令。

《春秋繁露》卷十四终　　　　金陵洪万盈锓

卷十五

郊义第六十六

郊义：《春秋》之法，王者岁一祭天于郊，僖三十一年《传》："天子祭天。"注："郊者，所以祭天也。天子所祭，莫重于郊。"四祭于宗庙。桓八年注："天子四祭四荐，诸侯三祭三荐。"宗庙因于四时之易，官本案："易，他本误作'房'。"郊因于新岁之初，圣人有以起之，其以祭不可不亲也。天者，百神之君也，王者之所最尊也。以最尊天之故，故易始岁更纪，《淮南子》："是月也，日穷于次，月穷于纪，星回❶于天，岁将更始。"《玉篇》："思惠切，载名。《说文》曰：'木星也。越历二十八宿，遍阴阳十二月一次。'"即以其初郊。郊必以正月上辛者，言以所最尊，首一岁之事。成十七年《传》："然则郊曷用？郊用正月上辛。"注："鲁郊传卜春三月。言正月者，因见百王正所当用也。三王之郊，一用夏正。言正月者，春秋之制也。正月者，岁首。上辛，尤始新，皆取其首先之意。"每更纪者，以郊郊祭首之，先贵之义，尊天之道也。

---

❶ "回"，《淮南子·时则训》作"周"。

郊祭第六十七

《春秋》之义，国有大丧者，止宗庙之祭，而不止郊祭，不敢以父母之丧废事天地之礼也。父母之丧，至哀痛悲苦也，尚不敢废郊也，孰足以废郊者？故其在礼亦曰："丧者不祭，惟祭天为越丧而行事。"《王制》："丧，三年不祭。唯祭天地、社稷，为越绋而行事。"注："越绋行事，不敢以卑废尊。越，犹躐也。"夫古之畏敬天而重天郊如此甚也。今群臣学士不探察，曰："万民多贫，或颇饥寒，足郊乎？"言不足郊也。是何言之误，天子父母事天，而子孙畜万民。官本案："天而，他本误作'而天'。"民未遍饱，无用祭天者，是犹子孙未得食，无用食父母也。言莫逆于是，是其去礼远也。先贵而后贱，孰贵于天子？天子号天之子也，奈何受为天子之号，而无天子之礼？天子不可不祭天也，无异人之不可不食父，卢注："此下当接《郊祀》篇首一段'为人子而不事父者，天下莫能以为可'共一百九十五字，移此方吻合。"为人子而不事父者，天下莫能以为可。今为天之子而不事天，何以异是？是故天子每至岁首，必先郊祭以享天，乃敢为地，行子礼也；每将兴师，必先郊祭以告天，乃敢征伐，行子之道也。《白虎通》："故《论语》曰：'予小子敢昭告于皇天上帝。'此汤伐桀告天，用夏家之法也。"文王受天命而王天下，先郊乃敢行事，而兴师伐崇。其《诗》曰："芃芃棫朴，薪之槱之。济济辟王，左右趋之。济济辟王，左右奉璋。奉璋莪莪❶，髦士攸宜。"《释文》："芃芃，盛也。朴，抱❷木也。槱，音酉，积也。字亦作'櫄'，弋九反，云：'积木烧也。'辟，君也。毛：'半璧曰璋。'郑：'璋，璋瓒也。'莪莪，壮也。"此郊辞也。其下曰："淠❸彼泾舟，烝徒楫之。《毛诗》作"楫"，疏："《方言》云：'楫谓之桡，或谓之棹。'郭注云：'缉，棹头索也，所以县棹，谓之之缉。'《说文》云：'楫，舟棹也。'"周王于迈，六师及之。"此伐辞也。其下曰："文王受命，有此武功，既伐于崇，作邑于丰。"以此辞者，见文王受命则郊，郊乃伐崇，伐崇之时，何遽平原注："一作'殊'。"乎？案，此下当接《四祭》篇"已受命而王"至末。此论郊，与四祭无涉，盖申明先郊后伐之意。已受命而王，必先祭天，乃行王事，文王之伐崇是也，《诗》云："济济辟王，左右奉璋。奉璋莪莪，髦士攸宜。"此文王之郊也。《毛诗》"济济辟王"章，笺云："宗庙之祭。"疏："人道宗庙有祼。天地大神，至尊，不祼莫称焉。则此言祼事，祭宗庙也。"今董云郊辞，是与郑异也。其下之辞曰："淠彼泾舟，烝徒楫之。周王于迈，

---

❶ "莪莪"，聚珍本、续经解本作"峨峨"。
❷ "抱"，《毛诗正义》卷一六之三作"枹"。
❸ "淠"，聚珍本、续经解本作"渭"。

六师及之。"此文王之伐崇也。《尚书·周传》云:"文王受命,一年断虞芮之狱,二年伐邘,三年伐密须,四年伐犬夷,五年伐耆,六年伐崇,七年而崩。"郑康成曰:"崇侯虎倡纣为无道。"《通典》:"崇国,在京兆府鄠县。"上言奉璋,下言伐崇,以是见文王之先郊而后伐也。文王受命则郊,郊乃伐崇,崇国之民方困于暴乱之君,未得被圣人德泽,而文王已郊矣,安在德泽未洽者不可以郊乎?

四祭第六十八

桓八年注:"四者,四时祭也。疏数之节,靡所折中,是故君子合诸天道,感四时物而思亲也。"

古者岁四祭,四祭者,因四时之所生,孰而祭其先祖父母也。故春曰祠,夏曰礿,秋曰尝,冬曰蒸,此言不失其时以奉祀先祖也。过时不祭,则失为人子之道也。祠者,以正月始食韭也;《王制》:"春荐韭。"《说文》曰:"一种而久者,故谓之韭。象形,在一之上。一,地也。"礿者,以四月食麦也;《王制》:"夏荐麦。"《春秋说题辞》:"麦之为言殖也。寝生,触冻而不息,精射刺直,故麦含芒事且立也。"尝者,以七月尝黍稷也;《王制》:"秋荐黍。"《春秋说题辞》:"黍者,绪也,故其立字，'禾、入、米'为黍。"《尔雅》："谷以稷为长。"**烝者，以十月进初稻也。**《王制》："冬荐稻。"《春秋说题辞》："稻之为言籍也。稻，冬含水，盛其德也。故稻，太阴精，含水沮洳乃能化也。江旁多稻，故其宜也。"《月令章句》："十月获稻。九月熟者，谓之半夏稻。"**此天之经也，地之义也，孝子、孝妇缘天之时，因地之利，**《孝经》注："经，常也。利物为义。孝为百行之首，人之长德，若三辰运天而有常，五土分地而为义也。"卢注："'地之菜茹瓜果'一段六十三字，与上下文皆不联接，当在《四祭》篇中'因地之利'句下。旧在下《顺命》篇中'莫不昭然'之下。"**地之菜茹瓜果，**师古曰："茹，所食之菜也。"《方言》曰："茹，食也。吴越之间，凡贪饮食者谓之茹。"应劭曰："木实曰果。"**艺之稻麦黍褙❶，菜生谷熟，永思吉日，供具祭物，斋戒沐浴，洁清致敬，祀其先祖父母。孝子孝妇不使时过，己处之以爱敬，行之以恭让，亦殆免于罪矣。**

郊祀第六十九

师古曰："郊祀，祀于郊也。"

---

❶ "褙"，宜作"稷"。

周宣王时，天下旱，岁恶甚，王忧之。其《诗》曰：
"倬彼云汉，昭回于天。王曰：'呜呼！何辜今之人？
天降丧乱，饥馑荐臻。《尔雅》："谷不孰为饥，蔬不孰
为馑，仍饥为荐。"疏："谷不成熟曰饥，可食之菜皆不熟
为馑，连岁不熟曰荐也。"靡神不举，靡爱斯牲。珪璧既
卒，宁莫我听！旱既太甚，蕴隆虫虫。不殄禋祀，自郊
徂宫。上下奠瘗，靡神不宗。《毛传》："上祭天，下祭
地。"笺："从郊而至宗庙，瘗天地之神，无不斋肃而尊敬
之，言遍至也。"后稷❶不克，上帝不临。耗射下土，官
本案："土，他本误作'上'。"案，《毛诗》作"耗斁下
土"，"斁"与"射"通。宁丁我躬。'"官本案："丁，
他本误作'乙'。"《毛传》："丁，当也。"笺："莫奠辟
神❷而不得雨，是我先祖后稷不识知我之所困与？天不视我之
精诚与？犹以旱耗败天下为害，曾使当我之身有此乎？"宣王
自以为不能乎后稷，不中乎上帝，故有此灾。有此灾，官
本案："有此灾，他本在'愈恐惧'之下，误。"愈恐惧而
谨事天。天若不予是家者，是家安得立为天子？官本案：
"他本脱下'是家'二字。"立为天子者，天予是家，天予
是家者，官本案："他本无'家'字。"天使是家，天使是
家者，是天之所予也，官本案："他本无'也'字。"天之
所使也。天已予之，天已使之，其间不可以接天，何哉？

---

❶ "稷"，宜作"稷"。
❷ "莫奠辟神"，《毛诗正义》卷一八之二、续经解本作"奠瘗群
神"。

故《春秋》凡议郊，未尝讥君德不成于郊也，及不郊而祭山川，失祭之叙，官本案："叙，他本误作'后'。"逆于礼，故必讥之。以此观之，不祭天者，乃不可祭小神也。僖三十一年《传》："何以书？讥不郊而望祭也。"注："讥尊者不食而卑者独食。"郊因先卜，不吉不敢郊。百神之祭不卜，僖三十一年《传》："禘、尝不卜。"而郊卜，案，僖三十一年《传》："卜郊，非礼也。"注："礼：天子不卜郊。"疏："三卜礼，谓是鲁礼。"郊祭最大也。《春秋》讥丧祭，闵二年《传》："吉禘❶于庄公，何以书？讥。何讥尔？讥始不三年也。"不讥丧郊，以郊可越绋行事也。郊不辟丧。丧尚不辟，况他物。郊祝曰："皇皇上天，照临下土，集地之灵，降甘风雨，庶物群生，各得其所，靡今靡古，维予一人某，敬拜皇天之祜。"卢注："旧本讹作'言而已矣'，无'各得其所'以下四句。今以《大戴礼记·公冠》篇及《博物志》之文订补，与下所云'郊祀九句'合。"案，《博物志》作"咸得其所"。夫不自为言，而为庶物群生言，以人心庶天无尤也，官本案："焉，他本作'也'。"天无尤焉，而辞顺恭，宜可喜也。右郊祀九句，九句者，阳数也。《乐稽耀嘉》："郊祀之辞九句，九，阳数也。"

---

❶ "吉禘"，《春秋公羊传注疏》卷九、续经解本作"吉禘"。

顺命第七十

父者，子之天也；天者，父之天也。无天而生，未之有也。天者，万物之祖，万物非天不生。独阴不生，独阳不生，阴阳与天地参然后生。故曰：父之子也可尊，母之子也可卑，尊者取尊号，卑者取卑号。故德侔天地者，皇天右而子之，号称天子；《周易乾凿度》："孔子曰：'《易》有君人五号也：帝者，天称也；王者，美行也；天子者，爵号也；大君者，与上行异也；大人者，圣德明备也。变文以著名，题德以别操。'"又，"天子者，继天理物，改一统，各得其宜。父天母地，以养万民，至尊之号也"。其次有五等之爵以尊之，皆以国邑为号。其无德于天地之间者，州、国、人、民，民，当作"名"。甚者不得系国邑，庄十年《传》："荆者何？州名也。州不若国，国不若氏，氏不若人，人不若名，名不若字，字不若子。"皆绝骨肉之属，离人伦，谓之阍盗而已。官本案："谓之，他本误作'之调' ❶。盗，他本误作'甚'。"襄二十九年《经》："阍弑吴子余祭。"《传》："阍者何？门人也，刑人也。"无名姓号氏于天地之间，至贱乎贱者也。文十六年《传》："弑

---

❶ "之调"，续经解本作"之谓"。

君者，曷为或称名氏，或不称名氏？大夫弑君，称名氏，贱者穷诸人；大夫相弑，称人，贱者穷诸盗。"注："贱者，谓士也。"**其尊至德，**官本案："其，他本误作'甚'。"**巍巍乎不可以加矣；其卑至贱，**官本案："其，他本误作'甚'。"**冥冥其无下矣。《春秋》列序位，尊卑之陈，累累乎可得而观也。虽暗且愚，莫不昭然。公子庆父罪不当系于国，以亲之故，为之讳，而谓之齐仲孙，去其公子之亲也。**卢注："而谓，旧本作'而诸母之国'五字，讹误。今改正。"闵元年《经》："冬，齐仲孙来。"《传》："齐仲孙者，公子庆父也。公子庆父，则曷为谓之齐仲孙？系之齐也。曷为系之齐？外之也。曷为外之？《春秋》为尊者讳，为亲者讳，为贤者讳。"**故有大罪不奉其天命者，皆弃其天伦。人于天也，以道受命；其于人，以言受命。不若于道者，天绝之；不若于言者，人绝之。臣子大受命于君，**《穀梁·庄元年传》："人之于天也，以道受命；于人也，以言受命。不若于道者，天绝之也；不若于言者，人绝之。君子大受命。"**辞而出疆，唯有社稷国家之危，犹得发辞而专安之，**此下似阙数字。**盟是也。**庄十九年。**天子受命于天，诸侯受命于天子，子受命于父，臣妾受命于君，妻受命于夫，诸所受命者，其尊皆天也，虽谓受命于天亦可。**卢注："旧本下有'不天亦可'四字，系衍文。"**天子不能奉天之命，则废而称公，王者之后是也；公侯不能奉天子之命，则名绝而不得就位，卫侯朔是也；子不奉父**

命，则有伯讨之罪，卫世子蒯瞆❶是也；臣不奉君父❷，虽善以叛言，晋赵鞅入于晋阳以叛是也；定十三年。妾不奉君之命，则媵女先至者是也；僖八年《经》："秋七月，禘于太庙，用致夫人。"《传》："夫人何以不称姜氏？贬。曷为贬？讥以妾为妻也。其言以妾为妻奈何？盖胁于齐媵女之先至者也。"注："僖公本聘楚女为嫡。齐先致其女，胁僖公，使用为嫡。"妻不奉夫之命，则绝，夫不言及是也。桓十八年《经》："公、夫人姜氏遂如齐。"《传》："公何以不言及夫人？夫人外也。夫人外者何？内辞也，其实夫人外公也。"注："时夫人淫于齐侯而谮公，故云尔。"曰：不奉顺于天者，其罪如此。

孔子曰："畏天命，畏大人，畏圣人之言。"《集解》："顺吉逆凶，天之命也。大人即圣人，与天地合其德者也。深远不可易则，圣人之言也。"其祭社稷、宗庙、山川、鬼神，官本案："他本无'其'字。"不以其道，无灾无害。至于祭天不享，其卜不从，使其牛口伤，官本案："口，他本误作'曰'。"宣三年《经》："郊牛之口伤，改卜牛；牛死，乃不郊，犹三望。"注："讥宣公养牲不谨敬，不洁清而灾。重事至尊，故详录其简甚。"鼷鼠食其角。成七年《经》："鼷鼠食郊牛角，改卜牛，鼷鼠又食其角。"注："鼷鼠者，鼠中之微者。角生上指，逆之象。《易京房传》曰：'祭天不慎，鼷鼠食郊牛角。'书又食者，重录鲁不

---

❶ "瞆"，聚珍本、续经解本作"瞶"。
❷ "君父"，聚珍本、续经解本作"君命"。

351

觉窬，重有灾也。"或言食牛，或言食而死，或食而生，或不食而自死，或改卜而牛死，或卜而食其角。过有深浅薄厚，而灾有简甚，不可不察也。犹郊之变，因其灾而之变应而无为也。见百事之变之所不知而自然者，胜言与？以此见其可畏。专诛绝者，其唯天乎！官本案："唯，他本误作'为'。"臣杀君，子杀父，杀，皆当作"弑"。三十有余。诸其贱者则损，以此观之，可畏者，其唯天命、大人乎！亡国五十有余，皆不事畏者也。况不畏大人，大人专诛之，君之灭者，何日之有哉？鲁宣违圣人之言，官本案："违，他本误作'为'。"变古易常，而灾立至，圣人之言可不慎？此三畏者，异指而同致，故圣人同之，俱言其可畏也。

郊事对第七十一

廷尉臣张汤昧死言曰：卢注："旧本有'曰'字，《古文苑》无。"《史记》："张汤者，杜人也，为廷尉。"《正义》曰："《百官表》曰：'廷尉，秦官，有正、左、右监，皆秩千石也。'"《春秋元命包》："王者置廷尉，谳疑刑，官之平、下之信也。尉者，尉民心，抚其实也。故立字，士垂一人，诘屈折，著为廷。示戴尸首以寸者，为言寸度治法数之分。示惟尸稽于寸舍，则法有分，故为尉，示与寸、尸。"**"臣汤承制，**蔡邕曰："群臣有所奏请，尚书令奏之，下有司，曰制。制，书也，古者上下共称之。至秦，天子独以为称。汉因而不改。"**以郊事问故胶西相仲舒。"**臣仲舒对曰："**所闻古者天子之礼，莫重于郊，郊常以正月上辛者，所以先百神而最居前。**《郊特牲》："郊之用辛，周之始郊也。"卢植曰："辛之为言'自新洁'也。"郑玄曰："用辛日者，为人当斋戒自新洁也。"**礼三年丧，不祭其先而不敢废郊。郊重于宗庙，天尊于人也。《王制》曰：'祭天地之牛茧栗，**师古曰："牛角之形，或如茧，或如栗，言其小。"**宗庙之牛握，**《王制》注："握，谓长不出肤。"**宾客之牛尺。'**卢注："《古文苑》三句，'之牛'下皆有角字。"**此言德滋美而牲滋微也。《春秋》曰：'鲁祭周公，用白牲。'色白、贵纯也。**文十三年《传》："周公用白牲。"注："白牲，殷牲也。于郊，故谓之郊。"《周礼》郑注："始养之曰畜，将用之曰牲也。"**'帝牲在涤三月'。**宣三年《传》："帝牲在于涤，三月。"注："涤，宫名，养帝牲三牢之处也。谓之涤者，取其荡涤洁清。三牢者，各主一月，取三月一时足，以充其天牲。帝，皇天大帝，在北辰之中，主总领天地、五帝、群神也。"**牲贵肥洁而不贪其大也。**《郊特牲》注："犊者，诚悫，未有牝牡之情，是以小为贵也。"**凡养牲之道，务在肥洁而已。驹犊未能胜刍豢之食，**孔疏："小马之驹，小牛之犊。"《周礼》注："养牛羊曰刍，若犬豕则曰豢。"**莫如令食其母便。"**臣谨问仲舒："鲁祀周公用白牲，非礼。"臣仲舒对曰："礼也。"臣汤问曰："周

天子用骍刚，文十三年《传》："鲁公用骍犅。"注："骍犅，赤脊，周牲也。"**群公不毛。**文十三年《传》："群公不毛。"注："不毛，不纯色。"**周公、诸公也，何以得用纯牲？"臣仲舒对曰："武王崩，**隐三年《传》："天子曰崩。"注："大毁坏之辞。"**成王幼，**官本案："幼，他本误作'立'。"《元命包》："文王造之而未遂，武王遂之而未成，周公旦总少主而成之，故曰成王。"**而在襁褓之中，**《尚书大传》："成王之幼，云在襁褓。"注："缚儿被也。"《博物志》曰："襁褓，织缕为之，广八寸，长丈二，以约小儿于背上。"**周公继文武之业，成二圣之功，德渐天地，泽被四海，故成王贤而贵之。《诗》云：'无德不报。'**师古曰："《大雅·抑》之诗也。言受人之德，必有报也。"**故成王使祭周公以白牲，上不得与天子同色，下有异于诸侯。**文十三年注："白牲❶，殷牲也。周公死，有王礼。谦，不敢与文、武同也。鲁公以诸侯不嫌，故从周制，以脊为差。"《考工》注："鲁庙有世室，牲有白牡。此用先王之礼。"案，周天子纯赤，鲁公赤脊，故不同也。**仲舒❷愚以为报德之礼。"臣汤问仲舒："天子祭天，诸侯祭土，鲁何缘以祭郊？"臣仲舒对曰："周公傅成王，成王遂及圣，功莫大于此。周公，圣人也，有祭于天道，**卢注："二字❸脱，以《古文苑》补。"**故成王令鲁郊也。"**

---

❶ "白牲"，《春秋公羊传注疏》卷一四、畿辅本作"白牡"。

❷ "仲舒"，续经解本作"臣仲舒"。

❸ "二字"，宜作"三字"，指"于天道"三字。

臣汤问仲舒："鲁祭周公用白牲，其郊何用？"臣仲舒对
曰：官本案："臣，他本误作'至'。""鲁郊用纯骍刚，
周色上赤，鲁以天子命郊，故以骍。"文十三年❶注："牲
用骍，尚赤也。"臣汤问仲舒："祠宗庙或以鹜当凫，鹜
非凫，可用否？"仲舒对曰："鹜非凫，凫非鹜也。《尔
雅》："舒凫，鹜。"舍人注："凫，家鸭。鹜，野鸭也。"
《埤雅》："《尸子》曰：'野鸭为凫，家鸭为鹜。不能飞
翔，如庶人守耕稼而已。'"如淳曰："《汉仪注》：'佽
飞具矰缴以射凫雁，给祭祀。'"臣闻孔子入太庙，《括地
志》："许田，在许州许昌县南四十里。有鲁城，周公庙在其
中。"每事问，慎之至也。陛下祭蔡邕曰："陛，阶也，所
由升堂也。天子必有近臣立于陛侧，以戒不虞。谓之陛下者，
群臣与天子言，不敢指斥，故呼在陛下者与之言，因卑达尊之
意也。"躬亲，斋戒沐浴，以承宗庙，甚敬谨。奈何以凫
当鹜，鹜当凫？名实不相应，以承太庙，不亦不称乎！
称，读如"称物平施"之"称"。《汉书·郊祀志》："自天
地、大宗下，至诸水鬼邪，❷凡千七百所，用三牲、鸟兽三千
余种。后不能备，乃以鸡当鹜雁，犬当麋鹿。"臣仲舒愚以
为不可。臣犬马齿衰，赐骸骨，官本案："他本脱'赐'
字。"伏陋巷，官本案："他本无'巷'字。"陛下幸使九
卿汉置九卿：一曰太常，二曰光禄，三曰卫尉，四曰太仆，

---

❶ "文十三年"，宜作"《郊特牲》"。

❷ "自天地、大宗下，至诸水鬼邪"，《汉书·郊祀志下》作"自天
地六宗以下，至诸小鬼神"。

五曰廷尉，六曰大鸿胪，七曰宗正，八曰大司农，九曰少府，是为九卿也。**问以朝廷之事，**《董仲舒传》："朝廷如有大议，使使者及廷尉张汤就其家而问之。"《独断》："朝廷者，不敢斥君，故曰朝廷。"**臣愚陋，曾不足以承明诏，**《始皇本纪》："令为诏。"蔡邕曰："制书，帝者制度之命也，其文曰'制'。诏书，诏告。❶"**奉大对。**师古曰："大对，谓对大问也。"**臣仲舒昧死以闻。"**《独断》："汉承秦法，群臣上书，皆言昧死。王莽盗位，慕古法，去昧死，曰稽首。"

　　　　《春秋繁露》卷十五终　　　　　　金陵洪万盈锓

---

❶ "诏书，诏告"，《史记·秦始皇本纪》集解引蔡邕曰："制书，帝者制度之命也，其文曰'制'。诏，诏书。诏，告也。"

卷十六

执贽第七十二

《史记正义》："挚，音至。挚，执也。郑玄云：'挚之言至，所以自致也。'"

　　凡执贽：天子用鬯，案，鬯、𩰪，古今字也。《索隐·秦始皇本纪》："鬯，音畅。"《说苑》："天子以𩰪为贽。𩰪者，百草之本也。上畅于天，下畅于地，无所不畅，故天子以𩰪为贽。"**公侯用玉，**《曲礼》疏："公、侯、伯用圭，子、男用璧也。"**卿用羔，大夫用雁。**《白虎通》："卿以羔者，取其群，不党。卿职在尽忠率下，不可党也。大夫以雁为贽者，取其飞成行列。大夫职在以奉命之适四方，动作当能自正以事君也。"**雁乃有类于长者，长者在民上，必施然有先后之随，必淑然有行列之治，**官本案："淑，他本作'俶'。"**故大夫以为贽。**官本案："他本无'为'字。"**羔有角而不任，设备而不用，类好仁者；执之不鸣，杀之不谛，类死义者；羔食其母，必跪而受之，类知礼者。故羊之为言犹祥与，**卢注："羔有角者之上，旧本有'类其天者❶。天之道，任阳，不任阴。王者之道，任德，不

----

❶ "类其天者"，续经解本作"羔乃类其天者"。

任刑。顺天也'。凡二十七字，系衍文。又，《后汉书》章怀注所引'类好仁者'无'好'字，'杀之不谛'作'不嗥'，'必跪而受之'无'而受之'三字。案，'谛'与'啼'同。《荀子·礼论篇》'哭泣谛号'，杨倞注引《管子》'豕人立而谛'。"谯周《法训》："羊有跪乳之礼。"《后汉书》注："《韩诗内传》：'小者曰羔，大者曰羊。'"《说文》："羊，祥也。"**故卿以为贽。玉有似君子。子曰："人而不曰如之何，如之何者，吾莫如之何也矣。"故匿病者，不得良医，羞问者，圣人去之，以为远功而近有灾，是则不有。玉至清而不蔽其恶，**案，清，王本作"新"。庄二十四年注："玉取其至清而不自蔽其恶。"**内有瑕秽，**《广雅》云："瑕，裂、秽也。"郑玄曰："瑕，玉之病也。"**必见之于外，故君子不隐其短，不知则问，不能则学，取之玉也。君子比之玉，玉润而不污，是仁而至清洁也；廉而不杀，是义而不害也；**《礼记》："夫昔者君子比德于玉焉：温润而泽，仁也；缜密以栗，知也；廉而不刿，义也。"《淮南子》曰："故玉在山而草木润。"高诱注："玉，阳中之阴也，故能润泽草木。"**坚而不硶，**官本案："硶，他本作'磨'。"卢："'硶'与'砭'同。"**过而不濡。视之如庸，展之如石，**状如石，**搔而不可从绕，**官本案："绕，他本作'烧'。"**洁白如素**《考工》注："素，白采也。"**而不受污。玉类备者，故公侯以为贽。**《白虎通》："公侯以玉为贽者，玉，取其燥不轻、湿不重，公之德全。"**赐有似于圣人者，纯仁淳粹，而有知之贵也。择于身者尽为德音，发于事者尽为润泽。积美阳芬

359

香以通之天，暘亦取百香之心独末之，合之为一，而达其臭，气暘于天，《白虎通》："《王度记》曰：'鬯者，以百草之香郁金，合而酿之，成为鬯。'天子以鬯，诸侯以薰，大夫以兰，士以萧，庶人以艾。"其淳粹无择，与圣人一也，故天子以为贽，而各以事上也。观贽之意，可以见其事。

山川颂第七十三

《诗序》："颂者，美盛德之形容。"

山则巃嵸崔崔，摧嵬崒巍，《上林赋》注："巃嵸、崔巍，皆高峻貌。巃，力孔切。嵸，音总。"《南都赋》注："崒嵬，山石崔嵬，高而不平也。崒，鲁伟切，山貌。"久不崩弛，似夫仁人志士。孔子曰："山川神祇❶马融曰："天曰神，地曰祇。"立，宝藏殖，官本案："殖，他本误作'菹'。"《说苑》："夫山巃苁薰荟，万民之所观仰，草木生焉，万物立焉，飞禽萃焉，走兽休焉，宝藏殖焉。"器用资，曲直合，大者可以为宫室台榭，小者可以为舟舆桴楫。王本"楫"作"渫"。大者无不中，小者无不

---

❶ "祇"，宜作"祇"，下同。

入，持斧则斫，折镰则艾，《尔雅》："斫谓之锗。"注："镬也。"《御览》："《风俗通》：'镰刀刈葵'。"生人立，禽兽伏，死人入，多其功而不言，是以君子取譬也。"且积土成山，无损也；成其高，无害也；官本案："高，他本误作'功'。"成其大，无亏也。小其上，官本案："上，他本误作'正'。"泰其下，泰，音大。久长安，后世无有去就，俨然独处，惟山之意。《诗》云："节彼南山，惟石岩岩；赫赫师尹，民具尔瞻。"《毛传》："节，高峻貌。岩岩，积石貌。赫赫，显盛貌。师，大师，周之三公也。尹，尹氏，为大师。具，俱。瞻，视也。"此之谓也。水则源泉混混沄沄，官本案："沄沄，他本误作'汇汇'。"卢注："《古文苑》作'泫泫'。"昼夜不竭，既似力者；卢注："《说苑·杂言》篇：凡'既'字皆作'其'。"盈科后行，既似持平者；循微赴下，官本案："微，他本作'岳'。"不遗小问❶，既似察者；《荀子》："淖约微达，似察。"循溪谷不迷，《群经音辨》："溪，山渎无所通者也。"或奏音走。万里而必至，既似知者；郭防山而能清净，卢注："《说苑》作'郭防而清'，《古文苑》'山'作'止'。"既似知命者；不清而入，洁清而出，既似善化者；《荀子》："以出以入，就鲜洁，似善化。"赴千仞之壑，《释言》云："隍，壑也。"舍人曰："壑，沟也。"入而不疑，既似勇者；《荀子》："赴百仞之谷，不惧，似勇。"包咸《论语》注："七尺曰

---

❶ "小问"，聚珍本、续经解本、畿辅本作"小间"。

切。"**物皆因于火，**官本案："火，他本误作'大'。"原注："因，或是'困'。"**而水独胜之，既似武者；咸得之而生，**官本案："咸得，他本误作'感德'。"**失之而死，既似有德者。**《荀子》："孔子曰：'夫水，大遍与诸生而无为也，似德。'"**孔子在川上曰：**蔡邕云："众流注海曰川。""**逝者如斯夫，不舍昼夜。**"此之谓也。

求雨第七十四

《通典》："下有'日'字。"

春旱求雨，《春秋考异邮》："旱之为言悍也，阳骄蹇所致也。"**令县邑**官本案："令，他本误作'合'。"**以水日令民祷社稷山川，**卢注："旧本'令民祷社，家人祀户'，今以《通典》增改。"《通考》："后汉制：自立春至立夏，尽立秋，郡国上雨泽。诣少府郡县，各扫除社稷。其旱也，公卿、长官以次行雩礼。"《论衡》："夫雩，古而有之，故《礼》曰：'雩祭，祭水旱也。'故有雩礼。故孔子不讥，而仲舒申之。夫如是，雩祭祀，礼也。雩祭得礼，则大水，鼓，用牲于社，亦古礼也。得礼无非，当雩，一也。礼，祭也。社，报生万物之功。土地广远，难得辨祭，故立社为位，主心事之。为水旱者，阴阳之气也，满六合，难得尽祀，故修坛设位，敬恭祈求，效事社之义，复灾变之道也。推生事死，推人事鬼。阴阳精气，傀如生人，能饮食乎？故其馨香进，旨酒嘉，区区惓惓，冀见答享。推祭社言之，当雩，二也。"**家人祀户**，《月令》注："《中霤礼》：'祀户之礼：南面设主于户内之西，乃制脾及肾为俎，奠于主北。又设盛于俎西，祭黍稷，祭肉，祭醴，皆三祭。肉：脾一，肾再。既祭彻之，更陈鼎俎，设馔于筵前，迎尸，略于❶祭宗庙之仪。'"**无伐名木，无斩山林。**《周礼》注："积石曰山，竹木曰林。"**暴巫**《檀弓》："吾欲暴巫而奚若？"注："暴之，是虐之也。巫能接神，亦觊天哀而雨之。"《汉书·郊祀志》："在男曰觋❷，在女曰巫也。"**聚尪**各本误"蛇"，《类聚》作"尪"。**八日，于邑东门之外，为四通之坛，**《三礼图》："雩坛，在巳地。"《封禅书》："为坛，开八通之鬼道。"《索隐》曰："司马彪《续汉书·祭祀志》云：'坛有八陛❸，通道以为门。'"**方八尺，植苍缯八。**《字林》曰："缯，帛总名。"《礼说·含文嘉》云："天子、三公、诸侯，皆以三帛以荐玉。"宋均注："其殷礼。三帛，谓朱、白、仓，象三正。"**其神共工，祭之以生鱼八、玄酒、具清酒、**《春秋元命包》："酒旗，主上尊酒，所以侑神也。酒者，乳也。王者法酒旗以布政，施天乳以哺人。"《礼运》："故玄酒在室。"疏："玄酒，谓水也。以其色

---

❶ "略于"，《礼记正义》卷一四、续经解本作"略如"。
❷ "觋"，《汉书·郊祀志上》、续经解本、畿辅本作"觋"。
❸ "升"，《史记·封禅书》、续经解本作"陛"。

黑，故谓之玄。而太古无酒，此水当酒所用，故谓之玄酒。"
《周礼·酒正》："变三酒之物，三曰清酒。"注云："今
中山冬酿，接夏而成。"**脯脯**。《说文》："薄脯，脯之屋
上。从肉，专声，亡各切。"东方朔曰："干肉为脯。"**择
巫之清洁辩言利辞者以为祝**。"为"字，据《汉书·礼仪
志》注补入。《群经音辨》："祝，祭主赞词者也。"**祝斋三
日，服苍衣，先再拜，乃跪陈，陈已，复再拜，乃起。祝
曰：**曰，王本误作"由"。**"昊天生五谷以养人，今五谷
病旱，恐不成实，敬进清酒脯脯，再拜请雨。雨幸大澍，**
自"昊天"至"大澍"，见《春秋汉含滋❶》。王本"五谷"
上无"生"字，"敬"字下有"起"字。《说文》云："雨所
以澍生万物，故曰澍。音注。"《艺文类聚》引《繁露》作：
"广陵女子诸巫，无小大，皆相聚其郭门外，为小坛，以
脯酒祭。使移市，市使门者无内丈夫，丈夫无得相从饮食。又令吏
各往视其夫，皆言利即赴，雨澍而止。"又曰："江都相仲舒
下内吏承书从事，其都间吏家在百里内，皆令人故行书告县，
遣妻视夫，赐巫一月租，使巫求雨。复使巫相推择洁净易教者
祭，跪祝曰：'天生五谷以养人。今五谷病旱，恐不成。敬进
清酒甘羞，再拜请雨。'"案，自"广陵女子"至"祭跪"，
今《繁露》所无。**奉牲祷。"以甲乙日**《续汉志》："《月
令章句》：'大挠探五行之情，占斗纲所建，于是始作甲乙以
名日，谓之干。作子丑以名日，谓之枝。枝干相配，以成六
旬。'"《月令》郑注："乙之言轧也。日之行，春东，从青

---

❶ "滋"，畿辅本、续经解本作"孳"。

道，发生万物，月为之佐。时万物皆解孚甲，自抽轧而出，因以为日名焉。乙不为月名者，君统臣功也。"**为大苍龙一，长八丈，居中央，**《月令》疏："仓是东方之色。"**为小龙七，各长四丈，于东方，皆东向，其间相去八尺。小童八人，皆斋三日，服青衣而舞之；**郑注："《易》曰：'天一，地二，天三，地四，天五，地六，天七，地八，天九，地十。'而五行自水始，火次之，木次之，金次之，土为后。木生数三，成数八。但言八者，举其成数。"《通典》："后汉行雩礼以求雨，兴土龙，立士人舞童二佾。"案，以下人物之数，悉本五行之数，如春为东方，属木，木之成数八，故人物之数皆八也。《群经音辨》："青，东方色也。"**田啬夫**《说文》："啬，爱濇❶。从来、从㐭。来者，㐭而藏之，故田夫谓之啬夫。"《风俗通》曰："啬者，省也。夫，赋也。言消息百姓，均其役赋。"**亦斋三日，服青衣而立之。凿社，通之于闾外之沟。**师古曰："沟，街衢之旁通水者也。"卢注："凿，他本作诸里。"**取五虾蟆，**《急就篇》："水虫：科斗，蛙，虾蟆。"颜师古注云："虾蟆，一名蛞，大腹而短脚。"《焦氏易林》："虾蟆群聚，从天请雨。集聚，应时辄雨，得其所愿。"**错置社之中。**官本案："社，他本误作'祕'。"案，据《礼志》补"之"字。**池方八尺，**孔安国曰："停水曰池。"**深二尺，置水虾蟆焉。具清酒、脯脯，祝斋三日，**官本案："祝，他本误作'祀'。下同。"**服苍衣，**官本案："服，他本误作'取'。"**拜跪，陈祝**

---

❶ "濇"，续经解本作"濇"。

如初，取三岁雄鸡、三岁豭猪，据《礼志》补"豭"字。《释文》："音家。"《方言》云："猪，北燕、朝鲜之间谓之豭。"《字鉴》："猪，专于切。"《说文》："豕而三毛，丛居者。从豕，者声。"《五经文字》云："从犬作猪者，讹。"**皆燔之于四通神宇。令民阖邑里南门，**据《礼志》补"民"字。《王度记》云："百户为里，里一尹。"**置水其外，开里北门，**据《礼志》补"里"字。**具老豭猪一，**官本案："具，他本误作'其'，脱'老'字。豭，皆误'豭'。"**置之于里北门之外，市中**官本案："中，他本误作'者'。"**亦置一豭猪，闻彼鼓声，**据《礼志》补"彼"字。**皆烧豭猪尾，取死人骨埋之。开山渊，积薪而燔之。**《乐稽耀嘉》："开神山、神渊，积薪。夜击鼓，噪而燔之。"《管子》云："水出地而不流者，命之曰渊。"《诗》疏："燔者，火烧之名。"据《礼志》补"之"字。**决通道桥之壅塞不行者，决渎之。幸而得雨，以猪一，**官本案："他本作'报以豚一'。"**酒、盐、黍财足，**《世本》："夙沙氏煮海为盐。"师古曰："才取足。""财"与"才"，古通用字。**以茅为席，**《南山经》："白菅为席。"注："菅，茅属也。"郑注《序官》："敷陈曰筵，藉之曰席。"**毋断。**

夏求雨，《汉旧仪》："求雨，太常祷天地、宗庙、社稷、山川以赛，各如其常牢，礼也。四月立夏旱，乃求雨、祷雨而已。后旱，复重祷而已。讫立秋，虽旱，不得祷求雨也。"**令县邑**据《礼志》补"县"字。**以水日，家人祀灶，**《中霤礼》："祀灶之礼，先席于门之奥，东面，设主于灶陉，乃制肺及心、肝为俎，奠于主西。又设盛于俎南，亦祭黍三，祭肺、心、肝各一，祭醴一，亦既祭彻之。更陈鼎俎，设馔于筵前，迎尸，如祀户之礼。"《史记》如淳曰："祠灶，可以致福。"《说文》："《周礼》以灶祠祝融。"《淮南子》："炎帝作火官，死为灶神。"《庄子》云："浩，灶神也，如美女，衣赤。"《杂五行书》曰："灶神名禅，字子郭。黄衣，夜披发，从灶中出。知其名，呼之，可除凶恶。市猪肝泥灶，令妇孝。"**无举土功，更大浚井。**师古曰："浚，抒治之也。音峻。"《释名》："井，清曰泉，清洁者也。"《世本》曰："伯夷作井。"**暴釜于坛，**案，釜，王本误作"金"。《汉礼器制度》："釜受三斛，或云五斛。"**杵臼于术，**《易·系辞》："断木为杵，掘地为臼。"《杂记》："杵以梧。"注："所以捣也。"《汉书·刑法志》："园圃术路。"注："如淳曰：'术，大道也。'"《一切经音义》注："《苍颉篇》：'邑中道曰术。'道，路也。"**七日。为四通之坛于邑南门之外，**据《礼志》补"之"字。**方七尺，植赤缯七。其神蚩尤，祭之以赤雄鸡七、玄酒，具清酒、脯脯，祝斋三日，服赤衣，拜跪陈祝如春辞。**官本附案："《通志》无'辞'字。"**以丙丁日**郑注："丙之言炳也。日之行，夏南，从赤道，长育万物，月为之佐。时，万物皆炳然著见而强大，又因以为日名焉。《易》曰：'齐乎巽，相见乎离。'"**为大赤龙一，长七丈，居中央，又为小龙六，各长三丈五尺，于南方，皆南乡，**师古曰："乡，读曰向。"**其间相去七尺。壮者七人，**郑注："火，生数二，成数七。但言七者，亦举其成数。"**皆斋**

三日，服赤衣而舞之；司空啬夫亦斋三日，服赤衣而立之。凿社而通之间外之沟。取五虾蟆，错置里社之中。池方七尺，深一尺，酒脯，祝斋，衣赤衣，拜跪陈祝如初。取三岁雄鸡、䝔猪，燔之四通神宇。开阴闭阳如春也。据《礼志》补"也"字。

季夏祷山陵以助之，《释地》："大阜曰陵。"《春秋说题辞》曰："陵之为言棱也。辅山成其广，层棱扶推，益厥长也。"令县邑十日壹徙市官本案："徙，他本误作'从'。"卢本有"十日"二字。于邑南门之外，五日禁男子无得行入市，《通志》："汉武帝元狩❶六年，旱，女子及巫丈夫不入市。"《世本》："祝融作市。"《风俗通》："市，恃也，养赡老少，恃以不匮也，亦谓之市井。"家人祀中霤，《中霤礼》："祀中霤之礼：设主于牖下，乃制心及肺、肝为俎。其祭肉，心、肺、肝各一，他皆如祀户之礼。中霤，犹中室也。土主中央，而神在室。古者复穴，是以名室为霤云。"无兴土功。聚巫市傍，为之结盖。官本案："傍，他本误作'伤'。盖，误作'益'。"为四通之坛于中央，植黄缯五。其神后稷，祭之以母肫五、刘庶常曰："王本缺'母肫'二字。案，今据元本《艺文类聚》、刘昭注及《通典》增补。"玄酒，具清酒、膊脯。令各为祝斋三日，王本"各"误作"名"。衣黄衣，皆如春祠。以戊巳日郑注："戊之言茂也，巳之言起也。日之行四时之间，从黄道，月为之佐。至此，万物皆枝叶茂盛，其含秀者抑屈而

---

❶ "元狩"，《后汉书·礼仪志中》作"元封"。

起，故因以为日名焉。"**为大黄龙一，长五丈，居中央，又为小龙四，**官本案："四，他本作'五'。"**各长二丈五尺，于南方，皆南乡，其间相去五尺。丈夫五人，**郑注："土，生数五，成数十。但言五者，土以生为本。"《意林·风俗通》："《礼》云：'十尺曰丈，成人之长也。'夫者，肤也。言其智肤敏宏教也，故曰丈夫。"**斋三日，服黄衣而舞之；老者五人，**官本案："他本无'老者'二字。"**亦斋三日，衣黄衣而立之。亦通社中于间外之沟。取虾蟆**卢本无"取"字。**池方五尺，深一尺，他皆如前。**卢注："旧本此下有一段，云：'神农求雨：第十九日，戊巳不雨，命为黄龙，又为大龙。社者舞之，季立之。又曰：东方小僮舞之，南方壮者、西方沾人、北方人舞之。'共四十八字，《续汉志》注无之。此疑后人随意附注，不得以间杂本书。其第十九曰者，书第十九篇中之语也。旧本'曰'作'日'，亦讹。"

秋暴巫尪至九日，据《礼志》补"尪"字。**无举火事，**《汉昭帝纪》："夏旱，大雩，不得举火。"注："臣瓒曰：'不得举火，抑阳助阴也。'"**煎金器，家人祀门。**官本案："祀，他本作'祠'。"《中霤礼》："祀门之礼：北面，设主于门左枢，乃制肝及肺、心为俎，奠于俎南。又设盛于俎东。其他皆如祭灶之礼。"**为四通之坛于邑西门之外，方九尺，植白缯九。其神太昊，**官本附案："《通典》作'少昊'。"**祭之以桐木鱼九、**案，桐，王本误作"相"。《初学记》："《淮南子》曰：'董仲舒请雨，秋用桐木鱼。'"**玄酒，具清酒、膊脯，衣白衣，**《群经音辨》："白，西方色也。"**他如春。以庚辛日**郑注："庚之言更也，辛之言新也。日之行，秋西，从白道，成熟万物，月为之佐。万物皆肃然改更，秀实新成，又因以为日名焉。"**为大白龙一，长九丈，居中央，为小龙八，各长四丈五尺，于西方，皆西乡，其间相去九尺。鰥者九人，**《释名》："无妻曰鰥，愁悒不能寐，目恒鰥鰥然。其字从鱼，鱼目恒不闭。"郑注："金，生数四，成数九。但言九者，亦举其成数。"**皆斋三日，服白衣而舞之；司马亦斋三日，**官本案："他本阙'马'字。"**衣白衣而立之。虾蟆池方九尺，深一尺，他皆如前。**

　　冬舞龙六日，祷于名山以助之，家人祀井，官本案："祀，他本作'祠'。"**毋壅水。为四通之坛于邑北门之外，方六尺，植黑缯六。其神玄冥，**《本行记》："颛顼为玄冥。"《御览》："《汉旧仪》：'祠五祀，谓五行金、木、水、火、土也。木正曰勾芒，火正曰祝融，金正曰蓐收，水正曰玄冥，土正曰后土，皆古圣能治成五行有功者也。'"郑注《月令》："玄冥，少皞氏之子，曰修，曰熙，为水正。"**祭之以黑狗子六、玄酒，具清酒、膊脯。祝斋三日，衣黑衣，祝礼如春。以壬癸日**郑注："壬之言任也，癸之言揆也。日之行，东北，从黑道，闭藏万物，月为之佐。时，万物怀任于下，揆然萌芽，又因以为日名焉。"**为大黑龙一，长六丈，居中央，为小龙五，各长三丈，于北方，皆北乡，其间相去六尺。老者六人，**郑注："水，生数一，成数六。但言六者，亦举其成数。"**皆斋三日，衣黑衣而舞之；尉亦斋三日，服黑衣而立之。虾蟆池，如春。四**

时皆以水，官本附案："《通典》下有'日'字。"为龙必取洁土为之，结盖，龙成而发之。《山海经》曰："大荒东北隅，中有山，名凶犁上丘。应龙处南极，杀蚩尤与夸父，不得复上。故下数旱，而为应龙之状，乃得大雨。"郭璞曰："今之土龙本此。"王充《乱龙篇》："董仲舒申《春秋》之雩，设土龙以招雨。仲舒览见深鸿，立事不妄，设土龙之象，果有状也。龙暂出水，云雨乃至。"《淮南子》注："汤连旱，作土龙以象龙。云从龙，故致雨也。"

四时皆以庚子之日，命吏民夫妇皆偶处。凡求雨之大体，丈夫欲藏匿，女子欲和而乐。《乐稽耀嘉》："凡求雨，男女欲和而乐。"卢注："此下，旧有'《神农书》又曰：开神山、神渊，积薪，夜击鼓，噪而燔之，为其旱也'二十三字。"案，此段亦非本文。今改作小字，附注于此以备考。《神农书》，旧本脱"农"字，今增。旱，或作"卑"，误。

止雨第七十五

《西京杂记》："京师大水，祭山川以止雨。丞相、御史、二千石祷祀，如求雨法。"

雨太多，令县邑以土日塞水渎，《玉篇》❶："《说文》曰：'渎，沟也。一曰邑中沟。'"绝道，盖井，禁妇人不得行入市。令县、乡、里皆扫社下。县邑若丞、令吏、啬夫三人以上，祝一人；乡啬夫若吏三人以上，祝一人；里正父老三人以上，祝一人。皆斋案，此下各本阙，据官本补入一百八十字。王本别以第六《王道》篇"年年之积"至"贤贤也《春秋》"五十字错简于此，今删去重复。三日，各衣时衣，春仓，夏赤，秋黄，冬黑。具豚一、《方言》："豚，猪子也。"黍、盐、美酒财足，祭社。击鼓三日，而祝先再拜，乃跪陈，陈已，复再拜，乃起。祝曰："嗟！卢注："他本作'诺'，非。"天生五谷以养人，今淫雨太多，五谷不和。敬进肥牲清酒，以请社灵，幸为止雨，除民所苦，无使阴灭阳。阴灭阳，不顺于天。天之常意在于利人，生五谷，以利人。人愿止雨，敢告于社。"鼓而无歌，《释名》："人声曰歌。歌，柯也。所歌之言，是其质也。以声吟咏有上下，如草木之有柯叶也。"至罢乃止。凡止雨之大体，女子欲其藏而匿也，丈夫欲其和而乐也。开阳而闭阴，阖水而开火。《汉书》："仲舒治国，以灾异之变，推阴阳所以错行。故求雨，闭诸阳，纵诸阴。其止雨，反是。"师古曰："谓若闭南门、禁举火，及开北门、水洒人之类是也。"以朱丝萦社十周，武帝五年，始令诸官止雨，朱丝反萦社，击鼓攻之。衣朱衣赤帻，言罢。二十一年甲申朔卢注："他本作'庚申朔'，讹。"丙午，

---

❶ "《玉篇》"，宜作"《广韵》"。《广韵》"渎"字注引此条。

江都相仲舒告内史中尉：《循吏传》："唯江都相董仲舒、内史公孙宏、兒宽，居官可纪。"《百官公卿表》云："少府、内史，周官。秦因之，掌治京师。"任昉《物原》云："诸官称史，亦自伏牺置史官始。中尉，秦官，掌徼巡京师。武帝太初元年，更名执金吾。"**阴雨太久，**以上俱补入。**恐伤五谷，趣止雨。止雨之礼，废阴起阳。书十七县、八十离乡，及都官吏千石以下夫妇在官者，咸遣归。女子不得至市，市无诣井，盖之，勿令泄。鼓用牲于社。**祝之曰："雨以太多，五谷不和，敬进肥牲，以请社灵，社灵幸为止雨，除民所苦，无使阴灭阳。阴灭阳，不顺于天。天意常在于利民，官本案："常，他本误作'韦'。"愿止雨，敢告。"**鼓用牲于社，皆壹以辛亥之日。书到，即起县社令、长若丞、尉官长，**《百官公卿表》："县令、长，皆秦官，掌治其县，皆有丞、尉，秩四百石至二百石。"**各城邑社啬夫、里吏正、里人皆出，**《百官公卿表》："十亭一乡，乡有三老，有秩啬夫。啬夫职，听讼，收赋税。"**至于社，下铺而罢，**官本案："铺而，他本误作'顾西'。"铺，音逋，申时食也。"**三日而止。未至三日，天大星亦止。**官本案："他本无'大'字。"○案，天星即天暒，言天晴也。

祭义第七十六

《礼记》郑《目录》云："名曰祭义者，以其记祭祀、斋戒、荐羞之义也。"

五谷食物之性也，天之所以为人赐也。宗庙上四时之所成，官本案："上，他本误作'止'。"郑注："合于天道，因四时之变化。孝子感时念亲，则以此祭之也。"受赐而荐之宗庙，敬之性也，于祭之而宜矣。宗庙之祭物之厚无上也。春上豆实，桓四年注："豆，祭器名，状如镫。天子二十有六，诸公十有六，诸侯十有二，卿、上大夫八，下大夫六，士二。"《三礼图》："豆高尺二寸，漆赤中。大夫以上，画赤云气。诸侯饰以象，天子加玉饰。"案，《御览》引《礼图》："豆以木，受四升。"余并同。夏上尊实，秋上杭实，《说文》："杭，古'簋'字。"冬上敦实。《三礼图》："敦，有足，其形如今酒樽法。"案，聂注："《旧图》：'敦受一斗二升，漆赤中。大夫饰口以白金。'"《孝经钩命决》云："敦，规首，上下圆相连。"豆实，韭也，春之所始生也；尊实，面也，原注："一作'莝'。"夏之所受初也；杭实，黍也，《说文》："杭，黍稷方器也。"《广韵》："簠簋，祭器，受斗二升。内圆外方曰簋。"《考工》疏："祭宗庙。用木簋。"秋之所先成也；敦实，稻也，冬之所毕熟也。始生故曰祠，善其司也；夏约故曰礿，贵所初礿也；先成故曰尝，尝言甘也；毕熟故曰烝，烝言众也。奉四时所受于天者而上之，为上祭，贵天赐且尊宗庙也。孔子受君赐则以祭，况受天赐乎？一年之中，天赐四至，至则上之，此宗庙所以岁四祭也。故君子未尝不食新，新天赐至，必先荐之，乃取食之，尊天敬宗庙之心也。尊天，美义也，敬宗庙，大礼也。圣人之所谨也。官本案："他本'大礼也'，误移在此句下。"不多而欲洁清，不贪数而欲恭敬。《祭义》："祭不欲数。数则烦，烦则不敬。"何允曰："在貌为恭，在心为敬。"君子之祭也，恭亲之，致其中心之诚，尽敬洁之道，以接至尊，故鬼享之。享之如此，乃可谓之能祭。祭者，察也，以善逮鬼神之谓也。善乃逮不可闻见者，故谓之察。《尚书大传》："察者，至也。至者，人事也。人事至，然后祭。"吾以名之所享，故祭之不虚，安所可察哉？祭之为言际也与察也，祭然后能见不见。见不见之见者，官本案："他本'见不见'误在此句下。"然后知天命鬼神。知天命鬼神，然后明祭之意。明祭之意，乃知重祭事。官本案："事，他本作'祀'。下同。"孔子曰："吾不与祭，《释文》："与，音预。"《特牲馈食》注："士贱，职亵。时至事暇，可以祭，则筮其日矣。"疏："郑云'时至事暇，可以祭'者，若祭时至，有事不得暇，则不可以私废公故也。若大夫以上，尊。时至，唯有丧故，不祭。余吉事，皆不废祭。若有公事及病，使人摄祭。故《论语》孔子云：'吾不与祭。'

注：'孔子或出或病，不自亲祭，使摄者为之。不致肃敬于心，与不祭之同。'"**祭神如神在。**"重祭事，如事生，《礼志》曰："君子生则敬养，死则敬飨也。"**故圣人于鬼神也，畏之而不敢欺也，信之而不独任，事之而不专恃。恃其公，报有德也；幸其不私，与人福也。其见于《诗》曰："嗟尔君子，**《毛传》："嗟女君子，谓其友未仕者也。"**毋常安息，**案，毋，王本误作"卬"。**静共尔位，**共，《韩诗》作"恭"。郑玄曰："共，古'恭'字。"**好是正直，**《毛传》："正直为正，能正人之曲曰直。"**神之听之，介尔景福。"正直者得福也，不正者不得福，此其法也。以诗为天下法矣，**官本案："下，他本误作'子'。"**何谓不法哉？其辞直而重有再叹之，欲人省其意也，而人尚不省，何其忘哉！孔子曰："书之重，辞之复。呜呼！不可不察也，其中必有美者焉。"**"孔子曰"至"者焉"，见《春秋纬》。**此之谓也。**庄侍郎曰："苟一义一法足以断其凡，则无可凡而皆削而不书。《春秋》非纪事之史也，所以约文而示义也。是故有单辞，有两辞，有复辞，有众辞。众辞，可凡而不可凡也。复辞，可要而不可要也。两辞，备矣，可益而不可益也。单辞，明矣，可殊异而不可殊也，故曰'游、夏之徒不能赞一辞'也。"

循天之道第七十七

张编修曰："此下诸篇，多错简缺误。就其明者正之，余不敢强说。"

循天之道以养其身，谓之道也。天有两和，以成二中，岁立其中，用之无穷。是北方之中用合阴，而物始动于下；南方之中用合阳，而养始美于上。其动于下者，官本案："他本'其'字误移在'上'字之上。"不得东方之和不能生，中音仲。春是也；其养于上者，不得西方之和不能成，中音仲秋是也。然则天地之美恶案，王本"不能成"三字误移在此句下。在？两和之处，二中之所来归，而遂其为也。是故和官本案："他本无'和'字。"东方生而西方成，东方和生，官本案："他本无'生'字。"北方之所起前；官本案："他本无'前'字。"而西方和成，南方之所养长。起之，不至于和之所不能生；养长之，不至于和之所不能成。成于和，生必和也；始于中，止必中也。中者，天下之终始也；官本案："他本无'始'字。"而和者，天地之所生成也。《中庸》："致中和，天地位焉，万物育焉。"疏："言人君所能致极中庸，使阴阳不错，则天地得其正位焉。生成得理，故万物得其生育焉。"夫德莫大于和，而道莫正于中。官本案："正，他本作'止'。"
中者，天地之美达理也，圣人之所保守也，《诗》云：
"不刚不柔，布政优优。"此非中和之谓欤？是故能以中
和理天下者，其德大盛；能以中和养其身者，其寿极命。
男女之法，法阴与阳。《白虎通》："谓男者，任也，任功
业也。女者，如也，从如人也。在家从父母，既嫁从夫，夫
没从子也。"《诗》疏："女是阴也，男是阳也。秋冬为阴，
春物得阳而生。女则有阴而无阳，故春，女感阳气而思男。春
夏为阳，秋物得阴而成。男则有阳而无阴，故秋，士感阴气而
思女也。"阳气起于北方，至南方而盛，盛极而合乎阴；
阴气起乎中音仲夏，至中音仲冬而盛，盛极而合乎阳。
不盛不合。是故十月而壹俱盛，官本案："他本无'壹'
字。"终岁而乃再合。天地久节，以此为常。是故先法之
内矣，养身以全，使男子不坚牡，不家室；阴不极盛，不
相接。官本案："极盛，他本作'盛极'。"是故身精明难
衰而坚固，寿考无忒，此天地之道也。天地先盛牡而后施
精，故其精固；地气盛牝而后化，官本案："牝，他本作
'托'。"故其化良。《大戴礼记》："故男以八月生齿，
八岁而毁。一阴一阳，然后成道。二八十六，然后精通，然后
其施行。女七月生齿，七岁而毁。二七十四，然后其化成。"
是故阴阳之会，冬合北方，而物动于下；夏合南方，而物
动于上。上下之大动，官本案："上，他本误作'止'。"
皆在日至之后。为寒，则凝冰裂地；为热，则焦沙烂石。
师古曰："凝，坚冰也。"《尸子》曰："寒，凝冰烈地。"
《释名》："热，爇也，如火所烧爇也。"《吕氏春秋》曰：

378

"汤时，大旱七年，煎沙烂石。"《淮南子》："阳气起于东北，尽于西南。阴气起于西南，尽于东北。阴阳之始，皆调适相似。日长其类，以侵相远，或热焦沙，或寒凝水。"**气之精至于是。故天地之化，春气生，而百物皆出；夏气养，而百物皆长；秋气杀，而百物皆死；冬气收，而百物皆藏。**《越绝书》范子曰："臣闻：阴阳气不同处，万物生焉。冬三月之时，草木既死，万物各异藏，故阳气避之藏，伏壮于内，使阴阳得成于外。夏三月，盛暑之时，万物遂长，阴气避之下藏，伏壮于内，然而万物亲而信之，是所谓也。阳者主生万物，方夏三月之时，大热不至，则万物不能成。阴气主杀，方冬三月之时，地不内藏，则根荄不成，即春无生。故一时失度，即四序为不行。"**是故惟天地之气而精，出入无形，而物莫不应，实之至。君子法乎其所贵。天地之阴阳当男女，人之男女当阴阳。阴阳亦可以谓男女，男女亦可以谓阴阳。天地之经生，至东方之中，而所生大养；至西方之中，而所养大成。一岁四起业而必于中。中之所为，而必就于和，故曰和其要也。和者，天之正也，阴阳之平也，**官本案："平，一作'半'。"**其气最良。**官本案："他本下有'为'字。"**物之所生也，**《淮南子》："天地之气，莫大于和。和者，阴阳调、日夜分而生物。春分而生，秋分而成。生之与成，必得和之精。故圣人之道，宽而栗，严而温，柔而直，猛而仁。太刚则折，太柔则卷。圣人正在刚柔之间，乃得道之本。积阴则沉，积阳则飞。阴阳相接，乃能成和。"**诚择其和者，以为大得天地之奉也。天地之道，虽有不和者，必归之于和，而所为有功；虽有不中者，必止**

之于中，而所为不失。是故阳之行，始于北方之中，而止于南方之中；阴之行，始于南方之中，而止于北方之中。阴阳之道不同，至于盛，而皆止于中；其所始起，皆必于中。中者，天地之太极也。日月之所至而却也。长短之隆，不得过中。天地之制也，兼和与不和，中与不中，而时用之，尽以为功。是故时无不时者，天地之道也。顺天之道，节者，天之制也；阳者，天之宽也，阴者，天之急也；中者，天之用也；和者，天之功也。举天地之道，而美于和，是故物生皆贵气而迎养之。孟子曰："吾善养吾浩然之气者也。"谓行必终礼，而心自喜，常以阳得生其意也。公孙之养气曰："里藏原注："二字未详。"案，里藏谓藏府也。泰实则气不通，泰虚则气不足，热胜则气寒，原注："此下疑少五字。"泰劳则气不入，泰佚则气宛至，怒则气高，喜则气散，忧则气狂，惧则气慑。凡此十者，气之害也，而皆生于不中和。故君子怒则反中，而自说以和；喜则反中，而收之以正；忧则反中，而舒之以意；惧则反中，而实之以精。"夫中和之不可反如此。故君子道至，气则华而上。凡气从心，心，气之君也，何为而气不随也？是以天下之道者，皆言内心其本也。故仁人之所以多寿者，外无贪而内清净，心和平而不失中正，取天地之美以养其身，是其且多且治。鹤之所以寿者，无宛气于中，《相鹤经》："大喉以吐故，修颈以纳新，故生大寿，不可量。"《初学记》引《繁露》作："鹤知夜半。鹤所以寿者，无死气于中也。"是故食冰；猿之所以寿者，好引其末，是故气四越。《初学记》："《繁露》曰：'猿似猴，大而黑，长前臂。所以寿八百，其气也周。'"《抱朴子》："猿寿五百岁，则变为玃。"《格物总论》："猿惟通臂轻身，故善缘；能引气，故寿。"**天气常下施于地，**官本案："下，他本误作'不'。"**是故道者亦引气于足；天之气常动而不滞，是故道者亦不宛气。苟不治，虽满不虚，是故君子养而和之，节而而法之，去其群泰，取其众和。高台多阳，广室多阴，远天地之和也，故人弗为，适中而已矣。**《吕氏春秋》曰："室大多阴，台高多阳。多阴则蹶，多阳则痿，不适之患也。"《诗名物疏》引作："董子云：'天子之宫，右清庙，左凉室，前明堂，后路寝。四室者，足以避寒暑而不高大也。夫高室近阳，广室多阴，故室适形而止。'"《御览》引《繁露》作："广室多阴，远天地之和也，故圣人弗为。"**法人八尺，四尺其中也。**《说文》："周制以八寸为尺，十尺为丈。人长八尺，故曰丈夫。""周制寸、尺、咫、寻、常、仞诸度量，皆以人之体为法"。**宫者，中央之音也；甘者，中央之味也；四尺者，中央之制也。是故三王之礼，味皆尚甘，声皆尚和。处其身，所以常自渐于天地之道。其道同类，一气之辨也。法天者，乃法人之辨。天之道，向秋冬而阴来，向春夏而阴去。是故古之人霜降而迎女，冰泮而杀内。**杀，去声。《荀子》："霜降逆女，冰泮杀内，十日一御。"注："杀，减也。内，谓妾御也。十日一御，即杀内之义。"《风俗通》："冰解曰泮。"案，《初学记》注："董仲舒论曰：'圣人以男女、阴阳，其道同类。天道，向秋冬为阴气结，向春夏为阴气去，故曰：霜降送女，冰泮而止杀。'"**与阴俱近，与阳远也。天**

地之气，不致盛满，不交阴阳。《白虎通》："嫁娶必以春者，春，天地交通，阴阳交接之时也。"是故君子甚爱气而游于房以体天也。气不伤于以盛通，而伤于不时、官本案："伤，他本误作'伧'。"天并。不与阴阳俱往来，谓之不时；恣其欲而不顾天数，谓之天并。君子治身不敢违天，是故新牡十日而一游于房，中年者倍新牡，始衰者倍中年，中衰者倍始衰，大衰者以月当新牡之日。《内则》："妾虽老，未满五十，必预五日之御。为助衰也。至七十，大衰，食非肉不饱，寝非人不暖，故七十复开房也。"《白虎通》："男子六十闭房何？所以补衰也。"而上与天地同节矣，此其大略也。然而其要皆期于不极盛不相遇，疏春而旷夏，谓不远天地之数。民皆知爱其衣食，而不爱其天气。天气之于人，重于衣食。衣食尽，尚犹有间，气而立终。故养生之大者，乃在爱气。气从神而成，神从意而出。心之所之谓意，意劳者神扰，神扰者气少，气少者难久矣。《司马迁传》："凡人所生者，神也。所托者，形也。神太用则竭，形太劳则敝，形神离则死。死者不可复生，离者不可复合，故圣人重之。"故君子闲欲止恶以平意，平意以静神，官本案："静，他本作'净'。下同。"静神以养气。气多而治，则养身之大者得矣。官本案："身，他本误作'人'。"古之道士有言曰：《新序》："介子推曰：'谒而得位，道士不居也。'""将欲无陵，固守一德。"此言神无离形，则气多内充，而忍饥寒也。和乐者，生之外泰也；精神者，《白虎通》："精神者，何谓也？精者，静也，太阴施化之气也，象火之化，任生也。

神者，恍惚，太阴之气也。"生之内充也。外泰不若内充，而况外伤乎？忿恤忧恨者，官本案："恤忧，他本作'忧恤'。"生之伤也；也，王本误作"亡"。和说劝善者，生之养也。君子慎小物而无大败也。行中正，声向荣，气意和平，居处虞乐，可谓养生矣。凡养生者，莫精于气。张编修曰："此下当接下篇'是故春袭'至至❶'群物皆生而'而止，再接'此物独生'至末。"是故春袭葛，夏居密阴，秋避杀风，冬避重漯❷，就其和也。衣欲常漂，韦昭曰："以水击絮为漂。"食欲常饥，体欲常劳，而无常佚居多也。师古曰："'佚'与'逸'同。"《公孙尼子》："孔子有疾，哀公使医视之。医曰：'居处饮食何如？'子曰：'丘春居葛笼，夏居密杨，秋不风，冬不炀。饮食不馈，饮酒不醉。'医曰：'是良医也。'"凡天地之物，乘以其泰而生，厌于其胜而死，《家语》孔子曰："化于阴阳，象形而发，谓之生。化穷数尽，谓之死。"四时之变是也。故冬之水气，东加于春而木生，乘其泰也；春之生，西至金而死，厌于胜也。生于木者，至金而死；《淮南子》："故禾，春生秋死。"注："木王而生，金王而死。"生于金者，至火而死。《淮南子》："麦，秋生夏死。"注："麦，金也。金王而生，火王而死。"春之所生，而不得过秋；秋之所生，不得过夏。天之数也。饮食臭味，每至一时，亦有所胜、有所不胜之理，不可不察也。四时不

---

❶ "至"，衍文，据续经解本，当删。
❷ "漯"，续经解本作"湿"。

同气，气各有所宜，宜之所在，其物代美。视代美而代养之，同时美者杂食之，是皆其所宜也。故荠以冬美，《淮南子》："荠，冬生夏死。"仲舒《雨雹对》云："建巳之月为纯阳，不容都无复阴也，但阳气之极耳。荠、麦枯，由阴杀也。建亥之月为纯阴，不容都无复阳也，但阴气之极耳。荠、麦始生，由阳升也。"**而荼以夏成**，案，荼，卢本作"芥"，王本作"芬"，皆误。当作"荼"。《尔雅》："荼，苦菜。"《月令·孟夏》云："苦菜秀。"《易通卦验玄图》云："苦菜生于寒，经冬历春，得夏乃成。"故知"荼"字为是，且与"荠"连文，《诗》曰："谁谓荼苦？其甘如荠。"作"芥"、作"芬"，皆无据也。**此可以见冬夏之所宜服矣。冬，水气也，荠，甘味也，乘于水气而美者，甘胜寒也。**《尔雅》："蒫，荠实。"《诗》："其甘如荠。"《淮南子》："荠冬生，仲夏死。"注："荠，水也。冬水王而生，土王而死。"《广韵》："甘菜。"《金匮玉衡经》："冬至，阳气在子，万物蛰藏。荠麦之类，得冬始生，皆非正气。"**荠之为言济与？**《释名》："荠，济也，其诸味相济成也。"**济，大水也。夏，火气也，荼，苦味也，乘于火气而成者，苦胜暑也。**《淮南子》："苦菜秀。"注："苦菜味苦，感火之味而成。"**天无所言，而意以物。物不与群物同时而生死者，必深察之，是天所告人也。故荠成告之甘，荼成告之苦也。君子察物而成告谨，是以至荠不可食之时，而尽远甘物，至荼成就也。天独所代之成者，君子独代之，是冬夏之所宜也。春秋杂物其和，而冬夏代服其宜，则当得天地之美，四时和矣。凡择**

味之大体，各因其时之所美，而违天不远矣。卢注："旧本'各因'二字误作'冬'字，'之所'倒作'所之'。"是故当百物大生之时，群物皆生，而此物独死，旧本"此物"上，有"故天下之君"五字，衍。此处接前"可食者"至末。可食者，告其味之便于人也；其不食者，告杀秽除害之不待秋也。当物之大枯之时，群物皆死，如此物独生，官本案："如，他本误作'知'。"如、而通。其可食者，益食之。天为之利人，独代生之，其不可食，益畜之。天恩州华之间，故生宿麦，中岁而熟之。官本案："中，他本作'正'。"《汉书》："仲舒说上曰：'《春秋》他谷不书，至于麦禾不成则书之，以此见圣人于五谷，最重宿麦。'"《汉武纪》："遣谒者劝有水灾郡种宿麦。"注："师古曰：'秋冬种之，经岁乃熟，故曰宿麦。'"《氾胜之书》曰："凡田六道，种麦为首。'子欲富，黄金覆'，谓曳柴壅麦根也。夏至后七十日，寒地可种宿麦。"陶隐居云："麦有大、小、穬。穬即宿麦。"君子察物之异，以求天意，大可见矣。是故男女体其盛，臭味取其胜，居处就其和，劳佚居其中，寒煖无失适，饥饱无失平，官本案："平，他本误作'乎'。"欲恶度礼，动静顺性，喜怒止于中，忧惧反之正，此中和常在乎其身，谓之大得天地泰。官本案："他本无'大'字。"大得天地泰者，官本案："他本无'大'字。"其寿引而长；不得天地泰者，其寿伤而短。短长之质，人之所由受于天也。是故寿有短长，养有得失，及至其末❶之，大卒而

---

❶ "未"，续经解本、龙溪本作"末"。

必雠于此，莫之得离。故寿之为言犹雠也。《汉书·律历志》："广延宣问，以考星度，未能雠也。"雠，相当也。天下之人虽众，不得不各雠其所生，而寿夭于其所自行。自行可久之道者，其寿雠于久；自行不可久之道者，其寿亦雠于不久。久与不久之情，官本案："他本脱'与不久'三字。"各雠其平生之所行，今如后至，不可得胜，官本案："今如，他本倒。"故曰：寿者，雠也。然则人之所自行，乃与其寿夭相益损也。其自行佚，而寿长者，命益之也；其行端，而寿短者，命损之也。以天命之所损益，疑人之所得失，此大惑也。是故天长之而人伤之者，其长损；天短之而人养之者，其短益。夫损益者皆人，官本案："夫，他本误作'失'。"人其天之继欤！出其质而人弗继，岂独立哉？官本案："立，他本作'哀'。"附案："似当作'岂不哀哉'。"

《春秋繁露》卷十六终　　　　　　金陵洪万盈锓

卷十七

天地之行第七十八

　　天地之行美也，张编修曰："此下当接下'是以天高'至'伏节死义'，再接'难不惜其命'至'臣之功也'。此篇之文，止此。'代四时也'是《如天之为》篇文。"是以天高其位而下其施，藏其形而见其光，序列星而近至精，考阴阳而降霜露。高其位，所以为尊也；下其施，所以为仁也；藏其形，所以为神也；见其光，所以为明也；序列星，所以相承也；近至精，所以为刚也；考阴阳，所以成岁也；降霜露，所以生杀也。为人君者，其法取象于天也。官本案："取，他本误'最'。"故贵爵而臣国，所以为仁也；深居隐处，不见其体，所以为神也；任贤使能，观听四方，所以为明也；量能授官，贤愚有差，所以相承也；引贤自近，以备股肱，《书》："臣作朕股肱耳目。"所以为刚也；考事实功，次序殿最，所以成世也；有功者进，无功者退，所以赏罚也。是故天执其道为万物主，君执其常为一国主。天不可以不刚，主不可以不坚。天不刚则列星乱其行，主不坚则邪臣乱其官。《汉书》丁鸿上封事："天不可以不刚，不刚则三光不明。王不可以不强，不强则宰牧纵横。"其说本此。星乱则亡其天，臣乱则亡其君。故为天者务刚其气，为君者务坚其政，刚坚然后阳道制命。地卑其位而上其气，暴其形而著其情，受其死而献其生，成其事而归其功。卑其位，所以事天也；上其气，所以养阳也；暴其形，所以为忠也；著其情，所以为信也；受其死，官本案："死，他本作'形'。"所以藏终也；献其生，所以助明也；成其事，所以助化也；卢注："化，旧本误作'位'。今据下文改正。"归其功，所以致义也。为人臣者，其法取象于地。故朝夕进退，奉职应对，所以事贵也；供设饮食，候视痰❶疾，所以致养也；委身致命，事无专制，所以为忠也；卢注："为忠，旧本亦作'致养'，误。今改正。"竭愚写情，不饰其过，所以为信也；卢注："为信，旧本作'为忠'，误。今据上文改正。"伏节死义难，不惜其命，所以救穷也；推进光荣，褒扬其善，所以助明也；受命宣恩，辅成君子，所以助化也；功成事就，归德于上，所以致义也。是故地明其理为万物母；臣明其职为一国宰。母不可以不信，宰不可以不忠。母不信则草木伤其根，宰不忠则奸臣危其君。根伤则亡其枝叶，君危则亡其国。故为地者务暴其形，为臣者务著其情。一国之君，其犹一体之心也。隐居深宫，若心之藏于胸；至贵无与敌，官本案："敌，他本误作'遍'。"若心之神无与双也；其官人上士，高清明而下重浊，若身之贵目而贱足也；任群臣无所亲，若四肢之各有职也；内有四辅，若心之有肺、肝、脾、肾也；《春秋元命包》：

---

❶ "痰"，续经解本作"疢"。

"目者，肝之使。肝者，目❶之精，苍龙之位也。鼻者，肺之使。肺者，金之精，制割立断。耳者，心之候。心者，火之精，上为张星，成于五，故人心长五寸。阴者，肾之写。肾者，水之精，上为虚、危。口者，脾之门户。脾者，土之精，上为北斗，主变化者也。脾之为言附著也，如龙蟠虎伏，合附著也。"**外有百官，若心之有形体孔窍也；亲圣近贤，若神明皆聚于心也；上下相承顺，若肢体相为使也；布恩施惠，若元气之流皮毛腠理也；**《素问》云："西方生燥，燥生金，金生辛，辛生肺，肺生皮毛。"《吕氏春秋》伊尹曰："用新去陈，腠理遂用。"高诱曰："腠理，肌脉也。"**百姓皆得其所，若流血气和平，**"流"字衍。**形体无所苦也；无为致太平，**《兔园策》注："尧时，三年耕，余一年之食，谓之升平。九年耕，余三年食，谓之登平。二十年耕，余七年食，谓之太平。"**若神气自通于渊也；致黄龙、凤皇，若神明之致玉女、芝英也。**《诗含神雾》曰："太华之山，上有明星，玉女主持玉浆，服之成仙。"张楫❷曰："玉女，青要、乘弋等也。"《玉符经》："欲清净洁白，致其芝英，当得《芝英玉女图》。"《玉历通政经》："芝英者，王者亲延耆养，有道则生也。"**君明，臣蒙其功，若心之神，体得以全；臣贤，君蒙其恩，若形体之静，而心得以安。上乱，下被其患，若耳目不聪明，而手足为伤也；臣不忠，而君灭亡，若形体妄动，而心为之丧。是**

---

❶ "目"，《白虎通·性情》作"木"。
❷ "楫"，《史记·司马相如列传》作"揖"。

故君臣之礼，若心之与体。心不可以不坚，君不可以不贤；体不可以不顺，臣不可以不忠。心所以全者，体之力也；君所以安者，臣之功也。

威德所生第七十九

天有和有德，有平有威，有相受之意，有为政之理，不可不审也。春者，天之和也；夏者，天之德也；秋者，天之平也；冬者，天之威也。天之序，必先和然后发德，必先平然后发威。此可以见不和不可以发庆赏之德，不平不可以发刑罚之威。又可以见德生于和，威生于平也。不和无德，不平无威，天之道也，达者以此见之矣。卢注："达，旧本作'起'，误。钱据《大典》改。"我虽有所愉而喜，必先和心以求其当，然后发庆赏以立其德。虽有所忿而怒，必先平心以求其政，刘庶常曰："'政'与'正'通。"然后发刑罚以立其威。能常若是者，谓之天德；行天德者，谓之圣人。为人主者，居至德之位，操杀生之势，以变化民。民之从主也，如草木之应四时也。喜怒当寒暑，威德当冬夏。冬夏者，威德之合也；寒暑者，喜怒之偶也。喜怒之有时而当发，寒暑亦有时而当出，《五经通义》曰："在牵牛则寒，在东井则暑。牵牛，水宿，宿外远人，故寒。东井，火宿，宿内近人，故暑。"其理一也。当喜而不喜，犹当暑而不暑；当怒而不怒，犹当寒而不寒也；当德而不德，犹当夏而不夏也；当威而不威，犹当冬而不冬也。喜怒威德之不可以不直处而发也，如寒暑冬夏之不可不当其时而出也，故谨善恶之端。何以效其然也？《春秋》采善不遗小，掇恶不遗大，讳而不隐，罪而不忽。□□以是非，正理以褒贬，喜怒之发，威德之处，无不皆中，其应可以参寒暑冬夏之不失其时而已，故曰圣人配天。

如天之为第八十

阴阳之气，在上天，亦在人。在人者为好恶喜怒，在天者为暖清寒暑，出入、上下、左右、前后，平行而不止，未尝有所稽留滞郁也。其在人者，亦宜行而无留，若四时之条条然也。夫喜怒哀乐之止动也，此天之所为人性命者。临其时卢注："此下，旧本衍'致上'二字。今删。"而欲发，其应亦天应也，与暖清寒暑之至其时而欲发无异。若留德而待春夏，留刑而待秋冬也，此有顺四时之名，实逆于天地之经。在人者亦天也，奈何其久留天气，使之郁滞，不得以其正周行也。是故脱案，"脱"字是校者所注也。天行谷朽❶寅，而秋生麦，告除秽而继乏

---

❶ "朽"，聚珍本、续经解本、畿辅本作"朽"。

也。《月令》注："麦者，接绝续乏之谷，尤重之。"疏："蔡氏云：'阳气初胎于酉，故八月荞麦应时而生也。'"所以成功继乏，以赡人也。师古曰："赡，足也。"天之生有大经也，而所周行者，又有害功也，除而杀殃者，殃，吉逆切，音戟，诛也。王本误作"殍"。行急皆不待时也，天之志也，而圣人承之以治。是故春修仁而求善，秋修义而求恶，冬修刑而致清，夏修德而致宽。此所以顺天地，体阴阳。然而方求善之时，见恶而不释；方求恶之时，见善亦力行。方致清之时，见大善亦立举之；方致宽之时，见大恶亦力去之。以效天地之方生之时有杀也，官本案："地，他本作'子'。"方杀之时有生也。是故志意随天地，缓急仿阴阳。然而人事之宜行者，无所郁滞，且恕于人，顺于天，人之道兼举，此谓执其中。天非以春生人，以秋杀人也。当生者曰生，当死者曰死，非杀物之任拟张编修曰："此下当接上篇《天地之行》篇'代四时也'至末。"代四时也。《鹖冠子》注："太公调公：阴阳相照、相盖、相治，四时相代、相生、相杀。"颜延年曰："一寒一暑、一往一复为代，去者为谢。"而人之所治也，安取久留当行之理，而必待四时也？此之谓壅，非其中也。官本案："非，他本误作'兆'。"人有喜怒哀乐，犹天之有春夏秋冬也。喜怒哀乐之至其时而欲发也，若春夏秋冬之至其时而欲出也，官本案："出，他本误作'忠'。"皆天气之然也。其宜直行而无郁滞，一也。天终岁乃一遍此四者，而人主终日不知过此四之数，其理故不可以相待。且天之欲利人，非直其欲利谷也。除秽不待时，况秽人乎？

天地阴阳第八十一

　　天、地、阴、阳、木、火、土、金、水，九，与人而十者，天之数毕也。故数者至十而止，书者以十为终，皆取之此。圣人何其贵者，起于天，至于人而毕。毕之外，谓之物。物者，投所贵之端，而不在其中。以此见人之超然万物之上，而最为天下贵也。人下长万物，上参天地。故其治乱之故，动静顺逆之气，乃损益阴阳之化，而摇荡四海之内。物之难知者若神，不可谓不然也。今投地死伤，而不腾相助，投淖相动而近，《一切经音义》："收孝反❶。《苍颉篇》云：'深泥也。'"《字林》云："濡甚曰淖。亦溺也，湿也。"投水相动而逾远。由原注："一作'犹'。"此观之，夫物逾淖而逾易变动摇荡也。王本"逾"字皆作"愈"。今气化之淖，非直水也，而人主以众动之无已时，是故常以治乱之气，与天地之化相淆而不治也。世治而民和，志平而气正，则天地之化精，而万物之美起；世乱而民乖，志僻而气逆，则天地之化伤，卢注："僻，旧本作'癖'，误。"灾害起。是故治世之德润草木，泽流四海，功过张编修曰："此下接上篇错简'神明

---

❶　"收孝反"，《一切经音义》卷一二作"奴孝反"。

乱世'至末。"神明。乱世之所起，亦博若是。皆因天地之化，以成败物；乘阴阳之资，以任其所为。故为恶愆人力而功伤，名自过也。天地之间，有阴阳之气，常渐人者，若水常渐鱼也。所以异于水者，可见与不可见耳，其澹澹也。然则人之居天地之间，其犹鱼之离水，一也，其无间。若气而淖于水，水之比于气也，若泥之比于水也。是天地之间，若虚而实，人常渐是澹澹之中，而以治乱之气与之流通相淆也。《群经音办❶》："淆，相杂错也。"故人气调和，而天地之化美，淆于恶而味败，此易卢注："'此易'下，赵疑有'见'字。"之物也。推物之类，以易见难者，其情可得。治乱之气，官本案："气，作❷本作'易'。"邪正之风，是淆天地之化者也。生于化而反淆化，与运连也。官本案："连，他本作'之'。"《春秋》举世事之道，夫有书，天下阙四字。之尽与不尽，王者之任也。《诗》云："天难谌斯，《诗考》："谌，《韩诗》作'訦'，《说文》作'谌'，毛作'忱'。"不易维王。"此之谓也。夫王者不可以不知天，知天，诗人之所难也。天意难见也，其道难理。是故明阳阴入出、实虚之处，所以观天之志；办❸五行之本末、顺逆、小大、广狭，所以观天道也。天志仁，其道也义。为人主者，予夺生杀，各当其义，若四时；列官置吏，必以其能，若五

---

❶ "办"，续经解本作"辨"。

❷ "作"，龙溪本同，续经解本、畿辅本作"他"，宜改。

❸ "办"，聚珍本、续经解本作"辨"。

行；好仁恶戾，任德远刑，若阴阳。此之谓能配天。天者，其道长万物，而王者长人。人主之大，天地之参也；奸恶❶之分，阴阳之理也；喜怒之发，寒暑之比也；官职之事，五行之义也。以此长天地之间，荡原注："阙。"张编修曰："此下仍接下篇末段'四海之内'至末，以'荡四海之内'五字为一句。"四海之内，淆阴阳之气，与天地相杂。是故人言：既曰王者参天地矣，苟参天地，则是化矣，岂独天地之精哉？王者亦参而淆之，治则以正气淆天地之化，乱则以邪气淆天地之化，同者相益，卢注："'之化'下，旧有'乱则'二字，系衍文。"异者相损之数也，无可疑者矣。

天道施第八十二

天道施，地道化，人道义。圣人见端而知本，官本案："而，他本误作'不'。"精之至也，得一而应万类之治也。动其本者不知静其末，受其治❷者不能辞其终。利者盗之本也，官本案："盗，他本误作'道'。下同。"妄者乱之始也。夫受乱之始，动盗之本，而欲民之静，不可

---

❶ "奸恶"，聚珍本、畿辅本、续经解本、龙溪本作"好恶"。
❷ "治"，聚珍本、续经解本作"始"。

得也。故君子非礼而不言，非礼而不动。好色而无礼则流，饮食而无礼则争，流、争则乱。故礼，体情而防乱者也。官本案："故，他本误作'夫'。"民之情，不能制其欲，使之度礼。目视正色，耳听正声，口食正味，身行正道，非夺之情也，官本案："情，他本误作'精'。"所以安其情也。变谓之情，虽持异物，性亦然者，故曰内也。变变原注："一作'情'。"之变，谓之外。故虽以情，然不为性说。故曰外物之动性，若神之不守也。积习渐靡，物之微者也。其入人不知，习忘乃为常然若性，《大戴礼》："孔子少成若性，习贯之为常。"不可不察也。纯知轻思则虑达，节欲顺行则伦得，以谏争僴静为宅，卢注："'僴'与'娴'同，《贾子·傅职》篇、《道术》篇多用此字。"以礼义为道则文德，卢注："赵疑'德'当为'得'。"是故至诚遗物而不与变，躬宽无争而不以与俗推，众强弗能入。蜩蜕浊秽之中，《尔雅·释虫》孙注："宫中小蝉也。"舍人云："方语不同，三辅以西曰蜩。"《淮南子》："蝉饮而不食，三十日而蜕。"《文心雕龙》："蝉蜕秽浊之中。"《史记正义》曰："蜕，音税，去皮也。"含得命施之理，与万物迁徙而不自失者，圣人之心也。名者，所以别物也。张编修曰："自'名者'至'复而不厌者道也'，在'圣人之心也'之下，为篇末。"亲者重，疏者轻，尊者文，卑者质，近者详，远者略，庄侍郎曰："《春秋》详内略外，详尊略卑，详重略轻，详近略远，详大略小，详变略常，详正略否。"文辞不隐情，明情不遗文。人心从之而不逆，古经通贯原注："一作'道'。"

而不乱，名之义也。男女犹道也，人生别言礼义，名号之由人事起也，不顺天道，谓之不义。察天人之分，观道命之异，可以知礼之说矣。张编修曰："此说礼，以发明人道义之意。"见善者不能无好，见不善者不能无恶，好恶去就不能坚守，故有人道。人道者，人之所由，乐而不乱，复而不厌者。万物载名而生，圣人因其象而命之。然而可易也，皆有义从也，故正名以明义也。物也者，洪名也，皆名也，而物有和名，此物也，非失物。张编修曰："失，当作'夫'，夫犹彼也。"故曰：万物动而不形者，意也；形而不易者，德也；乐而不乱，复而不厌者，道也。《释文》："乐，音洛。谯周云：'悦深而乐浅。'一云：'自内曰悦，自外曰乐。'道，生天地之先；德，道之用也。"《管子》曰："虚无无形谓之道，化育万物谓之德。"《对策》："臣闻：夫乐而不乱，复而不厌者，谓之道。"师古曰："复，谓反复行之也。音扶目反。"

《春秋繁露》卷十七终　　　　　金陵洪万盈锓

398

题跋附录

崇文总目

《春秋繁露》，汉胶西相董仲舒撰。案，仲舒本传："说《春秋》事得失，《闻举》《玉杯》《蕃露》《清明》《竹林》之属数十篇，十余万言。"解者但谓所著书名，而隋、唐《志》《繁露》卷目与今正同。案，其书尽八十二篇，义引宏博，非出近世。然其间篇第已舛，无以是正。又即用《玉杯》《竹林》题篇，疑后人取而附著云。

中兴馆阁书目

《春秋繁露》，汉胶西相董仲舒撰。仲舒，广川人，说《春秋》事得失，《闻举》《玉杯》《蕃露》《清明》《竹林》之属数十篇。颜师古注："皆其所著书名。"今《繁露》中有《玉杯》《竹林》二篇，隋、唐《书》及《三朝国史志》十七卷，今十卷。"繁露"之名，先儒未有释者。案，《逸周书·王会解》："天子南面立，絻，无繁露。"注云："繁露，冕之所垂也，有联贯之象。"《春秋》属辞比事，仲舒立名，或取诸此。

晁公武《郡斋读书志》

《春秋繁露》十七卷，汉董仲舒撰。史称："仲舒说《春秋》事得失，《闻举》《玉杯》《繁露》《清明》《竹林》之属数十篇，十余万言，皆传于后世。"今溢而为八十二篇，又通名"繁露"，皆未详。隋、唐卷目与今同，但多讹舛。

六一先生书后

《汉书·董仲舒传》载仲舒所著书百余篇，第云《清明》《竹林》《玉杯》《繁露》之书，盖略举其篇名。今其书才四十篇，又总名"春秋繁露"者，失其真也。予在馆中校勘群书，见有八十余篇，然多错乱重复。又有民间应募献书者，献三十余篇。其间数篇，在八十篇外。乃知董生之书，流散而不全矣。方俟校勘，而予得罪。夷陵秀才田文初以此本示予，不暇读。明年春，得假之许州，以舟下南郡，独卧阅此，遂志之。董生，儒者。其论深极《春秋》之旨，然惑于改正朔，而云"王者，大一元者"，牵于其师之说，不能高其论，以明圣人之道，惜哉！惜哉！景祐四年四月四日书。

新安程大昌泰之秘书省书《繁露》后

　　右《繁露》十七卷，绍兴间董□所进。臣观其书，辞意浅薄，间掇取董仲舒策语，杂置其中，辄不相伦比，臣固疑非董氏本书。又，班固记其说《春秋》凡数十篇，《玉杯》《蕃露》《清明》《竹林》各为之名，似非一书。今董□进本，通以"繁露"冠书，而《玉杯》《清明》《竹林》特各居其篇卷之一，愈益可疑。他日读《太平寰宇记》及杜佑《通典》，颇见所引《繁露》语言，顾今书皆无之。《寰宇记》曰："三皇驱车抵谷口。"《通典》曰："剑之在左，苍龙之象也；刀之在右，白虎之象也；钩❶之在前，朱雀之象也；冠之在首，玄武之象也。四者，人之盛节❷也。"此数语者，不独今书所无，且其体致全不相似，臣然后敢❸言今书之非本真也。牛享问崔豹："冕旒以繁露者，何？"答曰："缀玉而下垂，如繁露也。"则繁露也者，古冕之旒，似露而垂，是其所从假以名书也。以杜、乐所引，推想其书，皆句用一物，以发

---

　　❶ "钩"，王道焜本、汇函本、龙溪本同。考《通典》卷六三引《春秋繁露》作"铍"。
　　❷ "节"，王道焜本、汇函本、龙溪本同。考《通典》卷六三引《春秋繁露》作"饰"。
　　❸ "敢"，王道焜本、汇函本同，龙溪本作"取"。

己意，有垂旒凝露之象焉，则《玉杯》《竹林》同为说❶物，又可想见也。汉、魏间人所为文，有名"连珠"者，其联贯物象，以达己意，略与杜、乐所引同，如曰"物胜权，则衡殆；形过镜，则影穷"者，是其凡最也。以连珠而方古体，其殆"繁露"之自出欤？其名、其体，皆契合无殊矣。

淳熙乙未，予佑❷蓬监，馆本有《春秋繁露》。既尝书所见卷末，而定正其为非古矣。后又因读《太平御览》，凡其部汇，列叙古《繁露》语特多，如曰："禾实于野，粟缺于仓，皆奇怪，非人所意，此可谓也。"又曰："金干土，则五谷伤；土干金，则五谷不成。"张汤欲以鹜当凫，祠祀宗庙，仲舒曰："鹜非凫，凫非鹜，愚以为不可。"又曰："以赤统者，帻尚赤❸。"诸如此类，亦皆附物著理，无凭虚发语者，然后益自信予所正定不谬也。《御览》，太平兴国间编缉。此时《繁露》尚存，今遂逸不传，可叹也已！

---

❶ "说"，龙溪本作"託"。"託"，同"托"。
❷ "佑"，王道焜本同，龙溪本作"佐"。
❸ "赤"，据龙溪本补。

跋《春秋繁露》

本传作"蕃"

　　《繁露》一书，凡得四本，皆有□**❶**高祖正议先生序文。始得写本于理中，亟传而读之，舛误至多，恨无他本可校。已而得京师印本，以为必佳，而相去殊不远；又窃疑《竹林》《玉杯》等，各与其言不相关。后见尚书公程跋语，亦以篇名为疑；又以《通典》《太平御览》《太平寰宇记》所引《繁露》之书，今书皆无之，遂以为非董氏本书。且以其名，谓必类小说家。后自为一编，说杂事，名"演繁露"，行于世。开禧三年，今编修胡君仲方繁**❷**宰萍乡，得罗氏兰堂本，刻之县庠，考证颇备。凡程公所引三书之言，皆在书中，则知程公所见者未广，遂谓为小说者，非也。然止于三十七篇，终不合《崇文总目》及欧阳文忠公所藏八十二篇之数。余老矣，犹欲得一善本。闻婺女潘同年叔度景宪多收异书，属其子弟访之，始得此本，果有八十二篇。是萍乡本犹未及其半也，喜不可言。

---

❶　"□"，龙溪本作"余"。
❷　"繁"，龙溪本、汇函本、王道焜本同，聚珍本作"椠"。

以校印本，各取所长，悉加改定。议通者，两存之。转写相讹，又古语亦有不可强通者。《春秋会解》一书，□□□年□□所集。仲方搪❶其引《繁露》十三条，今皆具在。余又据《说文解字》"王"字下引董仲舒曰："古之造文者，三画而连其中，谓之王。三者，天、地、人也；而参通之者，王也。"许叔重在后汉和帝时，今所引，在《王道通三篇❷四十四》篇中。其余传中对"越三仁"之问，"朝廷有大议，使使者及廷尉张汤就其家问之"，"求雨，闭诸阳，纵诸阴；其止雨反是"，三策中言"天之仁爱人君"，"天道之大者在阴阳，阳为德，阴为刑，故王者任德教而不任刑"之类，今皆在其书中，则其为仲舒所著无疑。且其文词，亦非后世所能到也。《左氏传》犹未行于世，仲舒之言《春秋》，多用《公羊》之说。呜呼！汉承秦敝，访求儒雅士，以经学专门者甚众，独仲舒以纯儒称。人但见其潜心大业，非礼不行，对策为古今第一。余窃谓，"惟仁人"之对曰："仁人者，正其谊，不谋其利；明其道，不计其功。"又有言曰："不由其道而胜，不如由其道而败。"此类非一，是皆真得吾夫子之心法，盖深于《春秋》者也。自扬子云犹有愧于斯，况其他乎？其得此意之纯者，在近世，惟范太史《唐鉴》为庶几焉：褒贬评论，惟是之从，不以成败为轻重也。潘氏本《楚庄王》篇为第一，他本皆无之。前后增多凡

---

❶ "搪"，王道焜本、汇函本同，聚珍本、龙溪本作"摭"，宜改。
❷ "篇"，聚珍本、龙溪本作"第"。

四十二篇，而三篇阙焉。惟《玉杯》《竹林》二篇之名，未有以订之，更俟来哲。仲方得此，犹以为前所未见，相与校雠，将寄江右浍❶台长兄秘阁公刻之，而谓余记其后。嘉定三年中伏日，四明楼钥书于攻媿斋。

榘顷岁刻《春秋繁露》于萍乡，凡十卷三十七篇。虽非全书，然亦人间之所未见，故乐与吾党共之。后五年，官中都，复从攻媿先生大参楼公得善本，凡八十二篇，为十七卷，视隋、唐《志》《崇文总目》诸家所纪，篇卷皆同，唯三篇亡耳。先王❷又手自雠校，是正讹舛，今遂为全书。乃录本，属□秘阁兄重刊于江右之计筦❸，以惠后学云。嘉定辛未四月初吉，朝奉郎、宗正丞、兼权右司郎官、兼枢密院检详诸房文字胡榘书。

---

❶ "浍"，王道焜本、汇函本同，聚珍本、龙溪本作"漕"。
❷ "王"，王道焜本、龙溪本作"生"，宜改。
❸ "筦"，王道焜本、汇函本同，龙溪本作"台"。

増补

尺牍四通[1]

第一通　吴鼐致凌曙

吴鼐顿首

晓楼先生师席：阁下食贫嗜古，诚养竭诚，可谓文行兼美，吾党之麟凤也。奉上四金，此卖文钱，非盗跖之树，或可稍佐白华之养。哂入。即问侍奉万安。

第二通　秦恩复致凌曙

愚弟秦恩复顿首

晓楼先生：前承示新校注《春秋繁露》，时复抱幽忧之疾，神智嗒丧，未能尽读。《公羊》之学久绝，董子传《公羊》于《繁露》，仅存其略，传本甚鲜。得先生校注行世，有功于前人不小。俟心气稍定，细细寻绎，或于它

---

❶ 此四通尺牍与下《清故国子监生凌君墓表》，据日本内阁文库本补。此四通尺牍与《墓表》处于《董仲舒传》与《春秋繁露》凡例之间。日本内阁文库本所载四通尺牍及《墓表》系汇印《蜚云阁凌氏丛书》本时方始附入，非初印单行本。

书中引《公羊》谶者比附于后，更为有益。谨奉上朱提一流，聊佐剞氏，乞哂存之。此候日安。不具。

第三通　阮元致凌曙

同学弟阮元顿首

晓楼二兄：俗事匆匆，未得常为修候。惟知尚馆朱观察处，想一切皆为平善。顷从扬州送到大著《繁露注》四本，略为披览，闳深肃括，卓然成一家言。自有《繁露》以来二千余年，有功此书者，此其最也。快慰！快慰！近来所肆何如？便中示及。弟心拙事繁，须白其半，看案牍非眼镜不可，大非在京之时。京园看花之乐，求之近年，不可得矣。肃此。恭候近祉。不具。

第四通　邓立诚致凌曙

愚弟邓立诚顿首

晓楼二兄足下：弟昨在西园见吴山尊先生，极赞足下所注《春秋繁露》。且曰："顷予在江宁见孙渊如先生。先生询凌君甚悉，惊叹其所注，以为奇士。得一知己可以无憾，况先生固海内之宗匠，当代之经师乎！子归为凌君言之，庶益坚其进取之志也。"弟彼时闻之，惊喜欲泣。归来已三更矣，匆匆手书以闻，不及待明日也。足下《公羊补疏》，征引精博，虽殷侑，何以相过？弟曾有赠人诗云："读书谁解思轮扁，成佛方能识懒馋。"足下以为何如？

清故国子监生凌君墓表

泾包世臣撰

江都有生于孤露，幼不假师长，不资友，自力学以至成名者二人：曰拔贡生汪中容甫，国子生凌曙晓楼。予以嘉庆五年游扬州，则汪君已前卒。及十年再至，乃识凌君。君生贫而居市，至十岁乃能就塾。年余，读《四子书》未毕，即去香作杂佣保，然停作，辄默诵所已读书，苦不明诂解。邻之富人为子弟延经义师，君乘夜狙其轩外听讲论。数月，其师觉之，乃闭外户，不纳君。君愤甚，于市中求得已离句之旧籍，私读之常达旦，而日中佣作如故。年二十，乃弃旧业，集童子，为塾师，稍稍近士人。然或僿陋，不足当君意，故君学为世俗制举，文无尺度，同人亦莫肯以为言者。而童子尝从君游，则书必熟，作字正楷，以故信从者众，脩脯入稍多，益市书。君有甥，仪征优贡生刘君文淇，少贫如君。君爱其颖悟，不忍弃之逐末，自课之，且教且学。刘君齿未壮，即以淹通经史，知名于江淮间，而其学实自君出。君初识予，问所当治业，予曰："治经必守家法。专治一家，以立其基，则诸家可渐通。然心之为用，苦则机室，乐则慧生。机室者，常不

411

卒其业。凡读书不熟，则心以为苦。君自取熟者治之，可也。"以君熟于礼，遂劝君治郑氏；又以古注义皆激射回互，非深通文法，则苍黄不能得情事，因劝君先诵嘉隆经义三十首，每首以三百过为度。君习之数月，尽得其体势，乃出故编修、武进张君惠言所辑《四子书》汉说数十事，及予与庶常、阳湖李君兆洛增缀未就之稿授君，以为治经式。君既明古人文法隐显疾徐之故，益乐益愤。岁余，稽典礼，考故训，补其不备，为《四书典故核》六卷，以见知于故梅花山长、沂州知府、歙洪君梧，君名始起。君既治郑氏得要领，又从今宁国训导、吴沈君钦韩问疑义，益贯弗精审。嗣闻今仪部、武进刘君逢禄论何氏《春秋》而好之。及入都，为今云贵总督、仪征阮公校辑《经郛》，尽见魏晋以来诸家《春秋》说，深念《春秋》之义专在《公羊》，而《公羊》之学传自董子。董子《春秋繁露》原天以尊礼，援比以贯类，旨奥词赜，莫得其会通，君乃博稽旁讨，承意仪志，梳其章，栉其句，为注十七卷，以昌绝学。又为《公羊礼疏》十一卷、《公羊礼说》一卷、《公羊问答》二卷。最后以丧服为人伦大经，后儒舛议，是非颇谬，作《礼论》百篇，引伸郑义。版行时，自删为三十九篇，为一卷。凡君所为书，三十八卷，五十余万言，皆有显证，绝雷同附会之说，足为来学先路。君年逾三十，娶于同邑范，十年无出。以伯兄之次子钧为嗣君，自都返，又游粤，为阮公课公子福、祜、钧，乘君远游，私出，数年无声耗，君乃辞阮公归。僦屋授生徒，纳侧室严，幸举子镛，而骤殁❶，乳镛于任氏妇，范寻亦物故。道光五年冬，君猝患风痹，生徒解散，岁入益迫，乃别赁舍居任氏妇，使育镛而养疴于董子祠之南偏道院，至九年五月廿六日卒于寓庐，年五十有五岁。镛虽始龀，哀慕如成人。甘泉训导即选知县上元李君溟素善君，与刘君谋，所以扶翼镛者甚备。将以是年八月八日祔君于双墩北原之祖墓，与范合封；又图所以不朽君者，以属予。予谓：汪君虽博览强记，而特工文辞，钜公推挽者多。晚以饶裕，然勤学亦稍杀减矣。君独尚朴学，南北奔走，皆以校书授读为事，未尝与时世通羔雁。脩脯而外，未尝入可以无取之财。予每过从，君必在书室危坐，据长案，左手翻卷册，右手持笔，客至前而不见。盖自缔交以来，廿余年如一日。君得于天者后汪君，而人力坚致，终始不渝，则殆于过之，是不可以不铭。铭曰：

凌氏之先，泰州著籍。儒历金宪，《明史》称直。曾祖曰襄，武长千夫。祖鸾、父骜，乃寄江都。君窭且鲁，好学根性。自知读书，不澡而正。古有都养，抑闻牧猪。十五年所，其精不逋。吁嗟凌君，远与为侪，名则既振，福乃不皆。抉经之心，以一何郑。排斥诐辞，章明先训。粤有庆允，泣抱遗书。修德必报，成此藐诸。

---

❶ ［清］包世臣著，况正兵、张凤鸣点校：《艺舟双楫》，浙江人民美术出版社，2017，第134页。"纳侧室严，幸举子镛，而骤殁"为"别宅严，举子镛，而范寻殇"。